Achenbach/Gottschalck (Hrsg.)

Beirat und Aufsichtsrat

Praxisberichte aus dem Mittelstand

Handelsblatt
FACHMEDIEN

Impressum

Beirat und Aufsichtsrat
Praxisberichte aus dem Mittelstand

Herausgeber:
Dr. Christoph Achenbach/Dr. Frederik Gottschalck
BfUN Beratung für Unternehmensführung und -nachfolge GmbH, Köln

Handelsblatt Fachmedien GmbH
Grafenberger Allee 293
D-40237 Düsseldorf
Tel.: 0211/887-1452, Fax: 0211/887-97-1452
Internet: http://www.fachmedien.de
E-Mail: ar.redaktion@fachmedien.de

ISBN: 978-3-942543-51-4 (gedruckte Ausgabe)
  978-3-942543-54-5 (eBook; verfügbar ab August 2016)
  978-3-942543-55-2 (Bundle aus gedruckter Ausgabe und eBook; verfügbar ab August 2016)

Einbandgestaltung/Layout: Christian Voigt

Druck: Grafisches Centrum Cuno GmbH & Co. KG, Gewerbering West 27, 39240 Calbe

Printed in Germany
Juni 2016

Bibliografische Informationen der Deutschen Nationalbibliothek
Die Deutsche Nationalbibliothek verzeichnet diese Publikation in der Deutschen Nationalbibliografie; detaillierte bibliografische Daten sind im Internet über www.d-nb.de abrufbar.

Geleitwort

Von Alfred T. Ritter,
Inhaber und Vorsitzender des Beirats der Alfred Ritter GmbH & Co. KG, Waldenbuch

Als ich 1973 an einer Uniklinik meinen Zivildienst absolvierte, habe ich eine Menge Erkenntnisse mitgenommen, die meinen Weg als Unternehmer stark geprägt haben. Obwohl ich damals ein junger Mann ohne unternehmerische Erfahrung war, konnte ich doch jeden Tag aufs Neue beobachten, dass diese Einrichtung total ineffizient war. Viele Mitarbeiter haben aufgrund der vorherrschenden Unternehmenskultur unmotiviert und ineffizient gearbeitet. Ich habe mir gesagt: Wenn es im elterlichen Unternehmen so zuginge wie in der Klinik – wir hätten verloren.

Ich habe daher für meine spätere Tätigkeit als Unternehmer zwei wichtige Leitlinien mitgenommen. Erstens: Was ein Unternehmen am meisten schädigt, sind nicht die Konkurrenten, sondern schlecht arbeitende Mitarbeiter. Und zweitens: Ebenso schädlich ist schlechte Zusammenarbeit von Abteilungen. Deshalb habe ich meinen Mitarbeitern stets gepredigt: Ein Unternehmen ist immer nur so gut wie seine Mitarbeiter.

Von diesem Wissen ausgehend habe ich mich in unserem Unternehmen intensiv mit den entscheidenden Fragen auseinandergesetzt: Wie bekomme ich Mitarbeiter, die motiviert sind? Wie bekomme ich Mitarbeiter, die fähig sind? Und wie vermeide ich Friktionen im Unternehmen? Für mich waren das immer – und sind es auch noch heute – die zentralen Ausgangspunkte für gute Unternehmensführung oder neudeutsch Corporate Governance.

Dabei ist die Fragestellung zu diesen Punkten recht einfach. Wichtigste Maßgabe ist, dass sich die Mitarbeiter im Unternehmen wohlfühlen. Und wenn das Unternehmen gut geführt ist, dann fühlen sich die Mitarbeiter wohl. Das bedeutet letztlich, dass sich die Mitarbeiter mit den Zielen des Unternehmens identifizieren. Wir haben es hier nach meiner Meinung mit zwei völlig parallel laufenden Interessen zu tun: Wenn sich die Mitarbeiter wohlfühlen und Freude an ihrer Arbeit haben, dann geht es auch dem Unternehmen gut. Und wenn es dem Unternehmen gut geht, geht es auch dem Unternehmer gut. So einfach ist das.

Diese Kerngedanken haben wir auch in das Leitbild unseres Unternehmens einfließen lassen. Dieses Leitbild, erarbeitet von der Inhaberfamilie und der Geschäftsleitung, gibt jedem Mitarbeiter ein Regelwerk an die Hand, auf das er sich jederzeit
berufen und dessen Einhaltung er einfordern kann, beispielsweise bei der auch
von uns gewünschten und geförderten beruflichen Weiterentwicklung innerhalb
des Unternehmens.

Unser hohes Ziel, dass sich die Mitarbeiter bei uns wohlfühlen sollen, schlägt
sich auch in der Entlohnung nieder. Klar ist hier: Wir stehen in hartem Wettbewerb. Dieser zwingt uns, möglichst kostengünstig gute Qualität zu produzieren.
Insoweit stehen wir vor der gleichen Herausforderung wie fast alle Unternehmen
in Deutschland. Doch manche ziehen daraus falsche Schlüsse – sie drücken die
Löhne so weit es geht. Das ist meiner Ansicht nach ein völlig verfehlter Ansatz.
Denn wer seine Mitarbeiter schlecht behandelt, darf sich nicht wundern, wenn
diese schlechte Arbeit abliefern. Im Corporate-Governance-Verständnis unseres
Unternehmens haben daher ganz andere Ziele Priorität. Wie schon gesagt, die
Mitarbeiter sollen Freude an ihrer Arbeit haben und sie sollen ihre Kreativität ein-
bringen. Denn dann tun sie ihre Arbeit mit Liebe, und was man mit Liebe tut, das
macht man bekanntlich gut. Also müssen wir Unternehmer dazu beitragen, dass
die Mitarbeiter die Chance bekommen, ihre Tätigkeit im Unternehmen zu lieben.
Und Fakt ist, dass die meisten das auch wollen. Denn die Arbeit ist doch – neben
der Familie – eine der Beschäftigungen, mit denen viele den größten Teil ihres
Lebens verbringen. Das Gerede vom faulen Fabrikarbeiter, den man ständig zum
Arbeiten anhalten muss, geht doch an der Realität vorbei, obwohl es das natürlich
auch gibt, es ist aber nicht der Regelfall.

Und wie schafft man es, dass die Mitarbeiter ihre Arbeit lieben? Unter anderem
eben auch durch angemessene Entlohnung, die noch durch eine Erfolgsbeteili-
gung aufgestockt wird. Aber auch nicht materielle Maßnahmen wie unsere Be-
triebsfeste, an denen nur teilnehmen kann, wer Mitarbeiter ist, und Programme
zur Gesundheitsvorsorge runden das Paket ab.

Damit sind wir bei einem Punkt angelangt, der in dem vorliegenden Buch eine
ganz wesentliche Rolle spielt. Es geht um die spezifischen Gegebenheiten in mittelständischen Unternehmen, und hier vor allem um die familiengeführten Mit-
telstandsunternehmen. Die Zuwendung zu unseren Mitarbeitern, das Bemühen,
ihnen angenehme Arbeitsbedingungen zu bieten und so ihre Freude an der Arbeit
zu steigern – das ist doch der alles überragende Unterschied zu den anonymen
Aktiengesellschaften. Die Intensität, mit der viele Familienunternehmer ein
angenehmes Betriebsklima pflegen, würde bei mancher Aktiengesellschaft den
Vorstand schon dem Vorwurf der Verschwendung aussetzen. Zu dieser Kultur der
meisten Familienunternehmen gehört ja auch, dass betriebsbedingte Kündigun-

gen nur in absoluten Notfällen ausgesprochen werden – und zum Beispiel bei uns noch nie vorgekommen sind.

In engem Zusammenhang damit steht die Formulierung von Ertragszielen. In anonymen Unternehmen sind sie an der Tagesordnung und gleichzeitig ein Maßstab für Erfolg oder Misserfolg der Manager. Unserem Verständnis von Unternehmertum widerspricht eine derartige kurzfristig orientierte Firmenpolitik. Damit wird das Pferd sozusagen von hinten aufgezäumt. Wir denken anders. Wenn das Unternehmen gut arbeitet, wird „Erfolg erfolgen". Wenn wir nicht gut arbeiten, machen Ertragsziele keinen Sinn. Wir denken nicht in Quartalsbilanzen wie die Aktiengesellschaften, sondern in Generationen. Die Erhaltung des Unternehmens und seine Weitergabe an die nächste Generation in einer möglichst gesunden Verfassung ist für uns die Leitlinie allen Handelns.

Und an dieser Stelle drängt sich das Thema Beirat in den Vordergrund. Dazu ein kurzer Rückblick. Als mein Vater 1974 starb, war ich gerade 21 Jahre alt – also deutlich zu jung, um die Leitung des Unternehmens zu übernehmen. Meine Mutter, meine Schwester und ich haben damals eine Fremdgeschäftsführung berufen und einen Beirat eingerichtet, um die Geschäftsführung zu kontrollieren. Bald darauf – mit 24 Jahren – trat ich in den Beirat ein und übernahm vier Jahre später den Vorsitz. Ich war dann einer der jüngsten Beiratsvorsitzenden in deutschen Familienunternehmen. Später bin ich dann Vorsitzender der Geschäftsführung des Unternehmens geworden, um 2015 wieder an die Spitze des Beirats zu wechseln, wo ich meine Schwester ablöste.

Zurück zur Generationenthematik. Warum ist in unserem Unternehmen ein Beirat sinnvoll? Familienunternehmer brauchen meiner Ansicht nach einen Beirat als Fremdkorrektiv. Also unternehmerisch denkende Persönlichkeiten, die nicht zur Familie gehören und verhindern, dass man sich als Entscheider mit seinen Gedanken verrennt. Meine Schwester und ich als Inhaber fühlen uns dem Unternehmen verbunden. Wir brauchen Mit-Beiräte, die uns darin unterstützen, das Unternehmen zu fördern und es für die nächste Generation stark zu machen. Das hohe Maß an Harmonie in unserem Beirat gibt mir große Befriedigung. In all den Jahren, in denen unser Beirat das Unternehmen begleitet hat, ist es nicht einmal vorgekommen, dass es eine förmliche Abstimmung gegeben hätte. Entscheidungen werden gemeinsam getroffen.

Diese Verbundenheit der Familie mit dem Unternehmen ist quasi erblich. Die Kinder meiner Schwester und meine Kinder sind alle bereits Miteigentümer. Und wir machen uns gemeinsam gerade intensive Gedanken, wie wir die Strukturen des Unternehmens so gestalten, dass es wirklich zukunftsfähig ist.

Viele Familienunternehmen sind über der Generationenthematik in große Streitigkeiten geraten. Das wollen wir für uns verhindern. Wir wollen unsere Familie so aufstellen, dass es wenig (am besten keinen) Anlass für Streitigkeiten gibt. Und weil unsere Eigentümerstruktur recht bunt ist – einige sind in der Unternehmensgruppe tätig, einige haben Berufe außerhalb der Gruppe – werden wir auch immer einen Beirat brauchen, der die Gesellschafterinteressen gegenüber der Geschäftsführung vertritt.

Wir erarbeiten auch gerade eine Familienverfassung als Grundlage für die gemeinsame Arbeit an diesem Unternehmen. Ein wichtiger Satz aus diesem Regelwerk steht schon fest: Wenn einer aus der Familie in der Firma arbeiten möchte, braucht er die Zustimmung aller.

Die Arbeit an dieser Familienverfassung macht uns allen große Freude, weil wir eine breite gemeinsame Basis haben. Und einer der Eckpunkte darin ist die Tatsache, dass keiner von uns den finanziellen Eigennutz in den Vordergrund stellt. Mich persönlich befriedigt das sehr. Auch darin unterscheiden wir Familienunternehmer uns fundamental von den anonymen Aktiengesellschaften. Um es einmal zu überspitzen: Die deutsche Übersetzung für den in Aktiengesellschaften gepriesenen Shareholder Value lautet für mich schlicht: Menschenverachtung. Die Mitarbeiter, die Lieferanten und die Kunden sind nicht Teil des Interesses, sie werden nicht geachtet. Wir vertreten ein Wertegerüst, das die Achtung unserer Mitmenschen ins Zentrum stellt.

Viele Familienunternehmen haben – so wie wir bei der Alfred Ritter GmbH & Co. KG – inzwischen Beiräte eingerichtet. Viele dieser Beiräte wachen unter anderem darüber, dass die Unternehmen die Grundsätze guter Unternehmensführung beachten und beherzigen. Dem vorliegenden Buch wünsche ich, dass es viele Leser finden möge, die es als Anstoß und Anleitung für die Befassung mit dem Thema Beirat nutzen. Denn so viel ist klar: Ein gut besetzter Beirat ist für jedes Familienunternehmen eine extrem ertragreiche Investition.

Inhaltsverzeichnis

Vorwort der Herausgeber

In den deutschen Familienunternehmen hat es während der letzten zwei Jahrzehnte einen bemerkenswerten, geradezu revolutionären Wandel gegeben. Die früher oft patriarchalisch geführten Unternehmen haben sich geöffnet. Die Inhaber an der Unternehmensspitze haben sich externen Sachverstand in ihre Unternehmen hereingeholt und sich damit eine breitere Know-how-Basis gegeben. Diese neue Know-how-Basis hat einen Namen: „Beirat".

Bereits etwa jedes zweite Familienunternehmen hierzulande verfügt inzwischen über eine Institution, die diesen Namen trägt oder zumindest die Funktion eines Beirats, wenn auch unter anderer Bezeichnung, ausübt. Und diese Beiräte sind längst aus einer reinen Beraterrolle aufgestiegen zu Gremien, die in der Führung der Unternehmen oft ein entscheidendes Wort mitzureden haben. In vielen Fällen reden die Beiräte aber schon nicht mehr nur unverbindlich mit – sie haben sogar das Sagen. Dies belegt eine aktuelle Befragung, die wir bei der BfUN GmbH gemeinsam mit der Handelsblatt Fachmedien GmbH durchgeführt haben. Danach sind in der Mehrzahl der Unternehmen, die einen Beirat berufen haben, diese Beiräte bei wichtigen Themen wie der Bestellung oder Abberufung der Geschäftsführung oder der Jahres- und Budgetplanung in mitentscheidender Weise an dem Willensbildungsprozess beteiligt. Diese Befunde markieren einen ganz gravierenden Wandel der Unternehmenskultur in unserem Land.

Doch es geht nicht nur um Kultur, also um die neudeutsch „soft facts" genannten Aspekte. Es geht um die Qualität der Unternehmensführung – und damit um harte Faktoren wie Gewinn und Umsatz. Somit letztlich um die Sicherung der Existenz der Unternehmen in der Hand der Unternehmerfamilie.

Denn bei aller Kompetenz, die in den Geschäftsführungen der Unternehmen konzentriert vorhanden ist, bleibt doch zu konstatieren: Es kann niemals schaden, bei wichtigen Entscheidungen eine zweite und dritte Meinung einzuholen. Und wenn die Mitglieder des Beirats mit der erhöhten Sorgfalt ausgewählt wurden, die der Bedeutung dieses Gremiums gerecht wird, dann kann man schlicht davon ausgehen, dass der Beirat nicht nur eine andere Meinung beisteuert, sondern wesentliche Fakten einbringt, die den Entscheidungsprozess auf eine breitere und damit sicherere Basis stellen.

Damit kommen wir zu den praktischen Aspekten der Beiratsbildung. Wie sollte ein Beirat zusammengesetzt sein? Wie findet man überhaupt geeignete Persönlichkeiten für die Erstbesetzung eines geplanten Beirats? Und was muss ein

Familienunternehmen sonst noch beachten, wenn es sich mit der Einsetzung eines Beirats befasst? Solche Fragen – und viele andere mehr – werden im vorliegenden Buch behandelt. Dies in doppelter Weise: Im ersten Teil des Buchs geben wir eine kompakte Einführung in die zentralen Fragen rund um das Thema Beirat. Diese Einführung richtet sich sowohl an diejenigen Leser, die sich erstmals mit dieser Thematik beschäftigen, als auch an solche Leser, die bereits einen Beirat berufen haben und sich hier noch einmal – sozusagen zur Selbstkontrolle – mit den wichtigsten Fragestellungen auseinandersetzen möchten. Das alles präsentieren wir unter unserem Leitmotiv „Aus der Praxis, für die Praxis". Dementsprechend widmen wir uns dann auch im zweiten Teil des Buchs ganz den praktischen Aspekten des Beiratsthemas. Hier kommen gestandene Unternehmer, Geschäftsführer, Vorstände sowie Experten aus der Praxis zu Wort, die aus ihrer ganz persönlichen Warte über ihre Erfahrungen mit dem eigenen Beirat berichten. Oder eben auch Unternehmer, die uns an ihren Überlegungen teilhaben lassen, warum es in ihrem Haus (noch) keinen Beirat gibt.

Die 21 Beiträge haben wir zur besseren Orientierung unserer Leser alphabetisch nach den Namen der Autoren geordnet. Nicht nur in diesem Gliederungsprinzip unterscheidet sich das vorliegende Buch von seinem Vorgänger, den wir 2012 ebenfalls gemeinsam mit dem (damals noch so firmierenden) Fachverlag der Verlagsgruppe Handelsblatt (heute Handelsblatt Fachmedien) herausgegeben haben. Das vorliegende Buch gibt neu ausgewählten Persönlichkeiten ein Forum, sich zu den vielfältigen Fragen rund um das Beiratsthema zu äußern. Neu ist auch die Ausweitung des Themenfächers auf AGs und SEs im Mittelstand.

Bei der Lektüre der Beiträge wird Ihnen, unseren Lesern, schnell deutlich werden, dass es eine schier unendliche Vielfalt von Beiratskonstruktionen in den deutschen Familienunternehmen – gleich welcher Rechtsform – gibt. Und nicht nur die Konstruktionen, sondern auch die aktuellen Kompetenzen und die Besetzung der Beiräte lassen erkennen: Die deutsche Beiratslandschaft ist so bunt wie die Unternehmenslandschaft hierzulande insgesamt.

Für alle Beiträge gilt daher auch bei den Berichten der Autoren: „Aus der Praxis, für die Praxis". Denn auf der Basis unserer langjährigen Erfahrungen in der Beratung bei der Gründung von Beiratsgremien sowie bei der personellen Besetzung von Beiräten und Aufsichtsräten können wir eines klar konstatieren: Die Komplexität mittelständischer Familienunternehmen und die jeweils vielfältig ausgeprägten Inhaberfamilien lassen es nicht zu, nur auf theoretischer Basis eine passende Lösung zum Thema Beirat finden zu wollen.

An dieser Stelle wollen wir unsere einführenden Bemerkungen abschließen. Dies jedoch nicht, ohne unserer Partnerin bei den Handelsblatt Fachmedien, Frau Dr. Annette Jünger-Fuhr, sehr herzlich für die hervorragende Zusammenarbeit zu danken. Frau Dr. Jünger-Fuhr hat diese Publikation auf der Verlagsseite mit großem Engagement und hohem persönlichen Einsatz unterstützt. Wir danken auch dem Kölner Wirtschaftsjournalisten Peter Neumann für die intensive redaktionelle Begleitung dieses Projekts. Unser ganz besonderer Dank gilt aber unseren Autoren, die es sich – trotz ihres oft engen Terminplans – nicht haben nehmen lassen, über ihre Erfahrungen und Erkenntnisse zu berichten und damit einen wertvollen Beitrag zur Stärkung des Familienunternehmertums in unserem Land zu leisten.

An dieser Stelle noch der Hinweis, dass wir aus Gründen der Lesbarkeit auf geschlechtsspezifische Unterscheidungen in den Formulierungen verzichtet haben.

Wir, die Herausgeber, freuen uns, wenn Sie uns persönliche Anmerkungen und Ergänzungen und selbstverständlich auch kritische Hinweise zu einzelnen Beiträgen oder dem Gesamtkonzept des Buchs zukommen lassen. Nun wünschen wir Ihnen erkenntnisreiche Stunden bei der Lektüre.

Köln, im Juni 2016

Dr. Christoph Achenbach   Dr. Frederik Gottschalck
achenbach@bfun.de   gottschalck@bfun.de

Teil 1:
Einführung in die Thematik

In diesem Beitrag erläutern die Herausgeber Dr. Christoph Achenbach und Dr. Frederik Gottschalck in kompakter Form die wesentlichen Motive für eine Beiratseinrichtung, fassen die wesentlichen Stellschrauben bei der Ausgestaltung der Beiratsarbeit zusammen und geben Einblicke in die Praxis der vielfältigen Beiratskonstellationen im deutschen Mittelstand.

Dr. Christoph Achenbach und Dr. Frederik Gottschalck

Beiräte im Mittelstand – eine kompakte Einführung

1. Einleitung

Beirat in Familienunternehmen? Vor 20 oder 30 Jahren war die Einrichtung eines Beirats für die meisten familiengeführten Unternehmen noch ein Unterfangen, von dem man schon mal gehört hatte. Mancher Familienunternehmer hatte vielleicht sogar einen Kollegen im Bekanntenkreis, der eine derart „exotische" Idee in die Tat umgesetzt hatte. Aber sich selbst ein solches Gremium an die Seite zu stellen? Das hatte man nicht nötig. Schließlich liefen die Geschäfte gut und ein Beirat wäre da nur Ballast gewesen.

Die Zeiten haben sich gründlich gewandelt. Immer mehr deutsche Familienunternehmen erkennen, dass die Einrichtung eines Beirats keineswegs eine exotische Abschweifung darstellt. Und immer mehr Gesellschafter und geschäftsführende Gesellschafter halten ihren Beirat mittlerweile für unverzichtbar.

Fragt man nach den Gründen für dieses Umdenken, stößt man auf ein ganzes Bündel von Fakten. Da ist zum einen die Erkenntnis, dass viele Beiräte in den letzten Jahren ihre Kompetenz in der Beratung der Gesellschafter und der Geschäftsführung deutlich gesteigert haben. Hier hat eine spürbare Professionalisierung stattgefunden. Früher waren Beiräte eher locker an den/die Unternehmer angebunden. Oft waren es auch einfach nur gute Freunde oder Bekannte oder der schon langjährig tätige Steuerberater, der zum Beirat avancierte. Nichts gegen gute Freunde und erfahrene Steuerberater – aber gute Freunde sind nicht unbedingt gute Ratgeber in geschäftlichen Dingen. Und dem eigenen Steuerberater fehlt in der Regel jenes Maß an Unabhängigkeit, das für die Tätigkeit als Beirat unerlässlich ist.

Als weiterer Grund hat sich herausgestellt, dass viele Familienunternehmen an einer Zersplitterung der Interessen leiden. Was ist damit gemeint? Je älter ein Unternehmen ist, umso mehr Generationen von Gesellschaftern haben Besitzanteile geerbt und so eine „Atomisierung" der Anteile herbeigeführt. Das Problem besteht nun darin, dass die verschiedenen Anteilsinhaber häufig eben auch verschiedene Interessen verfolgen. Und je weiter sie sich von der unmittelbaren Unternehmensführung entfernen, umso schwächer wird ihre emotionale Bindung an das Unternehmen und umso schwerer wird es für die Gesellschafter, das Unternehmen als „ihr" Unternehmen zu begreifen. Wenn hier eine Instanz zwischengeschaltet wird, die das Interesse der Inhaber und das Interesse des Unternehmens gleichermaßen im Auge hat und daher die Entscheidungsfindung im Kreis der Gesellschafter auf eine rein sachbezogene Basis stellt – eben ein Beirat –, dann bestehen gute Chancen, dass das Unternehmen sich profitabel entwickeln kann.

Der Beirat nimmt dann eine Art Schiedsrichterrolle ein. Er ist die neutrale Instanz, die in der Gemengelage aus Rivalitäten der verschiedenen Generationen, zwischen Geschwistern und unterschiedlichen Stämmen und dem/den in der Unternehmensführung tätigen Gesellschafter/n einen ehrlichen Ausgleich sucht. Dies alles dient – oder sollte dienen – dem alles dominierenden Ziel, das Unternehmen sicher zu geleiten und es für die nachfolgenden Generationen stark zu machen und stark zu erhalten.

Indem die Gesellschafter sich selbst und dem Management einen Beirat an die Seite stellen, holen sie sich nicht nur exzellente Berater ins Haus. Die Eigentümer profitieren zugleich von den persönlichen Netzwerken ihrer Beiräte. Und manchmal ergibt sich daraus auch eine interessante neue Geschäftsverbindung. Letztlich trägt der Beirat – manchmal sogar entscheidend – dazu bei, dass das beratene Unternehmen seine Position im Wettbewerb nachhaltig verbessern kann.

Doch wie schon erwähnt: Dazu bedarf es eines hohen Maßes an Professionalität (und persönlichem Einsatz). „Nebenbei" lässt sich die Aufgabe eines Beirats nicht erfüllen.

Die Vorteile eines Beirats haben sich offenbar auch bei den deutschen Familienunternehmen herumgesprochen. Bereits in mehr als jedem zweiten mittelständischen Familienunternehmen ist ein Beirat vorhanden. Und immerhin jedes sechste Unternehmen trägt sich mit dem Gedanken oder hat bereits beschlossen, einen Beirat zu installieren. Wobei auffällt, dass die Institution Beirat mit zunehmender Unternehmensgröße häufiger vorzufinden ist.

Immer noch gibt es aber bei vielen Gesellschaftern von mittelständischen Unternehmen Unsicherheit darüber, was ein Beirat eigentlich darstellt, wofür er gut ist und was man beachten sollte. Im Folgenden möchten wir Ihnen als Rahmen für das vorliegende Buch in kompakter Form einige wichtige Hinweise rund um das Thema „Einrichtung eines Beirats" geben. Für die geneigten Leser aus AGs und SEs sei hier der Hinweis erlaubt, dass Sie getrost diesen Einführungsteil überblättern können, da sich dieser ausschließlich mit den nicht gesetzlich festgeschriebenen Beiratsgremien befasst. Im zweiten Teil dieses Buchs sind Sie dann aber herzlich eingeladen, von den Erfahrungen der Unternehmer zu profitieren, die wir gebeten haben, zur Feder zu greifen – es finden sich auch einige Beiträge von Protagonisten aus verpflichtend eingerichteten Aufsichtsräten.

An dieser Stelle zur Klarstellung noch einmal die diesem Beitrag zugrunde liegende Definition des Beirats: Der Beirat, wie wir ihn hier ansprechen und im Folgenden behandeln, ist

- ein freiwilliges,
- von den Gesellschaftern des Familienunternehmens gebildetes und
- ggf. auch satzungsgemäß in die Gesellschaftsstruktur integriertes Organ.

2. Wer braucht einen Beirat?

Einen Beirat einzurichten ist sicherlich für die allermeisten Familienunternehmen eine sinnvolle Option. Doch gibt es bestimmte Konstellationen, bei denen der Beirat nicht nur sinnvoll ist, sondern geradezu angeraten ist, um Probleme zu meistern oder das Unternehmen schlicht in eine bessere Marktposition zu bringen. Hier ein kleiner Überblick.

2.1 Der Beirat als Sparringspartner

Das ist wohl die am häufigsten praktizierte Funktion des Beirats: Er steht der Geschäftsführung und den Gesellschaftern als kompetenter Berater zur Verfügung. Und zwar in allen Fragen, die das Entscheidungsspektrum der Beratenen betreffen, also sowohl kleinere Probleme im operativen Tagesgeschäft als auch Fragen von übergeordneter Bedeutung bis hin zu den großen strategischen Überlegungen. Dies bedeutet selbstverständlich nicht die Einmischung des Beirats in das operative Tagesgeschäft. Wenn sich aber der Beirat als konstruktiv-kritischer Gesprächspartner versteht, der Vorschläge der Geschäftsführung fachkundig diskutiert und eigene Ideen einbringt, wird dies den Unternehmenserfolg positiv beeinflussen. Insbesondere strategische Fragestellungen kommen in manchen Unternehmen aufgrund der hohen Belastung durch das Tagesgeschäft zu kurz. Der Beirat kann hier den Fokus auf diese Themen legen und die Geschäftsführung so – auch wenn er „nur" ein beratendes Organ ist – dazu bringen, nicht nur die kurzfristig dringenden, sondern auch die langfristig wichtigen Aufgaben zu bearbeiten.

> **Zum Beirat als Sparringspartner mehr in den Beiträgen von Dr. Bernd-Michael Brunck (Seite 79), Thomas Busch (Seite 87), Julia Hessler (Seite 113), Dr. Marcus Korthäuer (Seite 119), Klaus Stückenschneider (Seite 179), Christian Wagner (Seite 199) und Prof. Dr. Norbert Wieselhuber (Seite 207).**

Ebenso kann sich der Beirat den Gesellschaftern zuwenden, indem er beispielsweise Maßnahmen und Entscheidungen der Geschäftsführung interpretiert und erläutert. Darüber hinaus kann der Beirat aber auch von sich aus kritische Entwicklungen innerhalb der Geschäftsführung ansprechen und mit den Gesellschaftern gemeinsam nach Lösungen suchen.

Vielfach fehlt es in kleinen und mittelgroßen Familienunternehmen an einer breit aufgestellten Führungscrew. Der geschäftsführende Gesellschafter ist sozusagen die Allround-Führungsfigur – und in dieser Rolle recht einsam. In seinem unmittelbaren Umfeld hat er niemanden, mit dem er sich auf Augenhöhe austauschen könnte. Hinzu kommt das typische Problem, dass Mitarbeiter im Gespräch mit dem Chef möglicherweise nicht ganz frei und offen ihre Meinung äußern. Wer sagt schon gerne: „Chef, das ist eine schlechte Idee!"

An dieser Stelle kommt wieder der Beirat ins Spiel. Er kann dem Unternehmer jederzeit – ohne Rücksicht auf persönliche Befindlichkeiten – offen seine Meinung zu allen relevanten Themen mitteilen. Mehr noch: Er kann es nicht nur – er sollte es unbedingt. Unter der Annahme, dass der Beirat mit exzellenten Persönlichkeiten besetzt ist, steht dem Unternehmer damit ein wertvolles Korrektiv zur Verfügung, das ihn mit fundierten Argumenten – und auf der Basis des im Beirat versammelten Know-hows – von falschen Entscheidungen mit weitreichenden Konsequenzen abhalten kann.

2.2 Der Beirat als Kontrolleur der Geschäftsführung

Wenn Mitglieder der Geschäftsführung zugleich Gesellschafter sind, ist deren Kontrolle in der Regel eine heikle Angelegenheit. Denn: Lautet die Antwort auf die Frage, ob dieser Geschäftsführer einen guten Job macht, im konkreten Fall „Nein", so fällt es den Gesellschaftern meistens schwer, die richtigen und notwendigen Konsequenzen zu ziehen. Man will kein „böses Blut", man will auch Streit zwischen den Gesellschaftern vermeiden.

Zum Beirat als Kontrolleur der Geschäftsführung mehr in dem Beitrag von Jan Schmidt-Krayer (Seite 151).

In dieser und vielen weiteren kritischen Situationen kann ein Beirat, sofern er mit der unverzichtbaren Unabhängigkeit – vor allem von familiären Bindungen an die Gesellschaft – ausgestattet ist, eine äußerst segensreiche Rolle spielen. Ein ausschließlich mit familienexternen Persönlichkeiten besetzter Beirat kann ohne falsche Rücksichtnahme und allein auf der Basis seiner professionellen Qualitäten die Gesellschafter zu sachgerechten Entscheidungen bringen.

Häufiger in der Praxis anzutreffen ist jedoch die Konstellation eines gut funktionierenden Unternehmens mit einem oder mehreren geschäftsführenden Gesellschaftern und weiteren, nicht aktiv tätigen Gesellschaftern. Auch hier kann der Beirat eine Kontrollfunktion für diese passiven Gesellschafter übernehmen, wenn diese Inhaber selbst zeitlich oder inhaltlich nicht in der Lage sind, eine Beurteilung der wesentlichen unternehmerischen Entscheidungen abzugeben.

Aber auch wenn keine Gesellschafter in der Führung operativ tätig sind, gilt es, die Geschäftsführung zu kontrollieren. Gerade in mittelständischen Unternehmen mit familienfremder Geschäftsführung sind die Gesellschafter häufig fachlich nicht nah genug am Geschäft, um ihrer Überwachungsaufgabe gerecht zu werden. Ein kompetenter Beirat kann dieses Manko ausgleichen.

2.3 Der Beirat als Helfer im Notfall

Schon so manches Unternehmen ist vom Markt verschwunden, weil der dominante Eigentümer-Unternehmer plötzlich durch Krankheit oder Tod ausgefallen ist und ein Torso zurückblieb, der ohne diese Führungsfigur nicht lebensfähig war. Oder weil der Unternehmer für diesen Notfall keinerlei Vorsorge getroffen hatte – also sein Know-how weder mit anderen Vertrauten geteilt noch die notwendigen Vollmachten erteilt hatte.

Und schon manches Unternehmen konnte diese gefährliche Situation meistern, weil der Unternehmer weitsichtig genug war, einen Beirat zu installieren, der das Unternehmen „am Laufen" hielt. Voraussetzung ist dafür natürlich, dass der Beirat schon frühzeitig eingerichtet wurde und mit allen wichtigen Interna des Unternehmens vertraut ist. Ein ad hoc, also aus der Not heraus geschaffenes Beratergremium ist sicherlich auch hilfreich, aber keineswegs optimal.

Zum Beirat als Helfer im Notfall mehr in den Beiträgen von Mireille Blum (Seite 71) und Kristina Salamon (Seite 141).

Tritt in dieser Notsituation ein mit Entscheidungskompetenzen versehener Beirat in Aktion und unterstützt – für einen definierten Zeitraum – die Inhaber des Unternehmens intensiv, so lassen sich viele gefährliche Entwicklungen vermeiden. Etwa, dass Mitarbeiter sich Sorgen um ihren Arbeitsplatz machen und vorsorglich einen neuen Job suchen, dass Kunden und Lieferanten ihr Vertrauen in das Unternehmen verlieren oder dass die Kreditinstitute das Rating des Unternehmens herabstufen und die Kreditkonditionen verschlechtern.

2.4 Der Beirat als Begleiter der Nachfolge

Welches Familienmitglied soll wann die Nachfolge des amtierenden Unternehmers antreten? Eine schwierige Entscheidung, wenn mehr Kinder für diese Aufgabe infrage kommen, als das Unternehmen Geschäftsführungspositionen hergibt. Denn die Entscheidung für eines der Kinder bedeutet automatisch eine Entscheidung gegen ein anderes Kind.

Kaum weniger schwierig ist es, die Kriterien festzulegen, nach denen diese Auswahlentscheidung getroffen werden soll. Es geht um formale Qualifikationsmerkmale und ebenso um die soziale Kompetenz.

Zum Beirat als Begleiter der Nachfolge mehr in den Beiträgen von Eugen Müller (Seite 127), Bernhard M. Rösner (Seite 135) und Rudolf Scholz (Seite 159).

Und weil alle diese Festlegungen so unendlich heikel sind, weil sie zudem mit so vielen verletzten Gefühlen einhergehen, ist es nur allzu verständlich, dass viele Familienunternehmer sie vor sich herschieben. Kommt Zeit, kommt Rat? Ein Irrtum.

Ebenso bleibt häufig offen, welche Person oder welches Gremium den Nachfolger letztlich bestimmen soll. Eine vertrackte Situation, für die es allerdings einen sehr eleganten Ausweg gibt: den Beirat. Ein Gremium erfahrener Profis sollte keine Probleme haben, alle diese Fragen kompetent und sachgerecht zu beantworten. Dazu sollte sich der Beirat allerdings in der Mehrzahl aus Familienexternen zusammensetzen. So ist die Neutralität gewährleistet, der familiäre Zusammenprall unterschiedlicher Interessen und der Ausbruch emotionaler Konflikte werden vermieden.

2.5 Der Beirat als Moderator
Konflikte oder gar lautstarker Streit – zwischen einzelnen Gesellschaftern oder zwischen Gesellschaftern und Geschäftsführung können immer mal wieder solche Dissonanzen entstehen. Häufig gelingt es, nach einer Phase der Abkühlung wieder zu einem normalen Umgangston zurückzufinden. Aber eben nicht immer.

Dann ist ein Moderator gefragt. Und auch hier kann der Beirat in diese Rolle schlüpfen, Streit schlichten und das friedliche Miteinander wiederherstellen. Mehr noch: Der Beirat als von seiner Natur her neutrale Instanz kann verhindern, dass Konflikte aus dem Kreis der Gesellschafter in die Geschäftsführung überschwappen. Das manchmal hässliche Intrigenspiel, bei dem Gesellschafter „ihre" Bataillone in der Geschäftsführung hinter sich zu scharen versuchen, kann ein aufmerksamer Beirat abblocken. Gelingt es, die (familienexterne) Geschäftsführung vor der interessengeleiteten Einflussnahme der Gesellschafter zu schützen, hat der Beirat einen nicht hoch genug zu schätzenden Beitrag dazu geleistet, dass die Geschäftsführung ihrer Arbeit nachgehen kann – und nicht in die familieninternen Auseinandersetzungen hineingezogen wird.

2.6 Der Beirat als Ratingverbesserer
Funktionieren die Kontrollinstanzen im Unternehmen? Sind effektive Kontrollmechanismen eingebaut? Für Finanzgeber wie Banken und Kreditversicherer sind dies wichtige Fragen, die sie vor einer Geschäftsbeziehung beantwortet haben wollen und die im Zweifelsfall auch ihre Kreditkonditionen für diese Firma tangieren

dürften. Die Existenz eines exzellenten Beirats ist daher in den Augen der Banken durchaus ein Pluspunkt bei der Einstufung des Unternehmens.

Aber auch andere Stakeholder wie neu eintretende Führungskräfte, Geschäftsführer und Vorstände erwarten zunehmend eine gute Corporate-Governance-Struktur, wenn sie für ein Unternehmen tätig werden sollen. Dies verbindet sich mit der verbreiteten Erkenntnis, dass Unternehmen mit einem professionellen Beirat langfristig meist erfolgreicher am Markt operieren als Unternehmen ohne solche klugen Ratgeber im Hintergrund.

3. Was macht ein Beirat eigentlich alles?

Reine Abnickerrunde ohne tatsächliche inhaltliche Arbeit? Oder echtes Kontrollgremium mit Verantwortungsbewusstsein und Entscheidungskompetenz? Diese beiden Pole markieren sozusagen die Spannweite der in deutschen Familienunternehmen realisierten Beiratskonstruktionen. Im Grunde genommen kann man sagen: Alles ist möglich. Denn der/die Unternehmer und Gesellschafter sind grundsätzlich völlig frei, wie sie ihren Beirat ausgestalten: welche Aufgaben er bekommt, welche Kompetenzen ihm übertragen werden, wie oft er tagt, welche Informationen ihm zur Verfügung gestellt werden etc. Lediglich bei bestimmten Rechtsformen und Unternehmensgrößen sind die Konstruktionsmerkmale des Beirats vom Gesetzgeber vorgeschrieben; diese Fälle werden aber, wie schon erwähnt, in diesem Buch ausgeklammert.

Inwieweit Unternehmer und Gesellschafter ihren großen Handlungsspielraum nutzen wollen, sollten sie gut überlegen. Das betrifft in erster Linie die Ausgestaltung der Kompetenzen. Je stringenter die Kompetenzen des Beirats umrissen werden, desto größer ist im Zweifelsfall der Nutzen, den dieses Gremium für das Unternehmen erbringt.

Mit der Fixierung der Kompetenzen, die zumindest in einer Beiratssatzung verankert werden sollten, sind aber zugleich auch die Grenzen markiert, an denen die Zuständigkeiten des Beirats enden. Hier sollte – unabhängig von den sonstigen Vorgaben – immer klar bestimmt werden, dass der Beirat sich nicht in das Tagesgeschäft einmischen darf. Die operative Führung des Unternehmens obliegt ausschließlich der Geschäftsführung. Sollte der Beirat in das operative Geschäft eingreifen, hat man als Gesellschafter entweder ein Problem mit der Geschäftsführung oder mit dem Beirat – häufig mit beiden.

In einer Anfang 2016 durchgeführten Umfrage der Handelsblatt Fachmedien GmbH und der BfUN GmbH zeigt sich ein interessanter Einblick in die aktuelle Ausgestaltung der Kompetenzen mittelständischer Beiratsgremien: Etwas mehr als ein Drittel der Gremien (36 Prozent) ist ausschließlich beratend tätig. Demgegenüber haben knapp 64 Prozent zumindest teilweise auch Entscheidungsbefugnisse von den Gesellschaftern übertragen bekommen. Im Detail zeigt sich das folgende Bild:

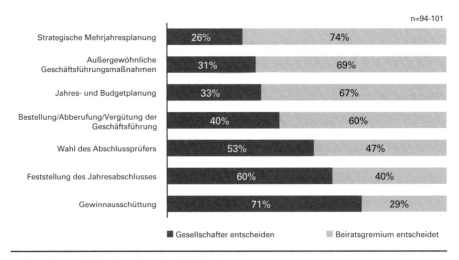

Quelle: Umfrage Handelsblatt Fachmedien GmbH und BfUN GmbH, 2016

Grafik 1: Entscheidungskompetenz von Beiratsgremien

Am ehesten entscheiden die Beiräte demnach über die operativen Themen wie Personal und Planung sowie über strategische Themen. Wenig überraschend behält die Mehrheit der Gesellschafter die Entscheidung über die Gewinnverwendung bei sich selbst.

Lassen Sie uns nun die Betrachtung der Aufgaben von Beiräten weiter vertiefen. Es gibt eine Reihe typischer Aufgabenstellungen, die wir im Folgenden kurz skizzieren.

3.1 Der Beirat als Coach/Sparringspartner

Sich von externen Persönlichkeiten coachen zu lassen, kommt im Unternehmen für verschiedene Personengruppen infrage. Erster Adressat ist sicher der einsame Patriarch. Doch auch die Unternehmerfamilie (insbesondere wenn es um die Nachfolgethematik geht), andere Gesellschafter oder auch die familienexternen Geschäftsführer wissen das Coaching durch den Beirat zu schätzen. Nicht zuletzt sehen wir in letzter Zeit häufig gerade bei jungen Unternehmern, die von ihren Vorgängern ein komplexes, international tätiges Unternehmen übernommen haben, die Einrichtung von beratenden Beiratsgremien. Diese jungen Unternehmer sind zwar häufig fachlich sehr gut ausgebildet, erkennen aber, dass es ihnen zwangsläufig an der Erfahrung mangelt, alle Teilbereiche ihrer Aufgaben perfekt zu beherrschen.

Um welche Art von Themen geht es bei diesem Coaching? Naheliegend ist es, den Sachverstand des Beirats vor allem bei strategischen Entscheidungen abzurufen. Hier suchen Familienunternehmer gern die Rückversicherung bei einem kleinen Kreis zuverlässiger und diskreter Ratgeber.

Gelegentlich sind es aber gar nicht die strategischen Fragegestellungen, bei denen man sich einen Sparringspartner wünscht. Auch in weniger bedeutenden Entscheidungsprozessen – die Investition in ein neues Produktionsmittel, die Einschätzung eines Bewerbers, die Beschickung einer Messe – kann es sinnvoll sein, eine zweite Meinung einzuholen.

3.2 Der Beirat als Kontrollinstanz

Den Beirat als Kontrollinstanz auszugestalten, empfiehlt sich insbesondere bei folgenden Konstellationen:

* Das Unternehmen wird von einer Fremdgeschäftsführung geleitet.
* Die Eigentümer wollen oder können die Kontrolle über die Geschäftsführer – gleich ob familieninterne oder -externe – nicht selbst wahrnehmen.
* Die Gesellschafter gehören verschiedenen Familienstämmen mit unterschiedlichen Zielvorstellungen und unterschiedlichen Prioritäten an.

Erhält der Beirat diese verantwortungsvolle Funktion des Kontrolleurs, so ist neben fachlicher Kompetenz auch eine besondere soziale Kompetenz im Umgang mit wichtigen Funktionsträgern gefragt. Im Klartext: Fingerspitzengefühl und diplomatisches Geschick. Diese Maßgabe gilt insbesondere dann, wenn in der Geschäftsführung ein oder mehrere Gesellschafter tätig sind.

Zu beachten ist in diesem Zusammenhang, dass der Beirat seine Kontrollfunktion nicht nur auf zurückliegende Ereignisse erstrecken sollte. Die Kontrolle sollte vielmehr genauso stringent in die Zukunft gerichtet sein und beispielsweise die Budgetplanung und die strategische Planung einbeziehen.

3.3 Der Beirat als Informationsquelle

Das Mehr-Augen-Prinzip hat beim Thema Beirat ebenfalls seine Berechtigung. Je mehr Köpfe das Beratergremium umfasst, desto größer ist die Chance, dass Beiräte Daten, Fakten und Informationen in die Beiratsarbeit und damit ins Unternehmen einbringen können, die dort zuvor nicht vorhanden waren. Das können Brancheninterna sein, das können Trendinformationen sein, das können Nachrichten über technische Neuheiten sein oder schlicht Insiderwissen aus den verschiedensten Bereichen. Dieses Know-how als Impuls für Entscheidungen auf der Unternehmensebene anzapfen zu können (und dies mit sehr geringen Kosten), ist ein wichtiges Alleinstellungsmerkmal der Institution Beirat. Aber gleichzeitig gilt auch: Je mehr Personen im Gremium sitzen, desto aufwändiger wird die Entscheidungsfindung, da jeder seinen Beitrag leisten möchte. In aller Regel haben Beiräte in mittelständischen Unternehmen drei bis fünf Mitglieder.

3.4 Der Beirat als Friedensstifter

Meinungsverschiedenheiten zwischen einzelnen Gesellschaftern oder ganzen Familienstämmen sind normal. Aber gelegentlich erwachsen aus Meinungsverschiedenheiten Streitigkeiten, und der Streit eskaliert zur Feindschaft.

Solange solche Dissonanzen im Kreis der Gesellschafter bleiben und dort beigelegt werden, ist alles in Ordnung. Doch manchmal verlassen solche Streitigkeiten den internen Zirkel. Im Kampf um die Macht suchen Gesellschafter Verbündete in der Geschäftsführung. Das Management wird zum Spielball sich bekämpfender Interessengruppen. Für das Unternehmen und seine Zukunftsfähigkeit herrscht dann Alarmstufe Rot. Ein Beirat kann hier helfen, dass solche gefährlichen Situationen gar nicht erst entstehen. Er kann vermittelnd eingreifen. Als Instrument stehen ihm dazu etwa vertrauliche Gespräche zur Verfügung oder gemeinsame Sitzungen von Beirat und Gesellschaftern.

3.5 Der Beirat als Nachfolge-Vorbereiter

Einen familieninternen Nachfolger auf seine künftige Rolle im Chefsessel vorzubereiten, ist eine der schwierigsten Aufgaben für jedes Familienunternehmen. Der amtierende Chef ist damit häufig überfordert. Manchmal liegt es daran, dass Eltern sehr emotional mit dem Thema umgehen. Manchmal beeinflusst aber auch ein verdeckter Generationenkonflikt den Umgang zwischen Eltern und Kindern. Hier kann der Beirat aus seiner eher neutralen Position heraus vermitteln. Die Nachfolgefrage wird auf eine emotionsfreie Ebene verlagert und damit behandelt, wie es sich für eine so wichtige Angelegenheit gehört: sachbezogen.

3.6 Der Beirat als Unterstützer bei Restrukturierungen

Gelegentlich werden Beiräte auch einbezogen, um die Restrukturierung eines Unternehmens aus neutraler Position heraus zu überwachen. Hier werden ähnlich hohe Anforderungen an das diplomatische Vorgehen der Beiräte gestellt wie in der Nachfolgefrage. Denn oft sind die Beziehungen zwischen Unternehmensleitung und Banken, zwischen Unternehmensleitung und Belegschaft, zwischen Unternehmensleitung und Gläubigern aufgrund der unerfreulichen Konstellation unterkühlt oder gar konfrontativ. In dieser Lage kann ein Beirat – sozusagen stellvertretend für den Unternehmer – das Gespräch suchen und eine neue Linie für Kompromisse aufbauen. Hat einer der Beiräte selbst schon einmal eine Restrukturierung durchgestanden, ist dies doppelt hilfreich, weil er die Denk- und Verhaltensmuster aus eigener Anschauung kennt. Denn die Gesellschafter oder die Geschäftsführung des betroffenen Unternehmens haben in aller Regel wenig Erfahrung im Umgang mit der kritischen Situation.

Zum Beirat als Unterstützer bei Restrukturierungen mehr in dem Beitrag von Matthias Freiherr von Tettau (Seite 193).

4. Was sollte ein Beiratsmitglied können?

Die Anforderungen an Beiratsmitglieder sind in den letzten Jahren spürbar gestiegen. Warum? Wahrscheinlich aus dem einfachen Grund, dass sich bei immer mehr Familienunternehmen herumgesprochen hat, welche positiven Auswirkungen die Einrichtung eines Beirats hat. Das heißt, immer mehr Unternehmen setzen auf den Rat ihres Beirats und erwarten, dass er die in ihn gesetzten Erwartungen auch erfüllt. Damit ist ein sich selbst verstärkender Prozess in Gang gekommen – mit der Folge, dass die Ansprüche an die Beiräte in den nächsten Jahren noch weiter steigen werden. Das bedeutet zugleich: Die sorgfältige Auswahl der Beiratsmitglieder wird immer wichtiger. Doch hier liegt tatsächlich noch vieles im Argen.

Anders als bei Personalentscheidungen für Führungspositionen üblich, wählen Unternehmer und Gesellschafter ihre Beiräte allzu häufig nicht auf der Grundlage klar definierter Anforderungsprofile aus. Nach wie vor ist bei diesen Besetzungen oft der Zufall im Spiel. Man bedient sich in familiären, persönlichen oder anderen Netzwerken – ohne eine exakte Vorstellung von den Qualifikationen des einzelnen Beiratsmitglieds und des Gremiums als Ganzem zu haben.

Die Folgen können verhängnisvoll sein. Wird ein Mitglied nur aufgrund seiner persönlichen Beziehung zu einem (oder mehreren) Gesellschafter(n) in den Beirat berufen, sind Interessenkonflikte vorprogrammiert. Ein solcher Beirat wird sich im Zweifelsfall nicht vom Wohl des Gesamtunternehmens, sondern vom Individualinteresse seines Protagonisten leiten lassen.

Welche Qualifikationen sind nun gefordert? Darauf gehen wir im Folgenden näher ein. An dieser Stelle vielleicht zunächst einmal eine allgemeine Annäherung an die Fragestellung: Auf jeden Fall sollte der Beirat diejenigen Mindestkenntnisse und -fähigkeiten besitzen oder sich aneignen, die erforderlich sind, „um alle normalerweise anfallenden Geschäftsvorgänge auch ohne fremde Hilfe verstehen und sachgerecht beurteilen zu können". So hat der BGH einmal in einem anderen Zusammenhang entschieden.

Bei dieser Definition handelt es sich lediglich um „Mindest"-Kenntnisse, die als allgemeiner Orientierungsmaßstab ungeeignet sind. Daher möchten wir hier die Profile ausführlicher behandeln. Wir gliedern die Betrachtung in zwei Teile:

- die fachlichen Anforderungen,
- die persönlichen Voraussetzungen.

4.1 Fachliche Anforderungen

Die gewünschten und notwendigen Qualifikationen von Beiratskandidaten müssen sich natürlich in erster Linie an den individuellen Gegebenheiten des Unternehmens orientieren. Diese können bestimmt werden durch:

- die internen Erfordernisse (Schwachstellen bzw. Stärken des Unternehmens, bei den Gesellschaftern und/oder der Geschäftsführung, vorhandenes Know-how des Unternehmers etc.),
- die aktuelle Verfassung des Unternehmens (Ergebnisschwäche oder -stärke, Umsatz- und Absatzsituation, Konkurrenzsituation),
- die aktuelle Verfassung der Branche (Wachstum, Schrumpfung, Wettbewerbsintensität, Innovationen etc.),
- die geografische Ausrichtung des Unternehmens (nur national/auch international).

Generell sollten alle Beiratsmitglieder über fundiertes betriebswirtschaftliches Know-how, Managementerfahrung und strategische Führungskompetenz verfügen. Je nachdem, welches spezifische Fachgebiet ein Beiratsmitglied im Gremium repräsentieren soll, ist hier möglichst umfassendes theoretisches und praktisches Wissen gefragt. Und wenn der Kandidat als Überflieger auf seinem Fachgebiet gilt – dann ist dies beileibe kein Hinderungsgrund, ihn für das Unternehmen zu engagieren.

Idealerweise sollten die folgenden fachlichen Kompetenzen im Beirat vertreten sein: allgemeine Kenntnisse des Marktes, der Branche, der Wettbewerbssituation und der Erfolgsfaktoren des spezifischen Unternehmens. Je nachdem, wie sich die individuelle Situation des Unternehmens darstellt, sind besondere Kenntnisse in kaufmännischen oder technischen Bereichen erwünscht, beispielsweise im Marketing, im Vertrieb, in der IT, in der Logistik, in der Produktion oder im Einkauf.

Sind innerhalb des Beirats spezielle Ausschüsse vorhanden oder geplant, so können für diese Tätigkeit weitere Qualifikationen erforderlich sein, z.B. im Prüfungsausschuss Erfahrungen in der Anwendung von Rechnungslegungsgrundsätzen und internen Kontrollverfahren oder im Personalausschuss Erfahrung in den Bereichen Personalbeurteilung, Personalauswahl und Managemententwicklung.

Fragt man aktive Beirats- und Aufsichtsratsmitglieder nach einer Selbsteinschätzung ihrer fachlichen Kompetenzen, steht an erster Stelle die Kompetenz in Sachen Strategie. Dies ergibt die bereits zitierte Umfrage von Handelsblatt Fachmedien GmbH und BfUN GmbH:

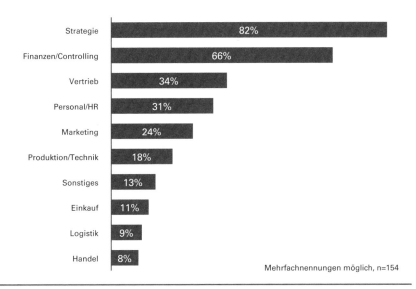

Quelle: Umfrage Handelsblatt Fachmedien GmbH und BfUN GmbH, 2016

Grafik 2: Fachliche Kompetenzen von Beirats- und Aufsichtsratsmitgliedern

4.2 Persönliche Voraussetzungen

Wenn ein Unternehmen verschiedene Kandidaten für den Beirat auf den Prüfstand stellt, sollten zunächst einige grundlegende persönliche Qualifikationsmerkmale beleuchtet werden:

- Ist der Kandidat bereit, Verantwortung zu übernehmen?
- Ist er bereit, sich mit den anstehenden Themen des Beirats intensiv (sowohl hinsichtlich des Zeitaufwands als auch der Tiefgründigkeit der Recherche) zu befassen?
- Ist er bereit, seinen eigenen Wissensstand in Bezug auf das Unternehmen und dessen Umfeld zu verbessern?

Dies sind sozusagen Basisqualifikationen, die jeder Beirat erfüllen muss. Hinzu kommen spezielle Qualifikationsmerkmale, von denen möglichst viele vorhanden sein sollten. Im Einzelnen:

- **Moderationsfähigkeit:** Beiräte werden oft herangezogen, um widerstreitende Interessen im Unternehmen zu moderieren. Konflikte können bekanntlich überall entstehen – zwischen Gesellschaftern, zwischen Gesellschaftern und Geschäftsführung, innerhalb der Geschäftsführung. Das ist zwar nicht die Hauptaufgabe eines Beirats. Aber wenn das Gremium Persönlichkeiten mit Moderationstalent – also Fingerspitzengefühl und Durchsetzungsfähigkeit – aufbieten kann, ist dies äußerst erwünscht.

- **Integrität:** Eng mit der Moderationsfähigkeit ist die Integrität verbunden. Die Beiratsmitglieder müssen sich jederzeit ausschließlich dem Wohl des Unternehmens verpflichtet fühlen. Das Verfolgen eigener Interessen zulasten des Unternehmensinteresses ist tabu.
- **Teamgeist:** Der Beirat ist ein kollegiales Organ. Er kann nur dann sinnvoll arbeiten, wenn die Mitglieder das gleiche Unternehmensinteresse vor Augen haben und ein von gegenseitigem Respekt getragenes Team bilden.
- **Autorität:** Der Beirat ist der Gesprächspartner des Unternehmers, der Gesellschafter, der Geschäftsführer. Diese sind allesamt in der Regel gestandene Persönlichkeiten, die es im Leben und im Beruf zu etwas gebracht haben und sich vor niemandem verstecken müssen. Wer diesen Persönlichkeiten Rat erteilen und auf Augenhöhe mit ihnen kommunizieren möchte, muss selbst eine gewisse Autorität ausstrahlen. Eine Autorität, die auf Kompetenz, einem nicht übertriebenen Selbstbewusstsein und einem starken Charakter beruht.
- **Innovationskompetenz:** Hier ist die Fähigkeit gemeint, überlieferte Verhaltensweisen und Handlungsmuster infrage zu stellen. Nur wenn man die richtigen Fragen stellen kann, wird man auch die richtigen Antworten erhalten. Der Beirat sollte daher nach neuen Antworten auf alte Fragen suchen – mit Nachdenklichkeit, Offenheit und Kreativität.
- **Strategieorientierung:** Die Arbeit des Beirats ist primär in die Zukunft gerichtet – er soll Ideen einbringen und Impulse geben. Daher ist es sehr erwünscht, wenn ein Beiratsmitglied nicht die Fehler der Vergangenheit beklagt, sondern Handlungsstrategien für die Zukunft mitentwickelt und begleitet.
- **Gelassenheit:** Ein Beirat sollte ein Gremium sein, das mit Kritik und Konflikten konstruktiv und gelassen umzugehen versteht. Diese Anforderung hängt eng zusammen mit der oben angesprochenen Moderationsfähigkeit. Denn oft muss der Beirat sowohl zur Seite der Gesellschafter als auch zur Geschäftsführung hin professionell, lösungs- und ergebnisorientiert argumentieren und dabei auch kritische Fragen der Gesprächspartner ertragen können.
- **Vertrauen:** Es ist unerlässlich, dass familienexterne Beiräte das Wertesystem der Eigentümerfamilie respektieren. Der Beirat ist Treuhänder der Gesellschafter und ihrer Familien. Er ist Verbündeter der Eigentümer, nicht des Managements. Dennoch muss er in seiner Arbeit immer in beide Richtungen denken: Er informiert die Gesellschafter über die Entwicklung des Unternehmens und vertritt zugleich die Interessen der Gesellschafter gegenüber der Geschäftsführung. Die Gesellschafter müssen daher selbstverständlich hohes Vertrauen in die Beiratsmitglieder haben, gleichzeitig pflegt der Beirat einen vertrauensvollen Umgang mit der Geschäftsführung.
- **Unabhängigkeit:** Beiräte müssen hochgradig unabhängig sein, das heißt, sie dürfen in keinem privaten oder beruflichen Abhängigkeitsverhältnis zum Unternehmer oder zum Unternehmen stehen. Auch heute noch sitzen im Beirat mancher Familienunternehmen der langjährig beratende Familienanwalt oder der Steuerberater des Unternehmens. Das ist abzulehnen. Denn in diesem Fall

würde das Beiratsmitglied zumindest einen Teil seines Honorarvolumens aus diesen Mandaten erzielen, was der Unabhängigkeit entgegensteht. Andererseits muss man zugestehen, dass es hochkarätige Vertreter dieser Berufsgruppen gibt, die sich aufgrund ihrer langjährigen Berufserfahrung und ihres umfassenden Know-hows eine exzellente Unternehmersicht erworben haben. Und diese können sehr wohl ein gutes und loyales Beiratsmitglied für ein Familienunternehmen sein – aber bitte eben nicht im Hause der eigenen Mandanten.

- **Zeitbudget:** Je problematischer die Situation des Unternehmens, je größer also der Beratungsbedarf, desto mehr Zeit wird der Beirat für das Unternehmen aufbringen müssen. Bei vier Sitzungen pro Jahr ist der Zeitaufwand mit rund acht bis zehn Tagen zu veranschlagen. Ein Beiratsmitglied sollte daher über ausreichende Zeitreserven verfügen.

5. Müssen Beiratsmitglieder für ihre Tätigkeit haften?

In Aktiengesellschaften ist diese Frage klar geregelt. Aufsichtsratsmitglieder haften – genauso wie der Vorstand – für ihre Tätigkeit. Und diese Haftung kann nicht beschränkt oder ausgeschlossen werden. Allerdings gibt es hier ein probates Mittel, um sich gegen Schadensersatzansprüche zu wappnen: die Directors-and-Officers-Versicherung, kurz D&O-Versicherung, eine Art Haftpflichtversicherung für Aufsichtsräte, Vorstände und Manager von Unternehmen. Die Aktiengesellschaften aus der aktuellen Studie der Handelsblatt Fachmedien und der BfUN haben in 77 Prozent der Fälle eine D&O-Versicherung abgeschlossen.

Zur Haftung von Beiratsmitgliedern mehr in dem Beitrag von Dr. Joachim Groß (Seite 107).

Für die freiwillig eingerichteten Beiratsgremien sieht dies ganz anders aus: Hier haben nur 45 Prozent der Unternehmen einen solchen Schutz für ihre Gremienmitglieder vereinbart. Ob eine D&O-Versicherung für freiwillige, ggf. sogar nur beratende Gremien sinnvoll ist, muss jedes Unternehmen für sich entscheiden. Wir empfehlen, dass die Inhaber das Thema mit ihren Beiratsmitgliedern diskutieren, um eine praktikable Lösung zu finden. Eine Möglichkeit ist zum Beispiel die Begrenzung der Haftung, etwa auf Vorsatz oder Fahrlässigkeit. Hinsichtlich des Haftungsbetrags kann man eine bestimmte Obergrenze festlegen. Dies ist auch die am häufigsten praktizierte Variante, denn nicht einmal jedes zehnte Beiratsmitglied haftet unbegrenzt für seine Tätigkeit, wie unsere Umfrage mit Handelsblatt Fachmedien ergab:

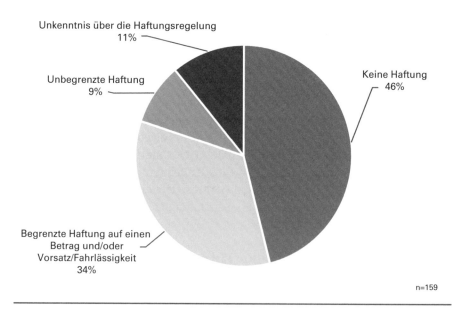

Unkenntnis über die Haftungsregelung
11%

Unbegrenzte Haftung
9%

Keine Haftung
46%

Begrenzte Haftung auf einen
Betrag und/oder
Vorsatz/Fahrlässigkeit
34%

n=159

Quelle: Umfrage Handelsblatt Fachmedien GmbH und BfUN GmbH, 2016

Grafik 3: Haftung von Beiratsmitgliedern

6. Wie sollte der Beirat zusammengesetzt sein?

Die Frage nach der optimalen Zusammensetzung eines Beirats ist eine der am meisten diskutierten, wenn es um das Thema Beirat im Allgemeinen geht. Eine generell gültige Empfehlung gibt es allerdings nicht. Jeder Unternehmer muss selbst entscheiden, was in seinem Fall die beste Lösung ist. Handelsunternehmen werden meist keinen Bedarf an einem Technikexperten haben – Investitionsgüterhersteller dagegen benötigen ihn dringend. Üblicherweise – und dies hat sich bewährt – wird die Struktur des Beirats durch Kernkompetenzen definiert: Strategie, Finanzen/Controlling, Technik/Produktion, Vertrieb. Diese vier Themenfelder sollten im Beirat repräsentiert sein. Als Querschnittsfunktion muss hier noch das Thema Personal genannt werden. Und dies umfasst neben der klassischen Personalführungskompetenz unter anderem auch das Recruiting – in Zeiten umfassenden Fach- und Führungskräftemangels nach unserer Beobachtung ein Thema von stark steigender Bedeutung.

Zur Besetzung des Beirats mehr in dem Beitrag von Gerd Behrendt (Seite 63).

Wie detailliert sollten die Kenntnisse eines Beiratsmitglieds hinsichtlich des Marktes und der Branche des Unternehmens sein? Letztlich wird diese Frage natürlich auch durch die Gesamtstruktur des Beiratsgremiums beantwortet. Haben beispielsweise in einem Dreierbeirat zwei Mitglieder herausragende Markt- und Branchenkenntnisse, so kann es für die Diskussionen um die strategische Zukunft des Unternehmens sehr produktiv sein, einen Branchenfremden sozusagen als Advocatus Diaboli mit in den Beirat zu bitten. Solche Menschen haben den Vorteil, dass sie frei denken und argumentieren können. Und manche Frage, die sie stellen, ist dann nur auf den ersten Blick naiv. Tatsächlich stoßen sie damit bei den vermeintlichen Brancheninsidern einen konstruktiven Prozess des Nachdenkens an.

Immer wichtiger wird auch das Thema Internationalisierung. In vielen Branchen verschenken Unternehmen, die sich auf den Heimatmarkt beschränken, große – manchmal gigantische – Wachstumchancen. Doch der Sprung in neue Märkte jenseits der Landesgrenzen ist mit hohen Risiken behaftet. Da braucht das Unternehmen dann fundiertes Internationalisierungs-Know-how im Beirat. Und wenn dieses Know-how des Internationalisierungsexperten aus eigener Tätigkeit im Ausland herrührt und mit Kenntnissen von Sprachen, Kulturen und Geschäftspraktiken anderer Länder einhergeht – dann ist das geradezu eine Idealbesetzung des Beirats.

Anzustreben ist letztlich eine optimale Mischung aus Persönlichkeit, Fachkenntnis und Erfahrung.

An dieser Stelle kommt ein vierter Faktor ins Spiel: das Lebensalter. Jüngere Beiratsmitglieder sollten ebenso Sitz und Stimme haben wie ältere, erfahrenere Persönlichkeiten. So zeigt sich in der Praxis, dass nur sehr wenige Gremienmitglieder jünger als 41 oder älter als 75 Jahre sind (jeweils vier Prozent). Ebenfalls gering ist mit neun Prozent die Anzahl der 71- bis 75-Jährigen. Die Mehrzahl der Gremienmitglieder ist zwischen 41 und 70 Jahre alt.

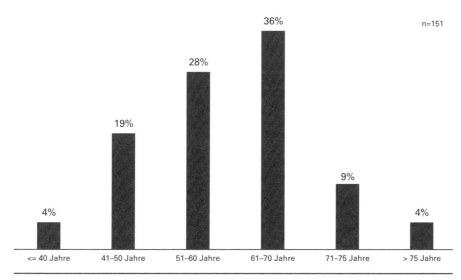

Quelle: Umfrage Handelsblatt Fachmedien GmbH und BfUN GmbH, 2016

Grafik 4: Alter der Gremienmitglieder

Die meisten Beiräte in deutschen Familienunternehmen bestehen aus drei Personen, wie unsere Studie zeigt:

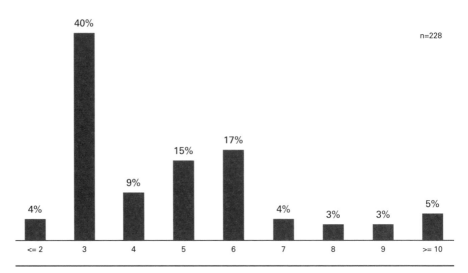

Quelle: Umfrage Handelsblatt Fachmedien GmbH und BfUN GmbH, 2016

Grafik 5: Anzahl der Gremienmitglieder

Dabei gilt grundsätzlich die Regel: Je kleiner das Gremium ist, desto effektiver kann es im Zweifel arbeiten, weil die Abstimmungsprozesse überschaubar sind und meist glatt verlaufen. Das bedeutet aber auch: Die Verantwortlichen sollten ihre Beiratsmitglieder sehr sorgfältig auswählen. Denn wenn der Beirat wirklich produktiv agieren soll, muss er sehr kompetent besetzt sein. Eine Schwachstelle in einem dreiköpfigen Gremium ist schwer zu überspielen, ein großer Beirat hingegen ignoriert sie einfach.

7. Wie engagiert man geeignete Persönlichkeiten für den Beirat?
Das ist die hohe Schule des Beiratswesens: Wem die Aufgabe zuteil wird, geeignete Persönlichkeiten für einen Beirat zu suchen, zu finden und unter Vertrag zu nehmen, der steht vor einer großen Herausforderung. Denn in die Suche nach geeigneten Beiratspersönlichkeiten sollte man die gleiche Energie, Sorgfalt und Professionalität stecken wie in das Aufspüren von leitenden Angestellten für das operative Geschäft.

Zur Suche nach geeigneten Persönlichkeiten für den Beirat mehr in dem Beitrag von Christian Schwarz (Seite 169).

Die folgenden drei Schritte sollten der Unternehmer und seine Mitgesellschafter gemeinsam festlegen:

- Wie findet man geeignete Persönlichkeiten?
- Wie gewinnt man die geeigneten Kandidaten für den Beirat?
- Wie bindet man die Beiräte an das Unternehmen?

7.1 Wie findet man geeignete Persönlichkeiten?

Wer einen Beirat besetzen will, schaut sich naturgemäß zunächst in seinem unmittelbaren Umfeld um. Und nichts ist unmittelbarer als die eigene Familie. Damit wird aber eine wichtige Diskussion innerhalb der Familie angestoßen: Dürfen Familienmitglieder in den Beirat einziehen?

Gegen die Entsendung von Familienmitgliedern ist im Allgemeinen nichts einzuwenden. Beiratsmitglieder sollten aber auf keinen Fall zugleich Mitglied der Geschäftsführung sein. Wenn also ein Mitglied der Eigentümerfamilie in der Geschäftsführung aktiv ist, so sollte es nicht gleichzeitig dem Beirat angehören. Formal ist dies zwar möglich, sinnvoll ist es jedoch nicht. Dies leuchtet ein, denn der Beirat soll ja die Geschäftsführung beraten oder kontrollieren; sich selbst zu kontrollieren, ist auf keinen Fall zielführend.

Die Frage ist aber, ob die Präsenz von Gesellschaftern im Beirat grundsätzlich vernünftig erscheint. Unsere Empfehlung lautet: Ein Beirat sollte mehrheitlich mit externen Fachleuten besetzt sein. Mit dieser Konstruktion wird die notwendige Neutralität gewahrt; Familienstreitigkeiten können dann die Arbeit des Beirats nicht beeinträchtigen. Um es noch einmal zu betonen: Die Mehrheit sollten Externe bilden. Aber die Gesellschafter sollten sich durchaus im Beirat wiederfinden. Denn nur sie können die Familienwerte der Inhaber aus erster Hand im Beirat vertreten.

Zusammenfassend können wir festhalten: Die ideale Beiratsbesetzung besteht aus einem fachlich und persönlich kompetenten Vertreter der Familie und starken externen Persönlichkeiten. Mit diesem Mix kann ein Beirat am meisten Erfolg für ein Unternehmen generieren.

Eine weitere Empfehlung zur Ent-Emotionalisierung von Konflikten betrifft den Vorsitz des Beirats. Wenn ein Mitglied der Inhaberfamilie Vorsitzender oder Sprecher der Geschäftsführung ist, sollte der Vorsitzende des Beirats ein familienfremdes Mitglied sein. Ist ein Familienfremder Vorsitzender oder Sprecher der Geschäftsführung, sollte der Vorsitzende des Beirats – wenn es fachlich geeignete Persönlichkeiten gibt – ein Mitglied der Inhaberfamilie sein.

Wie sollten die Gesellschafter bei der Suche nach geeigneten Beiratsmitgliedern konkret vorgehen? Eine gängige Möglichkeit besteht darin, einzelnen Gesellschaftern oder Gesellschafterstämmen ein Vorschlagsrecht einzuräumen. Solange dies wirklich nur ein Vorschlag ohne bindende Wirkung für die anderen ist, sollte dies in Ordnung sein. Ist mit dem Vorschlag aber mehr oder weniger automatisch zugleich die Berufung verbunden, so ist dies bedenklich. Denn erstens sollten Beiräte immer eine breite Mehrheit von Gesellschaftern hinter sich wissen. Und zweitens muss verhindert werden, dass Interessenvertreter einzelner Gesellschafter(stämme) im Beirat letztlich nur die Individualinteressen ihres Protagonisten verfolgen.

Zur Frage, mit welcher Mehrheit die Beiräte gewählt werden sollten, bleibt nur der Hinweis: Je höher die Zustimmung, desto höher wird auch die allgemeine Akzeptanz der Beiratsmitglieder sein. Jedoch sollte man in der Praxis beachten, dass die Erhaltung der Handlungsfähigkeit Priorität haben sollte. Mit anderen Worten: Wenn Einstimmigkeit im Gesellschafterkreis nicht zu erreichen ist, muss man sich eben mit Mehrheitsentscheidungen anfreunden. Wir kommen darauf im Kapitel 8.1 noch einmal zurück.

7.2 Wie gewinnt man die geeigneten Kandidaten für den Beirat?

Enge persönliche Vertraute des Unternehmers kommen als Beiratsmitglieder normalerweise nicht infrage. Das heißt, Freunde, Bekannte, Geschäftspartner, „Haus-Banker", Berater des Unternehmens – sie alle können in Interessenkonflikte geraten und scheiden daher als Kandidaten aus. Kein Zweifel, diese Beschränkung erschwert die Rekrutierung von Beiratsmitgliedern. Aber es ist eine notwendige Beschränkung. Der Unternehmer muss daher seine Suche in eine andere Richtung lenken.

Da ist zum einen das erweiterte persönliche Netzwerk. Hier sollte im Normalfall der eine oder andere geeignete Kandidat vorhanden sein. Um aber auch außerhalb dieses Netzwerks die Fühler auszustrecken, bietet sich zum anderen die Einschaltung eines professionellen Personaldienstleisters an. Diese verfügen meist über einen großen Pool unterschiedlicher Persönlichkeiten, die für ein Beiratsmandat infrage kommen. Aufgrund des großen Reservoirs können diese Dienstleister professionell recherchieren und Kandidaten punktgenau lokalisieren. Zudem sind sie neutral in der Beurteilung der Kandidaten und verfügen über große Erfahrung und Vergleichswerte in der Beurteilung von Persönlichkeiten.

In dieser Phase ist es wichtig, dass man ein exakt definiertes Anforderungsprofil formuliert hat, das sowohl die gewünschten fachlichen als auch die persönlichen Qualifikationsmerkmale erschöpfend wiedergibt. Hat man Persönlichkeiten ausfindig gemacht, die aufgrund ihres recherchierten Profils die Anforderungen erfüllen, geht es im nächsten Schritt darum, diese potenziellen Kandidaten persönlich anzusprechen. In diesen Gesprächen sollte der Unternehmer bzw. sein Berater das Wirkungsfeld des künftigen Beiratsmitglieds möglichst präzise – und ohne Beschönigungen – beschreiben:

- Wie sieht das Profil des Unternehmens aus?
- Handelt es sich um einen beratenden oder entscheidungskompetenten Beirat?
- Worin besteht die Aufgabe des Beiratsmitglieds?
- Wie sieht der Zeitbedarf für die gestellte Aufgabe aus?
- Welche Besonderheiten kennzeichnen das Unternehmen: aktuelle Probleme, Struktur der Gesellschafter, Struktur der Geschäftsführung, bekannte Konflikte zwischen den Gesellschaftern oder zwischen Gesellschaftern und Geschäftsführung etc.?

Wenn der Unternehmer dem Interessenten eine spannende Aufgabe anbietet, wird er mit einiger Wahrscheinlichkeit sein Gegenüber überzeugen können. Und spannend dürfte der Kandidat die Aufgabe dann empfinden, wenn er seine Fähigkeiten unter Beweis stellen und das Unternehmen voranbringen kann. Zwar bedeutet es für die angesprochene Persönlichkeit einen zusätzlichen Zeitaufwand – und gerade bei solchen Führungspersönlichkeiten ist Zeit meist die knappste Ressource. Allerdings ist der Anreiz, ein neues, forderndes Mandat zu übernehmen und unternehmerisch mitgestalten zu können, häufig ausschlaggebend gegenüber dem Kontra-Argument des zusätzlichen Zeitaufwands.

7.3 Wie bindet man die Beiräte an das Unternehmen?
Die Honorierung spielt bei Beiratskandidaten vielfach eine völlig nebensächliche Rolle (zur Vergütung siehe Kapitel 10). Beiratsmitglieder müssen ohnehin finanziell unabhängig sein, um ihrer Tätigkeit nachkommen zu können. Viel wichtiger als die Vergütung ist den „guten" Beiratsmitgliedern, dass sie etwas bewirken können, dass sie ihre Fähigkeiten zum Nutzen des Unternehmens einsetzen können. Was sie mit ihrer Beiratstätigkeit anstreben, sind Freude, Erfüllung und Erfolg.

Der Unternehmer sollte seinen Beirat daher nicht nur als Gremium betrachten, das sich drei- oder viermal im Jahr trifft, wichtige Dinge zu Protokoll gibt und dann wieder entschwindet. Beiräte sind Partner – und diese Partnerschaft will gepflegt sein.

Diesem Ziel können unterschiedlichste Aktivitäten dienen. Gängig und vielfach mit Erfolg praktiziert ist die Gepflogenheit, am Abend vor Beiratssitzungen zum gemeinsamen Dinner einzuladen. Reisen zu den Niederlassungen des Unternehmens im Inland wie im Ausland gehören ebenfalls dazu. Denkbar und üblich ist auch die Teilnahme an Gesellschafterversammlungen. Und nicht unterschätzen sollte man die (als vertrauensbildende Maßnahme sehr empfohlene) Einladung der Beiräte zur Weihnachtsfeier des Unternehmens – damit signalisiert man Wertschätzung und Zugehörigkeit.

8. Welche Formalitäten sind bei der Bildung eines Beirats zu beachten?
8.1 Entsendung oder Wahl?

Der Weg, auf dem Beiräte in ihr Amt berufen werden, sollte sorgfältig bedacht werden. Es gibt grundsätzlich zwei Methoden zur Bestellung von Beiratsmitgliedern: die Entsendung und die Wahlentscheidung.

Wird im Gesellschaftsvertrag verankert, dass einzelne Gesellschafter oder Gesellschafterstämme das Recht haben, einen (oder mehrere) Beiratsposten alleinentscheidend mit einer Person ihres Vertrauens zu besetzen („Entsendung"), so hat dies weitreichende Implikationen. Wichtigster Einwand: Mit dem Entsendungsrecht werden Konflikte zwischen den Gesellschaftern oder Gesellschafterstämmen in den Beirat hineingetragen. Der Beirat kann dann seine Aufgabe der neutralen, interessenfreien Beratung nicht erfüllen. Dies bedeutet eine Schwächung der Beiratsidee.

Daher verdient bei der Bestellung von Beiräten immer die Wahl durch die Gesellschafterversammlung den Vorzug. Das demokratisch-parlamentarische Prinzip darf hier durchaus als Vorbild dienen.

Um dem Beirat eine möglichst breite Vertrauensbasis zu verschaffen, empfiehlt es sich, im Gesellschaftsvertrag eine qualifizierte Mehrheit für die Wahlentscheidung vorzuschreiben. Unter dem Gesichtspunkt der Praktikabilität sollte man aber Vorsorge treffen für den Fall, dass eine qualifizierte Mehrheit nicht zustande kommt. Notfalls muss dann eben – wie schon in Kapitel 7.1. dargelegt – eine einfache Mehrheit ausreichen.

8.2 Die Amtszeit: kurz oder lang?

Neben der Bestellungsmethode ist die Amtsdauer der Beiräte festzulegen. Die Gesellschafter können grundsätzlich frei entscheiden, ob sie eine eher kurze oder eine eher lange Amtsdauer bevorzugen. Allerdings gibt es gute Argumente für eine Amtsdauer von mehreren Jahren, hier vorzugsweise drei Jahren. Die Überlegung dabei: Der Beirat braucht eine gewisse Einarbeitungs- und Eingewöhnungszeit. Auch muss er eine Vertrauensbasis zu den Gesellschaftern und der Geschäftsführung aufbauen können. Eine Amtsdauer von weniger als drei Jahren wäre da kontraproduktiv.

Andererseits sind zu lange Amtszeiten ebenfalls nicht opportun. Falls nämlich die Gesellschafter mit der Tätigkeit eines Beiratsmitglieds nicht einverstanden sind, ist ein Personalaustausch bei kurzer Laufzeit leichter und schneller realisierbar als bei extrem langer Laufzeit. Dasselbe gilt übrigens auch dann, wenn die anderen Beiratsmitglieder die Zusammenarbeit mit diesem Beiratsmitglied verweigern oder in anderer Form dessen Abberufung verlangen.

Grundsätzlich ist eine Abberufung jederzeit möglich. Meistens wird jedoch vertraglich beidseitig vereinbart, dass „ein wichtiger Grund" vorliegen muss, damit die Abberufung zulässig ist. Eine Verlängerung der Amtszeit ist selbstverständlich jederzeit möglich.

Ebenso selbstverständlich hat jedes Beiratsmitglied das Recht, von seinem Amt auch ohne Angabe von Gründen zurückzutreten. Die Beiratsordnung, die Grundlage der Arbeit des Beirats ist, sollte für die Wirksamkeit des Amtsverzichts jedoch eine angemessene Frist vorsehen, um dem Unternehmen ausreichend Zeit für eine Neubesetzung zu geben. Allerdings zeigt die Praxis: Wenn ein Beiratsmitglied nicht mehr tätig sein will oder kann, hilft auch eine sechsmonatige Kündigungsfrist nicht.

Die in den Kapiteln 8.1. und 8.2. behandelten Regularien sollten grundsätzlich für alle Beiratsmitglieder – gleich ob familienfremde oder familieninterne – gelten.

8.3 Welche Rechte und Pflichten des Beirats müssen fixiert werden?

Funktionen und Aufgaben, Pflichten und Rechte eines Beirats werden von den Gesellschaftern des Unternehmens festgelegt. Die Verankerung des Beirats als Institution im Gesellschaftsvertrag ist dringend empfohlen, damit der Beirat nicht zum Spielball werden kann, falls es innerhalb des Gesellschafterkreises zum Streit kommt.

Ist der Beirat noch nicht im Gesellschaftsvertrag verankert, muss die Gesellschafterversammlung – dies gilt sowohl für die Kapital- als auch für die Personengesellschaft – eine entsprechende Änderung formell beschließen. Zu beachten sind hier rechtliche Feinheiten. Für Personengesellschaften ist keine besondere Formalie notwendig – der Beschluss kann formlos und mit sofortiger Wirkung gefasst werden. Bei Kapitalgesellschaften muss der Beschluss zunächst notariell beurkundet und im Handelsregister eingetragen werden.

Daraus lässt sich der Hinweis ableiten, dass zumindest in den Kapitalgesellschaften das Thema Beirat im Gesellschaftsvertrag nicht zu ausführlich formuliert werden sollte, damit nicht bei jeder Änderung die juristische Prozedur ablaufen muss. Im Grunde genügt ein Passus im Gesellschaftsvertrag, der die Einrichtung eines Beirats als „Kann"- oder „Muss"-Bestimmung festschreibt. Alle übrigen Details zur Beiratsarbeit werden dann sinnvollerweise in einer separaten Beiratsordnung oder Beiratssatzung reglementiert. Dies aus zwei Überlegungen: Erstens erspart man sich, wie erwähnt, die notariellen Formalitäten, wenn organisatorische Änderungen in der Beiratsarbeit (beispielsweise bei der Anzahl der Sitzungen) eintreten. Und zweitens sind die Gesellschaftsverträge von Kapitalgesellschaften im Handelsregister für jedermann einsehbar. Einzelheiten etwa zur Vergütung oder Sonderregelungen für einzelne Gesellschafter sollten aber so diskret wie möglich behandelt werden.

Bei kontrollierenden Gremien kann es dagegen sehr sinnvoll sein, Aufgaben, Kompetenzen und Stellung der Beiratsmitglieder im Gesellschaftsvertrag zu regeln, da das Gremium nur dann ein formal echtes Organ der Gesellschaft ist.

Welche Befugnisse die Gesellschafterversammlung dem Beirat übertragen möchte, kann sie zunächst frei entscheiden. Die Skala der Möglichkeiten ist hier sehr groß. Wie schon oben dargelegt, können die Kompetenzen auf eine reine, unverbindliche Beratung beschränkt werden. Ebenso sind aber weitreichende Zuständigkeiten bis hin zur umfassenden Übertragung von Gesellschafterrechten mit starken Direktionsrechten gegenüber der Geschäftsführung möglich.

Hier gilt allerdings die Einschränkung, dass der Kernbereich der Organe erhalten bleiben muss. Änderungen im Gesellschaftsvertrag, Beschlüsse über Kapitalerhöhungen oder Kapitalschnitte zum Beispiel können nicht an einen Beirat übertragen werden. Dasselbe gilt für die Auflösung, Umwandlung und Verschmelzung der Gesellschaft. Die Gesellschafterversammlung kann auch nicht auf bestimmte Rechte in Bezug auf den Beirat verzichten – etwa das Recht, Beiratsmitglieder aus wichtigem Grund abzuberufen, oder das Recht, die dem Beirat gegebenen Kompetenzen zu verändern.

Damit alle Beteiligten jederzeit die wichtigsten Regeln zur Tätigkeit des Beirats nachschlagen können, sollten in der Beiratsordnung bzw. im Gesellschaftsvertrag mindestens folgende Kernpunkte schriftlich festgehalten sein:

- Aufgaben, Rechte und Pflichten des Beirats in Abgrenzung zu Geschäftsführung und Gesellschaftern,
- Anzahl der Beiratsmitglieder,
- Amtsdauer,
- Berufungs-/Wahlverfahren,
- Wahl des Vorsitzenden,
- Entscheidungsmodus des Beirats (erforderliche Mehrheiten, ggf. Sonderstimmrechte).

8.4 Welche besondere Rolle spielt der Vorsitzende?

Der Vorsitzende des Beirats ist in allen Beiratsangelegenheiten immer der erste Ansprechpartner für die Gesellschafter und für die Geschäftsführung. In Gesprächen mit der Geschäftsführung darf er allerdings in der Regel keine verbindlichen Äußerungen tätigen. Für verbindliche Stellungnahmen ist immer der Gesamtbeirat zuständig, es sei denn, das Gremium hat seinen Vorsitzenden entsprechend ermächtigt. Von dieser Einschränkung abgesehen, hat der Vorsitzende durchaus eine herausgehobene Position:

- Er ist in der Regel der direkte Gesprächspartner für die Geschäftsführung.
- Er muss einerseits jedem seiner Kollegen Raum geben für engagierte Diskussionen. Andererseits muss er die Sitzungen straff leiten und Entscheidungen herbeiführen.
- Er muss kritische Fragen und offene Diskussionen zulassen und anregen. Meinungsverschiedenheiten sind erlaubt!
- Er muss in konkreten Fragen eine gemeinsame Auffassung des Gesamtgremiums anstreben.
- Last but not least braucht er Durchsetzungsstärke.

Für eine effiziente Arbeitsweise des Vorsitzenden hat es sich als vorteilhaft erwiesen, wenn er sich zwischen den Beiratssitzungen regelmäßig mit der Geschäftsführung und auch mit den Gesellschaftern austauscht. Dies kann persönlich oder telefonisch geschehen. Zweck ist der aktuelle Gedankenaustausch und die gegenseitige Information über neue oder bereits laufende Themen. Im Einzelnen gibt es häufig Kommunikationsbedarf zu diesen Punkten:

- Austausch von Informationen über den Fortgang der Geschäfte,
- Weitergabe von Informationen über besondere Vorkommnisse.

Das Ziel dabei lässt sich in drei Punkten zusammenfassen:

- eine Art Frühwarnsystem für den Beirat einzurichten,
- das gegenseitige Vertrauen zu festigen,
- schnelle Entscheidungen ohne lange Abstimmungsschleifen zu ermöglichen.

Ganz wichtig ist hier aber, und daher wiederholen wir unseren Hinweis an dieser Stelle: Die operative Verantwortung für das tägliche Geschäft ist und bleibt uneingeschränkt bei der Geschäftsführung. Der Beirat darf sich nicht einmischen.

Des Weiteren fallen dem Beiratsvorsitzenden regelmäßig auch die organisatorischen Obliegenheiten zu, also:

- Einberufung der Beiratssitzungen,
- Leitung der Sitzungen,
- Nachverfolgung und Kontrolle von Beschlüssen.

Eine ganz besondere Aufgabe gehört ebenfalls zum Zuständigkeitsbereich des Vorsitzenden. Es geht dabei mehr um Zwischenmenschliches und Atmosphärisches: Der Beiratsvorsitzende sollte ein sehr enges Vertrauensverhältnis zu den Gesellschaftern aufbauen und pflegen. Schließlich ist er in erster Linie deren Treuhänder. Daher ist es durchaus angeraten, dass der Beiratsvorsitzende an Gesellschafterversammlungen teilnimmt. In manchen Unternehmen hat er sogar die Kompetenz, seinerseits Gesellschafterversammlungen einzuberufen.

9. Wie sieht die praktische Arbeit des Beirats aus?

Was in den Beiratssitzungen im Einzelnen zu diskutieren, zu analysieren und zu entscheiden ist, ergibt sich aus dem Aufgabenkatalog des Beirats. Im Allgemeinen umfasst der Katalog folgende Agenda:

- Überwachung der Geschäftsführung (Gegenstand sind alle Leitungs- und Verwaltungsmaßnahmen),
- Beurteilung der strategischen Ausrichtung des Unternehmens,
- Beobachtung der Geschäftsentwicklung des Unternehmens (Umsatz, Ergebnis, Finanzen etc.),
- Beurteilung der von der Geschäftsführung geplanten Maßnahmen, falls die Ist-Zahlen von den Vorjahres- und/oder Planzahlen abweichen,
- Beurteilung der Ordnungs- und Zweckmäßigkeit der Entscheidungsprozesse,
- Beobachtung der Personalentwicklung,
- Entscheidung oder Mitentscheidung über Personalien auf der Leitungsebene,
- Analyse und Bewertung von größeren Investitionsvorhaben.

Ist in Zweifelsfällen unklar, ob der Beirat sich mit einer bestimmten Materie befassen soll oder muss, so sollte dieser Maßstab gelten: Der Beirat setzt sich nur mit wichtigen Fragen und Themen der Unternehmensführung und -kontrolle auseinander.

9.1 Wie viele Sitzungen pro Jahr sollen stattfinden?

Die gängige Zahl der Beiratssitzungen pro Jahr beträgt zwischen drei und fünf – abhängig von der jeweiligen Unternehmenssituation und -konstellation. In wirtschaftlich schwierigen Zeiten wie auch bei komplexen Holdingstrukturen mit einer Vielzahl an verbundenen Unternehmen wird man eher von einer größeren Zahl an Sitzungen ausgehen können. Hier eine Momentaufnahme der Sitzungshäufigkeit im Jahr 2015:

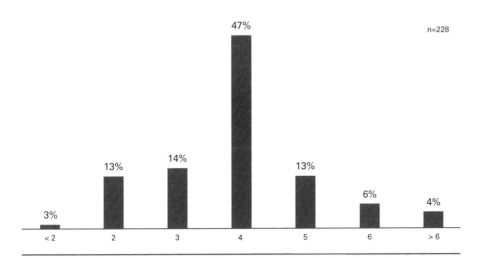

Quelle: Umfrage Handelsblatt Fachmedien GmbH und BfUN GmbH, 2016

Grafik 6: Anzahl der Gremiensitzungen im Jahr 2015

Viele Unternehmen haben einen mehr oder weniger festen Rhythmus in der Ab-
folge der Beiratssitzungen – vorausgesetzt das Geschäftsjahr entspricht dem Ka-
lenderjahr. Meist findet im Frühjahr eine Sitzung zur Feststellung der Bilanz statt,
vor der Sommerpause beschäftigt man sich mit dem Geschäftsverlauf im ersten
Kalenderhalbjahr, im Herbst steht die Unternehmensstrategie auf der Tagesordnung und kurz vor dem Jahreswechsel diskutiert der Beirat die Budgetplanung für
das nächste Geschäftsjahr.

9.2 Wie läuft die Vorbereitung der nächsten Sitzung ab?
Die Einberufung bzw. Einladung zu einer Beiratssitzung spricht in aller Regel der
Beiratsvorsitzende (oder die Geschäftsführung im Namen des Vorsitzenden) aus.
Zuständig für die Vorbereitung der Agenda ist die Geschäftsführung. Zusammen
mit der Einladung sollte immer auch die Tagesordnung verschickt werden. Die
Tagesordnung erstellt der Vorsitzende in Absprache mit der Geschäftsführung (und
ggf. dem Sprecher der Gesellschafter); natürlich können auch die anderen Beiratsmitglieder Themen auf die Tagesordnung setzen lassen, sofern sie Gesprächsbe-
darf haben.

Zu einer guten Vorbereitung gehört selbstverständlich auch, dass zu den einzelnen Tagesordnungspunkten rechtzeitig – eine Woche Vorlauf ist das Minimum –
schriftliche Unterlagen an alle Beiratsmitglieder verschickt werden.

Zur sachgerechten Vorbereitung gehört außerdem, dass die versandten Unterlagen
hinreichend aussagefähig sind. Damit das Gremium sich ein umfassendes Bild

machen kann, sind die wichtigsten Zahlen zu kommentieren. Dazu gehören selbstverständlich auch historische Vergleichsreihen. Eine „Ist"-Zahl ist regelmäßig mit der relevanten „Plan"-Zahl und der Vorjahreszahl zu kombinieren. Auch Vergleichszahlen der wichtigsten Wettbewerber sind nach Möglichkeit beizubringen. Weiterhin brauchen die Beiräte einen Überblick über wesentliche Erfolgskennziffern (Key Performance Indicators) einschließlich Gewinn- und Verlustrechnung, Bilanz und Cash-Bericht.

9.3 Wie läuft die Sitzung ab?

Die Leitung der Sitzung hat der Vorsitzende des Beirats. Zu Beginn der Sitzung bestimmt er einen Protokollführer. Wichtig ist, dass der Protokollführer das Vertrauen des Beiratsgremiums besitzt. Nur dann werden die Diskussionen so offen und frei geführt, wie es erforderlich ist, weil dann niemand befürchten muss, dass Einzelheiten aus der Sitzung im Unternehmen kolportiert werden.

Das Protokoll sollte möglichst kurzfristig nach der Sitzung den Beiratsmitgliedern vorliegen. Zu vereinbaren ist, wer außer den Beiratsmitgliedern ein Exemplar des Protokolls erhalten soll. Übrigens: Auch telefonische oder im Umlaufverfahren gefasste Beiratsbeschlüsse sollten in Papierform festgehalten und von allen Beiratsmitgliedern genehmigt werden.

9.4 Wie lässt sich die Arbeit des Beirats effizienter gestalten?

Beiratsarbeit wird manchmal zur Routine. Vieles läuft nach einem eingespielten Schema ab. Auch personell ändert sich meist wenig – allenfalls wenn ein Mitglied die Altersgrenze erreicht. Routinen sind für die Beiratsarbeit grundsätzlich nicht schlecht, da personelle Kontinuität gerade in einem so wichtigen Organ für Ruhe im Unternehmen und bei der Familie sorgt.

Allerdings sollten sich die Inhaber regelmäßig mit der Frage befassen, ob ihr Beirat mit der aktuellen Verfassung des Unternehmens und der Unternehmerfamilie wirklich kompatibel ist. Häufig erleben wir, dass langjährige, verdiente Beiratsmitglieder ihr „Gnadenbrot" im Beirat erhalten, obwohl sie fachlich längst nicht mehr à jour und auch ansonsten zu weit weg von den aktuellen Unternehmensentwicklungen sind. Solche Fehlentwicklungen sind untragbar. Daher empfehlen wir allen Gesellschaftern von mittelständischen Unternehmen, in regelmäßigen Abständen, z.B. alle drei Jahre, zu prüfen, ob die fachliche Ausrichtung ihres Beirats weiterhin das Prädikat „exzellent" verdient. In diesem Zusammenhang ist dann auch zu prüfen, ob die übertragenen Kompetenzen noch stimmig sind. Gerade im Generationenübergang sind häufig Anpassungen nötig.

9.5 Beirat versus Aufsichtsrat

Der Unterschied zwischen Beirat und Aufsichtsrat stand in diesem Beitrag nicht im Fokus. In der Praxis gibt es jedoch eine Vielzahl von mittelständischen Familienunternehmen, die sich aus unterschiedlichsten Gründen für die Rechtsform der AG oder SE entschieden haben. Auf die rechtlichen Unterschiede können wir hier nicht eingehen. Interessant ist jedoch, ob in der tatsächlichen Gremienarbeit Differenzen bestehen. Nach unserer Beobachtung ist die treibende Kraft hierbei weniger die Rechtsform des Unternehmens als die Struktur der Inhaberschaft. So gibt es große mittelständische Unternehmen mit einer Vielzahl an Gesellschaftern in der Rechtsform der GmbH oder GmbH & Co. KG, die ihren Beirat eine sehr kontrollorientierte, aufsichtsratsähnliche Rolle übernehmen lassen. Und es gibt ebenfalls etliche Familien-AGs, bei denen Familienmitglieder im Vorstand und/oder im Aufsichtsrat arbeiten, wo der Fokus klar auf der Sparringspartnerfunktion liegt.

> **Zu den Unterschieden zwischen Beirat und Aufsichtsrat mehr in den Beiträgen von Martin Bayer (Seite 55), Diana Ferro (Seite 95), Felix Greiner (Seite 101) und Prof. Dr. Dr. Manuel René Theisen (Seite 185).**

Und nicht zuletzt: Auch wenn es – zum Glück – wenig gesetzliche Auflagen für die (freiwilligen) Beiräte gibt, lohnt die Beobachtung aktueller Entwicklungen im Aufsichtsratswesen. Zwar gibt es dort viele Tendenzen, die scharf kritisiert werden müssen (Stichwort Überregulierung), aber so manches ist doch zur Nachahmung empfohlen.

10. Was kostet der Beirat?

Unter Kosten-/Nutzen-Betrachtungen dürfte fast jeder Beirat in deutschen Familienunternehmen ein lohnendes Investment sein – sofern er professionell eingerichtet und besetzt ist. Nehmen wir an dieser Stelle einmal die Kosten des Beirats genauer unter die Lupe. Drei große Kostenblöcke sind zu betrachten:

- Die Vergütung der Beiratsmitglieder: Dies ist in der Regel der größte Kostenblock.
- Kosten für die erstmalige Einrichtung eines Beirats: Hier sind im Wesentlichen zu nennen die Kosten für
  - die (Neu-)Gestaltung von Gesellschaftsvertrag, Geschäftsordnungen, Verträgen etc.,
  - die Suche und Auswahl der Beiratsmitglieder (sofern dafür externe Dienstleister engagiert werden),
  - notarielle Beurkundungen (soweit erforderlich).
- Laufende Kosten der Beiratsarbeit: Hier sind zu berücksichtigen
  - die Erstellung und Verteilung der Informationen an die Beiräte (regelmäßige schriftliche Aufbereitung von Unterlagen für die Beiratssitzungen),
  - die Beiratssitzungen selbst,
  - die (kalkulatorischen) Kosten von Nicht-Beiratsmitgliedern (Gesellschafter, Geschäftsführung), die Zeit für Beiratsthemen aufwenden müssen.

Im Detail zur Vergütung der Beiratsmitglieder, da dies in aller Regel der größte Posten ist: Grundsätzlich ist die Höhe nach freiem Ermessen festzulegen. Formal sollte die Vergütung durch Beschluss der Gesellschafterversammlung und in einer individuellen Vereinbarung mit jedem Beiratsmitglied geregelt werden. Wie bereits erwähnt, sollte die Beiratsvergütung im Gesellschaftsvertrag nicht festgeschrieben werden, weil dann bei jeder Anpassung der Gesellschaftsvertrag geändert werden muss.

Die Vergütung kann fest oder variabel sein oder in einer Mischung beider Formen berechnet werden. Feste Vergütungen sind üblich, sie werden in der Regel pro Geschäftsjahr oder pro Sitzung fixiert. Variable Vergütungsmodelle für den Beirat sind nicht sehr verbreitet. Gängig ist hier ein prozentualer Anteil am Jahresgewinn. Bei unterjährigem Eintritt (oder Austritt) in das Beiratsgremium wird die Vergütung zeitanteilig berechnet.

Die Höhe der Vergütung hängt in der Regel von folgenden Kriterien ab:

- Unternehmensgröße (gemessen am Jahresumsatz),
- geforderte Qualifikation des Beiratsmitglieds,
- Umfang und Komplexität der Aufgaben des Beirats,
- Anzahl der Sitzungen pro Jahr,
- wirtschaftliche Lage und Ertragskraft des Unternehmens.

Zu beachten ist, dass sich der Zeitaufwand nicht nur anhand der reinen Anzahl der Sitzungen berechnet. Die notwendige Vor- und Nachbereitung der Sitzungen sowie die Kommunikation mit der Geschäftsführung und/oder den Gesellschaftern zwischen den Sitzungen verursachen weiteren Zeitaufwand.

Hier eine aktuelle Übersicht der Vergütungsmodelle auf Basis der gemeinsamen Erhebung von Handelsblatt Fachmedien und BfUN:

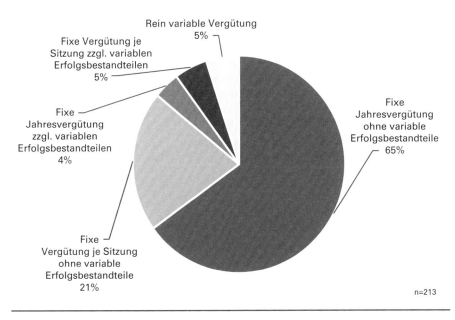

Rein variable Vergütung
5%

Fixe Vergütung je Sitzung zzgl. variablen Erfolgsbestandteilen
5%

Fixe Jahresvergütung zzgl. variablen Erfolgsbestandteilen
4%

Fixe Jahresvergütung ohne variable Erfolgsbestandteile
65%

Fixe Vergütung je Sitzung ohne variable Erfolgsbestandteile
21%

n=213

Quelle: Umfrage Handelsblatt Fachmedien GmbH und BfUN GmbH, 2016

Grafik 7: Vergütungsstruktur von Beirats- und Aufsichtsratsgremien

Gute Beiratsmitglieder schauen selten auf die Höhe ihrer Beiratsvergütung, denn die Quelle ihres Einkommens ist meist ihre operative Tätigkeit als Unternehmer oder Manager bzw. ihr Vermögen. Dennoch sollte das beratene Unternehmen diese Frage nicht als völlig nebensächlich einstufen. Schließlich soll sich ein Beiratsmitglied ja für das Unternehmen engagieren und dafür Zeit opfern. Dieses Engagement sollte man auch wertschätzen und die Wertschätzung durch die Honorierung zum Ausdruck bringen.

Zur Orientierung: Die durchschnittliche Vergütung von Beiräten liegt bei etwa 13.000 Euro p.a. mit breiter Streuung um diesen Mittelwert, wobei eindeutig die Umsatzgröße des Unternehmens der wichtigste Faktor für Unterschiede in der Vergütung ist.

Die Vergütung innerhalb des Beirats sollte entsprechend den unterschiedlichen Aufgaben und Verantwortlichkeiten funktionsgerecht differenziert werden. Unsere Erhebung gemeinsam mit Handelsblatt Fachmedien zeigt, was hier in der Praxis üblich ist. Demnach erhalten 43 Prozent der Vorsitzenden die gleiche Vergütung wie die einfachen Mitglieder des Beirats. Aus unserer Sicht ist dies nicht angemessen. Wir plädieren dafür, den Vorsitzenden mit dem 1,5- bis 2-fachen Satz zu honorieren, da dies in den meisten Fällen dem erhöhten zeitlichen Aufwand des Vorsitzenden gerecht wird. So wird dies auch in knapp der Hälfte der Unternehmen gehandhabt. Generell sollte bei der Vergütungshöhe und -struktur auch nicht zwischen Familienexternen und -internen unterschieden werden. Hier die einschlägigen Erhebungsergebnisse:

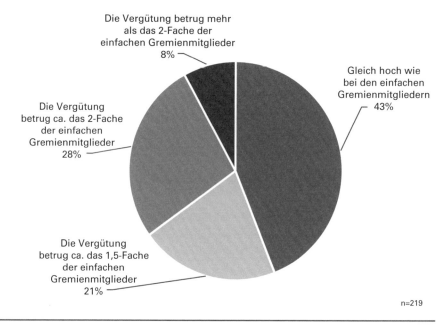

Die Vergütung betrug mehr als das 2-Fache der einfachen Gremienmitglieder
8%

Gleich hoch wie bei den einfachen Gremienmitgliedern
43%

Die Vergütung betrug ca. das 2-Fache der einfachen Gremienmitglieder
28%

Die Vergütung betrug ca. das 1,5-Fache der einfachen Gremienmitglieder
21%

n=219

Quelle: Umfrage Handelsblatt Fachmedien GmbH und BfUN GmbH, 2016

Grafik 8: Vergütungshöhe des Beirats-/Aufsichtsratsvorsitzenden

11. Welche Vorbehalte gegen das Instrument Beirat sind stichhaltig?

Ein Beirat ist ein lohnendes Investment für das beratene Unternehmen. Dies haben wir in den vorangegangenen Kapiteln zu belegen versucht. Da mag es den einen oder anderen überraschen, dass dennoch manche Familienunternehmer die Institution Beirat skeptisch oder sogar ablehnend beurteilen.

Inwieweit sind die Argumente der Skeptiker nachvollziehbar? In aller gebotenen Kürze sollen hier die vorgetragenen Argumente der Beiratsgegner beleuchtet werden.

Üblicherweise werden folgende Vorbehalte gegen Beiräte geäußert:

• zusätzliche Kosten,
• zusätzlicher Zeitaufwand/Zeitverschwendung,
• abnehmende Flexibilität,
• aufwändigere und langsamere Entscheidungen,
• Verlust von unternehmerischem Einfluss, Angst vor Machtverlust,
• großes Bedürfnis nach Vertraulichkeit/Gefahr mangelnder Geheimhaltung.

Schauen wir uns die Argumente genauer an.

- **Zusätzliche Kosten:** Da haben die Skeptiker recht. Jedoch: Diesen zusätzlichen Kosten muss man selbstverständlich den effektiven Nutzen eines Beirats gegenüberstellen. Und dann lässt es sich nicht mehr leugnen: Der Nutzen wiegt – bei guter Besetzung des Beirats – die Kosten um ein Vielfaches auf.
- **Zusätzlicher Zeitaufwand/Zeitverschwendung:** Auch der zusätzliche Zeitaufwand ist ein Fakt. Denn die Beiratssitzungen kosten natürlich Zeit, in der Vorbereitung wie in der Durchführung und der Nachbereitung. Doch ist diese Zeit alles andere als verschwendet. Der Zeitaufwand ist in jedem Fall angemessen und bringt dem Unternehmen nur Vorteile.
- **Abnehmende Flexibilität:** Hier schimmert die in Familienunternehmen verbreitete Angst vor zusätzlichem Bürokratieaufwand durch. Aber welche zusätzliche Bürokratie bringt der Beirat tatsächlich mit sich? Die vom Beirat – mit Recht – erwarteten Dokumente erschöpfen sich meist in Berichten und Statistiken, die in einem professionell aufgestellten Unternehmen ohnehin vorhanden sind. Sollten wesentliche Daten wie Umsatzentwicklung, Ergebnisentwicklung oder Liquiditätsstatus im Unternehmen nicht auf Anhieb produzierbar sein, hat die Geschäftsführung ein gewaltiges Problem, das allerdings mit der Institution Beirat nicht das Geringste zu tun hat.
- **Aufwändigere und langsamere Entscheidungen:** schlicht unzutreffend. Entscheidungskompetenzen werden mit der Einrichtung des Beirats lediglich verschoben – etwa von den Gesellschaftern zum Beirat. Das heißt, die eigentliche Entscheidung wird nach wie vor getroffen – nur an anderer Stelle. Das Ganze hat sogar noch einen weiteren positiven Aspekt: Hat das Unternehmen eine große Zahl von Gesellschaftern, kommen Entscheidungen schneller und einfacher – und meist auch mit höherer Kompetenz – zustande.
- **Verlust von unternehmerischem Einfluss, Angst vor Machtverlust:** Ein starker Unternehmer sieht seinen Beirat vornehmlich als Sparringspartner und Ideengeber. Er legt Wert darauf, von kompetenten Persönlichkeiten, die zu abgewogenen Urteilen fähig sind, konstruktiv-kritisch begleitet zu werden. Er möchte seine eigenen Überlegungen fundiert kommentieren lassen und sucht in wichtigen Fragen den Ratgeber auf Augenhöhe, den er ggf. sogar mitentscheiden lässt. Er ist immer Herr des Geschehens und kann Entscheidungsbefugnisse dosiert delegieren – oder auch nicht.
- **Großes Bedürfnis nach Vertraulichkeit/Gefahr mangelnder Geheimhaltung:** Dieser Vorbehalt ist nicht unbegründet. Aber auch anderswo können undichte Stellen sein. Es kommt dabei immer auf besondere Sorgfalt bei der Auswahl von Kandidaten an. Diese Thematik ist somit kein Spezifikum des Beirats.

Nicht zuletzt zeigt der Blick in die Praxis, dass die Arbeit von Beirats- und Aufsichtsratsgremien weit überwiegend positiv beurteilt wird. Mehr als zwei Drittel der Akteure beurteilen die Arbeit des Gremiums als gut oder sogar sehr gut.

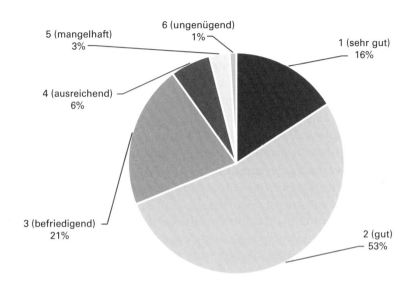

Quelle: Umfrage Handelsblatt Fachmedien GmbH und BfUN GmbH, 2016

Grafik 9: Zufriedenheit mit der Gremienarbeit (Schulnotenskala)

12. Fazit

Abschließend möchten wir noch einmal die positiven Aspekte eines Beirats unterstreichen, wobei jeder einzelne Vorteil unserer Ansicht nach mehr Überzeugungskraft hat als alle vermeintlichen Nachteile zusammen:

- Der Beirat ist Sparringspartner und Kontrollorgan für die Geschäftsführung. Der geballte Sachverstand des Beratergremiums bringt das Unternehmen schneller voran als jede andere Maßnahme.
- Das im Beirat konzentrierte Know-how steigert zweifellos die Wettbewerbsfähigkeit eines Unternehmens und minimiert das Risiko von Fehlentscheidungen.
- Der Beirat beseitigt Reibungsverluste, die anderswo in Form von Meinungsverschiedenheiten zwischen Geschäftsführung und Gesellschaftern die Entscheidungsprozesse lähmen und zu unproduktiven Irritationen führen.
- Der Beirat vermittelt neutral und daher erfolgreich bei Streitigkeiten innerhalb des Gesellschafterkreises.
- Schließlich besteht in jedem einzelnen Beiratsmitglied eine hochmotivierte und rasch aktivierbare personelle Reserve, falls eine Führungskraft oder der Unternehmer ausfällt oder eine andere Krise per kurzfristigem Interimmanagement bewältigt werden muss.

Dr. Christoph Achenbach, Jahrgang 1958, verfügt über 20 Jahre operative Berufserfahrung aus verschiedenen Führungspositionen. Er gründete Ende 2010 die BfUN GmbH mit Sitz in Köln. Daneben ist er seit vielen Jahren als Mitglied und Vorsitzender in verschiedenen Beiräten und Aufsichtsräten aktiv.

Seine Arbeitsschwerpunkte sind die Beratung zu allen Fragen der familieninternen Nachfolge sowie die Bereiche Corporate Governance, Beirat und Aufsichtsrat. Dr. Christoph Achenbach ist verheiratet und hat drei Kinder.

Dr. Frederik Gottschalck, Jahrgang 1977, ist Partner bei der BfUN GmbH. Er studierte Politikwissenschaft, Wirtschaft und Öffentliches Recht und promovierte mit dem Prädikat summa cum laude.

Der Fokus seiner Tätigkeit liegt auf der Konzeption und Einrichtung von Beiratsgremien insbesondere für mittelständische Unternehmen sowie auf der personellen Besetzung von Beirats-, Aufsichtsrats- und Stiftungsratsgremien. Dr. Frederik Gottschalck ist verheiratet und hat zwei Kinder.

Teil 2:
Praxisberichte der Autoren

Martin Bayer ist Alleinvorstand der RAUMEDIC AG. Die Aktien des bayerischen Medizintechnik-Unternehmens befinden sich zu 100 Prozent in Schweizer Besitz. Martin Bayer berichtet an einen Aufsichtsrat nach deutschem Aktienrecht und an ein Supervisory Board der Schweizer Konzernmutter. Zugleich ist der Volljurist Vorsitzender des Beirats eines medizintechnischen Familienunternehmens im Rheinland. Er kennt also beide Seiten. In seinem Beitrag erklärt er, warum er die Rolle als Beirat präferiert.

Martin Bayer

Aufsichtsrat versus Beirat – ein Plädoyer für den Beirat

1. Die Konstellation bei der RAUMEDIC AG
1.1 Die Struktur

Die RAUMEDIC AG gehört zur REHAU Gruppe, die 1948 von Helmut Wagner im fränkischen Rehau gegründet wurde. Die Unternehmensgruppe ist führender Anbieter von polymerbasierten Lösungen im Bereich Bau, Automotive und Industrie.

Oberstes Steuerungs- und Kontrollgremium für die gesamte REHAU Gruppe ist das Supervisory Board. Es ist direkt bei der Verwaltungszentrale der REHAU Gruppe in Muri/Schweiz angesiedelt und vergleichbar mit einem Aufsichtsrat bzw. Verwaltungsrat. Das Board ist mit externen Persönlichkeiten und Vertretern der Inhaberfamilie besetzt. An der Spitze des Unternehmens stehen die beiden Söhne des Firmengründers: Präsident des Supervisory Boards ist Jobst Wagner, Vizepräsident sein Bruder Dr. Veit Wagner.

Die RAUMEDIC AG mit Sitz in Helmbrechts/Bayern ist innerhalb der REHAU Gruppe für den Bereich Medizintechnik zuständig. Geführt wird sie seit 2008 von mir als Alleinvorstand und CEO. Der Aufsichtsrat der RAUMEDIC besteht aus drei Personen. Vorsitzender ist ein ehemaliger Geschäftsführer der REHAU Gruppe, die beiden anderen Mitglieder sind ein amtierendes Mitglied der Geschäftsleitung der REHAU Gruppe und als Externer der kaufmännische Geschäftsführer einer Schweizer Klinik-Gruppe.

Unser Aufsichtsrat tagt viermal im Jahr. Die Protokolle der Aufsichtsratssitzungen gehen direkt an den Präsidenten der REHAU Gruppe, Jobst Wagner.

Die Geschäftsleitung der RAUMEDIC AG besteht aus zwei Business-Unit-Leitern, dem Leiter der Werke (COO), dem CFO und mir. Wir treffen alle zwei Wochen zu Sitzungen zusammen. Die Protokolle gehen sowohl an unseren Aufsichtsrat als auch direkt an das Supervisory Board. Unsere Politik ist, diese Protokolle sehr ausführlich zu schreiben, um bei diesen übergeordneten Gremien stets für volle Transparenz und umfassende Information zu sorgen.

1.2 Die Kommunikation mit dem Aufsichtsrat der RAUMEDIC AG

Unser Aufsichtsrat erhält quartalsweise eine Woche vor der Aufsichtsratssitzung den Bericht des Vorstands, in dem die Mitglieder ausführlich über alle wichtigen Aspekte der Geschäftsentwicklung informiert werden. Dazu gehören im Wesentlichen:

- Umsatz/Ergebnis versus Plan nach Bereichen und Regionen,
- Key Performance Indicators (KPIs),
- finanzwirtschaftliche Themen,
- Strategie,
- Informationen über die Key Accounts,
- Markt und Wettbewerb,
- Ein- und Dreijahresplanung,
- Investitionen,
- Qualitätswesen, Reklamationen,
- Risiken,
- Governance/Unternehmensführung,
- Compliance, Code of Conduct,
- internationale Expansion,
- strategische Allianzen,
- Personalthemen.

Zu allen Tagesordnungspunkten erhalten die Aufsichtsräte vorab detaillierte Unterlagen, um eine ausreichende Vorbereitung zu ermöglichen.

> **»Anders als in vielen deutschen Aktiengesellschaften pflegen wir bei der RAUMEDIC AG zu den Aufsichtsratssitzungen von Fall zu Fall auch Mitarbeiter aus Ebenen unterhalb der Geschäftsleitung einzuladen und ihre Themen selbst präsentieren zu lassen.«**

Anders als in vielen deutschen Aktiengesellschaften pflegen wir bei der RAUMEDIC AG zu den Aufsichtsratssitzungen von Fall zu Fall auch Mitarbeiter aus Ebenen unterhalb der Geschäftsleitung einzuladen und ihre Themen selbst präsentieren zu lassen. Ziel ist dabei, den Aufsichtsrat aus erster Hand zu informieren und diesen Mitarbeitern ein Gefühl der Wertschätzung zu vermitteln. Hinzu kommt, dass wir dem Aufsichtsrat so die Möglichkeit geben, Mitarbeiter mit entsprechendem Potenzial kennenzulernen und ihre Entwicklung im Unternehmen verfolgen zu können. Dies ist bei zukünftigen Entscheidungen über die Besetzung von Führungspositionen hilfreich, da der Aufsichtsrat die firmeninternen Kandidaten so besser beurteilen kann. In Summe bekommt der Aufsichtsrat hierdurch einen guten Überblick über die jungen Führungskräfte im Unternehmen.

Neben der umfassenden Information des Aufsichtsrats geht es in den Sitzungen gemäß deutschem Aktienrecht natürlich auch um Entscheidungen in Angelegenheiten, bei denen seine Zustimmung erforderlich ist. Grundlage hierfür ist die Geschäftsordnung für den Vorstand und das Leitungsgremium der RAUMEDIC AG, die den Katalog der zustimmungspflichtigen Geschäfte aufführt.

Das hört sich alles sehr formal an. Und es ist auch sehr formal, denn das deutsche Aktienrecht ist in diesen Fragen sehr stringent. Doch außerhalb dieses vorgegebenen Rahmens an Formalitäten gibt es durchaus Raum für informelle Gespräche. Diese sind auch notwendig, insbesondere bei der Vorbereitung der Aufsichtsratssitzungen. So treffe ich mich regelmäßig am Abend vor der Sitzung mit dem Aufsichtsrat in einem kleinen informellen Rahmen, um kritische Punkte der Tagesordnung vorab durchzusprechen. Ein solches Vorgespräch ist sinnvoll, damit beiden Seiten unangenehme Überraschungen in der Sitzung erspart bleiben.

Mehr noch. Unser Aufsichtsrat versteht sich nicht nur als Kontrolleur im Sinne des deutschen Aktiengesetzes. Er ist vielmehr auch Impulsgeber und Sparringspartner für die Geschäftsleitung. Viele Dinge, die bei uns im Leitungsgremium besprochen und entscheidungsreif diskutiert wurden, lege ich gern noch einmal dem Aufsichtsrat vor, um eine zweite Meinung zu bekommen. Mit dem Aufsichtsratsvorsitzenden halte ich auch abseits der Sitzungen engen Kontakt. Wir stimmen uns häufig telefonisch ab, wenn es um wichtige Angelegenheiten im Unternehmen geht, die nicht bis zur nächsten Sitzung warten können.

> »Unser Aufsichtsrat versteht sich nicht nur als Kontrolleur
> im Sinne des deutschen Aktiengesetzes. Er ist vielmehr auch
> Impulsgeber und Sparringspartner für die Geschäftsleitung.«

Aus jahrelanger Erfahrung weiß ich und beherzige es: Regelmäßige und offene Kommunikation und gegenseitige Information ist unerlässlich. Sie ist die Basis für eine vertrauensvolle Zusammenarbeit des Vorstands mit seinem Aufsichtsrat und erleichtert es, schwierige und kritische Entscheidungen zu treffen.

1.3 Die Kommunikation mit dem Supervisory Board

Einmal im Jahr habe ich gemeinsam mit dem Aufsichtsrat direkten Kontakt mit den Inhabern der Unternehmensgruppe im Rahmen der Sitzungen des Supervisory Board in der Schweiz. Dort erhalte ich Gelegenheit, die RAUMEDIC AG sozusagen live zu präsentieren (schriftliche Berichte gehen, wie gesagt, regelmäßig an das Board). Dabei gebe ich zunächst einen Abriss der wichtigsten Entwicklungen und Planungen, also

- Geschäftsentwicklung,
- strategische Zielsetzungen,
- Soll/Ist-Abweichungen bei den strategischen Zielsetzungen,
- Investitionspläne und aktueller Stand laufender Projekte,
- Ausblick auf neue Geschäftsfelder,
- Markt und Wettbewerb,
- Entwicklung der Key Accounts,
- Compliance und Risiken des Unternehmens.

Zur Vorbereitung erhalten die Mitglieder des Supervisory Board von mir vorab schriftliche Unterlagen. Daneben gibt es aber auch Themen, die unser Aufsichtsrat laut Geschäftsordnung mit dem Supervisory Board abstimmen muss. Dies betrifft etwa größere Investitionsvorhaben. Derartige Entscheidungen fallen dann in der Sitzung des Board.

2. Meine Rolle als Beirat
2.1 Aufgaben des Beirats
Das Familienunternehmen, für das ich als Vorsitzender des Beirats fungiere, ist im Bereich Medizintechnik tätig. Es hat seinen Sitz im Rheinland. Der Beirat besteht zurzeit aus vier Personen: zwei Gesellschaftern, einem weiteren Externen und mir.

Das Gremium ist als entscheidungskompetenter Beirat konzipiert und in der Geschäftsordnung des Unternehmens verankert. Sein Aufgabenkatalog entspricht dem eines klassischen Aufsichtsrats, also Begutachtung und Genehmigung von Plänen der Geschäftsleitung und deren Umsetzung in den Bereichen:

- Umsatzplanung,
- Investitionsplanung,
- Markt/Kunde,
- Strategie,
- Personalthemen,
- IT-Themen.

2.2 Gründe für die Einrichtung des Beirats
Der Beirat besteht seit etwa zwei Jahren. Er wurde eingerichtet auf Initiative der familieninternen Nachfolger des Firmengründers. Als dieser sich aus der aktiven Geschäftsleitung zurückziehen und seine Anteile an die Kinder weiterreichen wollte, stellte sich die Frage seiner Nachfolge. Die Kinder hatten bereits eine andere Lebensplanung und standen deshalb für die operative Unternehmensleitung nicht zur Verfügung. Da aber das Unternehmen in Familienhand bleiben sollte, musste die Rolle der Gesellschafter neu definiert werden. Die Idee der jetzt nachgerückten Gesellschaftergeneration war dabei, sich einerseits durchaus engagiert um das eigene Unternehmen kümmern zu wollen. Andererseits war ihnen

aber klar, dass sie sich aufgrund des fehlenden Branchen-Know-hows und der nicht vorhandenen unternehmerischen Erfahrung das Handwerkszeug erst noch aneignen mussten. Nach eingehenden Gesprächen mit einem in der Besetzung von Familienbeiräten erfahrenen externen Berater wurde schließlich die Einrichtung des Beirats beschlossen und festgelegt, dass eines der externen Beiratsmitglieder den Vorsitz führen soll. Die Geschäftsleitung des Unternehmens wurde externen Geschäftsführern übertragen.

Die Neu-Gesellschafter haben dabei geschickt ihre Möglichkeiten genutzt, dem Beirat sozusagen maßgeschneiderte Aufgaben zuzuweisen. Denn anders als etwa beim Aufsichtsrat der Aktiengesellschaft, der dem Aktienrecht unterliegt, kann ein freiwillig eingerichteter Beirat eines Familienunternehmens einen weit gefächerten Aufgabenkatalog übernehmen – von der reinen Beratungsfunktion bis hin zur Entscheidungskompetenz über die Berufung oder Abberufung familieninterner Geschäftsführer oder die Höhe der Dividendenausschüttung an die Gesellschafter.

In unserem Beirat sehen die externen Mitglieder einen Teil ihrer Aufgabe darin, die Gesellschafter an ihre Aufgaben als Unternehmer und Gesellschafter eines erfolgreichen mittelständischen Unternehmens heranzuführen. Dieses Coaching hat das Ziel, dass die Gesellschafter ihr Unternehmen bald ohne Unterstützung von Externen führen können.

Der Beirat erfüllt damit eine Doppelrolle. Er ist einerseits Sparringspartner für die Geschäftsführung – und andererseits Sparringspartner für die Gesellschafter. Eine sehr herausfordernde und spannende Konstellation für einen Beirat. Sparringspartner heißt in diesem Fall nicht Gegner, sondern ganz im Gegenteil der partnerschaftlich verbundene und wohlmeinende Gesprächspartner, der im Sinne eines gemeinsamen Zieles mit seiner Erfahrung und Fingerspitzengefühl die Auffassungen und Vorgehensweisen seiner Gesprächspartner auf den Prüfstand stellt und andere Sichtweisen und Perspektiven initiiert.

> **»Der Beirat erfüllt damit eine Doppelrolle. Er ist einerseits Sparringspartner für die Geschäftsführung – und andererseits Sparringspartner für die Gesellschafter.«**

Und eine weitere wichtige Besonderheit zeichnet unseren Beirat aus: Die beiden externen Mitglieder sind sich darin einig, dass sie sich jederzeit von den beiden Gesellschaftern im Beirat überstimmen lassen würden – auch wenn ich als Vorsitzender zur Fraktion der Externen gehöre. Wir externen Mitglieder wollen damit unterstreichen, dass wir unsere Aufgabe in erster Linie als beratende oder „beiratende" Tätigkeit sehen und die familiären Interessen prioritär sind.

2.3 Die Arbeit des Beirats – Erfahrungen aus meiner Tätigkeit bei der RAUMEDIC AG

Meine Rolle im Beirat ist zunächst die eines Branchenkenners aus dem Bereich Medizintechnik. In dieser Hinsicht kann ich auch sicher eine Menge Ideen und kritischen Sachverstand beisteuern. Die Anleihen bei meiner RAUMEDIC-Tätigkeit gehen aber noch viel weiter. Es geht nicht nur um Branchen-Know-how, sondern auch um Management-Know-how. So habe ich mit den Geschäftsführern einen intensiven Erfahrungsaustausch über die Management-Tools, die ich bei RAUMEDIC einsetze. Beispielsweise meinen Bericht an den Aufsichtsrat und wie ich darin die Themen darstelle. Dies verbunden mit dem Wunsch an den Geschäftsführer, dass der Beirat in den Genuss ebenso detaillierter Informationen kommt. Dies kann für die Qualität der Beiratsarbeit und der Unternehmensleitung nur förderlich sein.

Ein anderes Instrument aus meinem Management-Werkzeugkasten bei RAUMEDIC sind die Vorbesprechungen, die den offiziellen Sitzungen vorgeschaltet sind. Daher habe ich diese Gepflogenheit auch bei unserem rheinischen Familienunternehmen eingeführt. So treffe ich am Abend vor den Beiratssitzungen mit den Gesellschaftern zusammen, um die Themen des nächsten Tages durchzugehen. Dabei kann ich die Gesellschafter für bestimmte kritische Themen sensibilisieren. Dies führt in aller Regel dazu, dass die Sitzung am nächsten Tag zügig und effektiv ablaufen kann.

»Ich treffe am Abend vor den Beiratssitzungen mit den Gesellschaftern zusammen, um die Themen des nächsten Tages durchzugehen.«

Themen, die sinnvollerweise in der Vorbesprechung aufs Tapet kommen, sind etwa die Vergütung für die Geschäftsführung, aber auch anstehende Investitionsentscheidungen. Es ist immer von Vorteil, wenn die Beiratsmitglieder nicht erst in der eigentlichen Sitzung mit schwerwiegenden Problemen und Entscheidungen konfrontiert werden. Daher möchte ich auch bei dem Familienunternehmen eine Kultur der ausführlichen Vorabinformation etablieren.

In Sachen Vorbesprechung existiert allerdings ein wichtiger Unterschied zwischen den beiden Unternehmen, in denen ich als CEO bzw. Beiratsvorsitzender tätig bin. Beim rheinischen Familienunternehmen finden diese Vorbesprechungen mit den Gesellschaftern statt, jedoch ohne die Geschäftsführer. Bei RAUMEDIC hingegen nehmen an den Vorbesprechungen der CEO, also sozusagen der Geschäftsführer, und der Aufsichtsratsvorsitzende teil.

Bei beiden Varianten gilt die gleiche Voraussetzung, damit die Vorbesprechungen auch wirklich funktionieren. Das ist Vertrauen. Vertrauen in die Integrität der Beteiligten. Daher hat diese Art der informellen Besprechungen in entspannter Runde auch nichts mit Mauschelei oder deren rheinischer Variante, „Klüngel" genannt, zu tun. Es geht vielmehr um geschickte Gesprächsführung zum Wohl des Unternehmens. Oder anders gesagt: Der Beiratsvorsitzende bemüht sich, die Interessen des Unternehmens, der Geschäftsführung und der Gesellschafter in Einklang zu bringen. Gelingt diese Harmonisierung nicht, besteht die Gefahr, dass entweder die Gesellschafter oder die Geschäftsführer unzufrieden oder gar verärgert sind. Dies wäre tendenziell schädlich für den Erfolg des Unternehmens. Und nur darum geht es – den Erfolg zu sichern.

Als Pendant zur Vorbesprechung führen wir im Beirat im unmittelbaren Anschluss an jede Sitzung eine Nachbesprechung im Beiratskreis durch. Sinn und Zweck dieser Nachbesprechung ist es, ein kurzes Resümee über die Ergebnisse der Sitzung zu ziehen und die Zielerreichung im Sinne einer Effizienzkontrolle des Beirats zu diskutieren. Zusätzlich tauschen wir uns über die Beteiligten an der Sitzung aus und holen alle Beiratsmitglieder zu den einzelnen Themen auch ab. Ein ganz wichtiger Aspekt dieser Nachbesprechung ist es, den anderen Beiratsmitgliedern im Rahmen des Coachings Feedback zu geben und sich dieses im Sinne eines 360-Grad-Feedbacks auch selbst abzuholen.

Im Anschluss an diese Nachbesprechung führe ich in der Regel ein Vieraugengespräch mit der Geschäftsführung, um bestimmte Themen nachzubereiten, Entscheidungen zu erläutern und Unterstützung bei deren Umsetzung anzubieten.

2.4 Unterschiede Beirat versus Aufsichtsrat

An dieser Stelle stellt sich die Frage, für wessen Wohl der Beirat im Vergleich zum Aufsichtsrat arbeitet. Der Aufsichtsrat der AG arbeitet laut Gesetz ausschließlich für das Wohl des Unternehmens, nicht für das der Gesellschafter, sprich der Aktionäre. Der Aufsichtsrat muss daher alle Aktionäre gleich behandeln, egal wie groß ihr Aktienpaket auch sein mag. Ganz anders der Beirat. Er wird zwar letztlich ebenfalls zum Wohl des Unternehmens tätig. Aber: Er wird von den Gesellschaftern berufen und kann jederzeit von den Gesellschaftern abberufen werden. Daher arbeitet der Beirat letztlich zum Wohl der Gesellschafter. In der praktischen Arbeit bedeutet dies, dass der Beirat primär die Interessen der Gesellschafter im Auge hat.

Um es an einem drastischen Beispiel zu verdeutlichen: Wenn der Beiratsvorsitzende eine drohende Insolvenz des Unternehmens erkennen würde, müsste er die Gesellschafter beraten, wie sie das Problem am besten angehen. Der Aufsichtsratsvorsitzende hingegen müsste den Vorteil und die Interessen des Unternehmens an erster Stelle beachten.

3. Mein Fazit: Beirat oder Aufsichtsrat?

Für mich ist die Tätigkeit im Beirat wertvoller, weil ich hier nicht nur die Aufgaben eines Aufsichtsrats übernehme, sondern darüber hinaus die Bedürfnisse und Interessen der Gesellschafter einbeziehen und diese besser unterstützen, beraten und coachen kann. Zudem ist die Rolle des Beirats vielfältiger. Während der Aufsichtsrat per Gesetz die Geschäftsführung überwacht, steht der Beirat in ständigem Kontakt mit den Gesellschaftern. Seine Einflussmöglichkeiten gehen, wenn er die entsprechende Kompetenz von den Gesellschaftern erhält, weit über die eines Aufsichtsrats hinaus. Daher fühle ich mich in meiner Funktion als Beirat letztlich sehr wohl. Und ich kann mir gut vorstellen, in einigen Jahren, wenn ich aus der aktiven Vorstandstätigkeit ausgeschieden bin, bei mehreren Unternehmen als Beirat tätig zu werden und meine Erfahrung mit anderen zu teilen. Dieses Teilen ist der Grund, warum ich die Beiratstätigkeit ausübe. Eine reizvolle Aufgabe.

Martin Bayer, Jahrgang 1961, hat in Augsburg Rechtswissenschaften studiert. Nach anwaltlicher Tätigkeit in der Rechtsabteilung der Wacker Chemie AG hat er insgesamt 13 Jahre im Wacker Konzern als Geschäftsführer von Tochtergesellschaften in Südafrika und Spanien gearbeitet. 2003 wechselte er in die REHAU Gruppe und war als Mitglied der Geschäftsleitung für die Region Südosteuropa verantwortlich. Hier war er neben seiner Funktion als Geschäftsbereichsleiter Industrie in mehreren Tochtergesellschaften in Südeuropa auch als Beirat tätig. Seit 2008 ist Martin Bayer Alleinvorstand des Medizintechnikherstellers RAUMEDIC AG, einer Tochtergesellschaft der REHAU Gruppe. Seit 2012 ist er Mitglied im Beirat eines rheinländischen Medizinprodukte-Unternehmens.

RAUMEDIC AG auf einen Blick

Die RAUMEDIC AG ist eine Tochtergesellschaft der 1948 gegründeten REHAU Gruppe, ein mit rund 20.000 Mitarbeitern und 170 Standorten international tätiger und führender System- und Serviceanbieter polymerbasierter Lösungen in den Bereichen Bau, Automotive und Industrie.

Die RAUMEDIC AG mit Sitz in Helmbrechts ist Entwicklungspartner und Systemlieferant für polymere Komponenten und Systeme für die medizintechnische und pharmazeutische Industrie.

Kennzahlen (2015)

Geschäftsvolumen: 94 Millionen Euro
Eigenkapitalquote: > 60 Prozent
Mitarbeiter: 680
Internationalität: Fertigungsstandorte in Deutschland und den USA

Bei der Einrichtung eines Beirats und der Organisation seiner Arbeit kann man viel falsch machen. Der erhoffte positive Effekt für das Unternehmen bleibt dann oft aus. Will man derartige Fehler vermeiden, sollte man auf die Expertise erfahrener Beiräte zurückgreifen. Gerd Behrendt verfügt über langjährige Erfahrung in verschiedenen Beiratsgremien mittelständischer Unternehmen. Er gibt in seinem Beitrag wichtige und hilfreiche Hinweise zur Optimierung der Institution Beirat.

Gerd Behrendt

Beirat – Nutzen oder Last?

1. Einleitung

Aus meiner langjährigen Tätigkeit als Geschäftsführer, Beirat und Vertreter von Gesellschafterinteressen habe ich gelernt: Der Beirat kann beides sein – nützlich oder lästig. Er kann die Geschäftsführung in ihrer Arbeit unterstützen und somit den Unternehmenserfolg fördern, aber auch das Unternehmen und dessen Leitung ohne erkennbaren Nutzen belasten. Welche Rahmenbedingungen fördern den Nutzen und begünstigen, dass die Belastung vertretbar, aber nicht lästig wird?

2. Wann wird die Einsetzung eines Beirats für Gesellschafter, Geschäftsführung und Beirat zur Belastung?

Einen Beirat einzusetzen ist, solange bestimmte Größenmerkmale eines Unternehmens nicht überschritten werden und gesetzliche Regelungen nicht greifen, eine freiwillige Entscheidung der Gesellschafterversammlung. Die Motive dafür sind vielfältig. Sie reichen von der Überzeugung der Gesellschafter, dass ein Beirat dem Unternehmen einen Nutzen bringt, bis hin zu einem unter externem Druck nur widerwillig installierten Beirat ohne Glauben an dessen Mehrwert. Oft sind es Banken, die mit mehr oder weniger deutlichen Worten Gesellschaftern den Anstoß für die Einsetzung eines Beirats geben. Ein solcher, nur auf Druck und nicht aus Überzeugung installierter Beirat muss unter denkbar ungünstigen Voraussetzungen arbeiten.

Wenn mehrere Gesellschafter oder Gesellschafterstämme an einem Unternehmen beteiligt sind, kommt es nicht selten zu unterschiedlichen Auffassungen über die Frage, ob überhaupt ein Beirat installiert wird und welche Aufgaben und Kompetenzen ihm gegebenenfalls übertragen werden sollen. Auch die Fragen, ob überhaupt und wenn ja wie viele und welche Gesellschafter im Beirat vertreten sein sollen, und ob ein Gesellschafter oder ein externes Mitglied den Vorsitz übernimmt, bieten reichlich Zündstoff. Sind ein oder mehrere Gesellschafter geschäftsführend in dem Unternehmen tätig, wird es für einen Beirat noch schwieriger, nutzbringend einwirken zu können. Die Folgen liegen auf der Hand: Konfrontation, Misstrauen, gegenseitige Vorwürfe der Besserwisserei etc. führen zum Verschleiß von Kraft und Zeit. Frustration wird über kurz oder lang bei allen Beteiligten aufkommen. Für die Mitglieder eines Beirats, die einerseits Mitverantwortung für das Unternehmen tragen, andererseits aber keinen wesentlichen Einfluss auf die Unternehmensführung ausüben können, bleibt in einer solchen Situation als letzte Konsequenz nur noch die Mandatsniederlegung.

Die volle Unterstützung des Beirats durch die Gesellschafter ist eine notwendige, unverzichtbare Voraussetzung für den Erfolg, aber eben auch nur eine Voraussetzung. Erfolg oder Misserfolg hängen von einer Reihe weiterer Faktoren ab.

3. Unter welchen Voraussetzungen trägt der Beirat zum Unternehmenserfolg bei?

3.1 Aufgaben und Selbstverständnis des Beirats

Auch wenn die Gesellschafter einen Beirat mit voller Überzeugung einrichten, sind Erfolg und Nutzen für das Unternehmen dadurch allein nicht garantiert. Wenn einem Beirat primär die Überwachung der Geschäftsführung als Aufgabe übertragen wird oder sich der Beirat selbst in erster Linie als übergeordnetes Kontrollorgan anstatt als beratender Partner der Geschäftsführung versteht, wird eine produktive Zusammenarbeit der beiden Organe deutlich erschwert, wenn nicht unmöglich. Die Geschäftsführung wird eine Abwehrhaltung gegenüber dem Beirat einnehmen, anstatt ihn als Partner anzuerkennen und mit ihm zusammenzuarbeiten.

3.2 Auswahl der Beiratsmitglieder

Es muss das Ziel sein, einen fachlich und persönlich heterogenen, dialog- und konsensfähigen Beirat zu schaffen. Einer sinnvollen, zielgerichteten Auswahl vorausgehen muss die Definition von Anforderungsmerkmalen. Sehr ratsam ist es, die Geschäftsführung mit folgender Fragestellung in diesen Prozess einzubeziehen: „Welche Eigenschaften und welche Erfahrungen sollen die Beiratsmitglieder mitbringen, um Sie bestmöglich in Ihrer Aufgabe unterstützen zu können?" Um gleich einem möglichen Missverständnis vorzubeugen, es geht nicht darum, dass die Geschäftsführung sich ihren Beirat selbst auswählen soll. Vielmehr sollen ihre Erwartungen an einen Beirat, der sie in der Unternehmensführung optimal unterstützen kann, bei der Auswahl der Beiratsmitglieder berücksichtigt werden. Die Einbindung der Geschäftsführung in die Formulierung des Anforderungsprofils stärkt außerdem die Akzeptanz eines Beiratsmitglieds und verbessert die Voraussetzung für eine wirkungsvolle Zusammenarbeit.

Zur Auswahl der Beiratsmitglieder nach fachlichen Anforderungen, in deren Mittelpunkt die Stärkung erfolgsbestimmender Kompetenzen eines Unternehmens stehen muss, wurde schon viel geschrieben. In der Regel wird sich die Suche auf Personen mit ausgeprägter Führungserfahrung konzentrieren, es sei denn, dass fachspezifische Kenntnisse in besonderem Maße erfolgsbestimmend sind, wie z.B. im Bereich der Forschung oder Softwareentwicklung. Meiner Meinung nach wird bei der Auswahl ein wichtiges Auswahlkriterium oft vernachlässigt. Persönlichkeitsprägende Erfahrungen und Eigenschaften, die unternehmerisches Handeln beeinflussen, sind für die Auswahl ebenso entscheidend wie die fachlichen. In einen Beirat Personen zu berufen, die ihre Berufs- und Lebenserfahrungen entweder ausschließlich als geschäftsführende Gesellschafter oder ausschließlich als angestellte Manager erworben haben, führt in beiden Fällen zu einer einseitigen Ausrichtung. Gerade die Mischung von Persönlichkeiten unterschiedlicher Prägung bringt die gewünschte Vielfalt der Impulse, die von einem Beirat ausgehen sollen. Ein Firmengründer, der es schafft, sein Unternehmen erfolgreich zu führen und zu ansehnlicher Größe aufzubauen, wird über andere Wesenseigenschaften und Erfahrungen verfügen als einer, der in zweiter oder dritter Generation sein Familienunternehmen führt. Über wiederum andere Eigenschaften verfügen Forscher, Softwareentwickler oder angestellte Manager. Mit alldem ist keinerlei Bewertung verbunden. Der Selfmade-Unternehmer wird eher intuitiv hemdsärmelig als vorsichtig und analytisch handeln, sonst hätte er nicht in einer Generation sein

> »Gerade die Mischung von Persönlichkeiten unterschiedlicher Prägung bringt die gewünschte Vielfalt der Impulse, die von einem Beirat ausgehen sollen.«

Unternehmen aufbauen können. Ein noch so qualifizierter angestellter Manager hat – aus welchen Gründen auch immer – eben nicht sein eigenes Unternehmen gegründet, obwohl er fachlich dazu in der Lage wäre. Ausdrücklich einbeziehen will ich in diese Vielfalt auch eine unterschiedliche Altersstruktur im Beirat und die Entscheidung darüber, eine Frau oder einen Mann in den Beirat zu berufen. Leider zeigt es sich jedoch in der Praxis, wie schwer es ist, eine Frau für die Besetzung eines Beiratsmandats zu finden. Hier spiegelt sich die allgemeine Unterrepräsentanz von Frauen in Führungspositionen wider.

3.3 Zusammenarbeit Gesellschafter – Beirat – Geschäftsführung

Jedes der drei Organe hat die ihm per Gesetz und Gesellschaftsvertrag zugewiesenen Aufgaben. Die Zusammenarbeit steht dann auf einer gesunden, nutzbringenden Basis, wenn sich Gesellschafter, Beiräte und Geschäftsführer auf Augenhöhe begegnen. Zum Beispiel kann und darf ein Geschäftsführer aus seiner Detailkenntnis des operativen Geschäfts nicht eine Überlegenheit gegenüber Beirat und/oder Gesellschaftern ableiten. Diese tiefe Kenntnis ist von einem Geschäftsführer selbstverständlich zu erwarten, nicht jedoch von einem Beiratsmitglied. Gerade in der Verbindung unterschiedlicher Blickrichtungen, Erfahrungen und Aufgaben der Organe liegt die Quelle des Nutzens für ein Unternehmen. Der Beirat kann, sofern Gesellschafter nicht oder nur minderheitlich vertreten sind, seine Aufgabe als Bindeglied zwischen Anteilseignern und Geschäftsführung und als Berater beider Seiten unabhängig wahrnehmen und deren Dialog versachlichen. Bei Meinungsverschiedenheiten kann er auf beide Seiten ausgleichend und schlichtend einwirken. Ein Beirat mit fachkompetenten, unabhängigen Mitgliedern, die das Wohl der Gesellschaft in den

Mittelpunkt ihres Handelns stellen, stärkt Unternehmen, Anteilseigner und Geschäftsführung gleichermaßen. Seine Errichtung kann nur empfohlen werden.

Den formalen Rahmen der Beiratsarbeit regelt der Gesellschaftsvertrag, aber eben nur formal. Wie auch immer Inhalt und Entscheidungsbefugnis festgelegt sind, für das Tagesgeschäft bestimmender ist der faktische Einfluss, den ein Beirat sich kraft Kompetenz und Persönlichkeit seiner Mitglieder erarbeitet.

»Einen kontinuierlichen Dialog und Informationsaustausch zur Abstimmung zwischen Gesellschaftern, Geschäftsführung und Beirat halte ich für unerlässlich.«

Einen kontinuierlichen Dialog und Informationsaustausch zur Abstimmung zwischen Gesellschaftern, Geschäftsführung und Beirat halte ich für unerlässlich. Er beschränkt sich nicht nur auf drei oder vier Beiratssitzungen pro Jahr. In der Zeit dazwischen wird er je nach Bedarf und Themen informell geführt. Eine herausgehobene Bedeutung kommt dabei dem Beiratsvorsitzenden zu. Er koordiniert die Beiratsarbeit, gibt Anregungen und bereitet Themen vor. Der Beirat berät im erweiterten Sinn auch die Gesellschafter, obwohl dies im Gesellschaftsvertrag in der Regel formal nicht vorgesehen ist.

3.4 Vorbereitung der Beiratssitzungen

An Beiratssitzungen nehmen Geschäftsführung und fallweise Gesellschafter teil. Es empfiehlt sich, bereits einige Wochen vor dem Termin Themenvorschläge mit den Teilnehmern zu besprechen. Mit Tagesordnung eingeladen wird durch den Beiratsvorsitzenden in der Regel spätestens zwei Wochen vor einer Sitzung. Eine Woche vor der Sitzung sollte der Beirat für seine eigene Vorbereitung von der Geschäftsführung schriftliche Unterlagen zu den Tagesordnungspunkten bekommen.

Hauptsächlich werden in Beiratssitzungen neben Erläuterungen und Hintergrundinformationen zum aktuellen Geschäftsverlauf Themen von grundsätzlicher, über das operative Geschäft hinausgehender Bedeutung behandelt. Insgesamt also Punkte, mit denen sich eine Geschäftsführung ohnehin beschäftigen sollte. Ist dies nicht der Fall und divergieren die Vorstellungen über den Inhalt der Tagesordnungen dauerhaft, gibt es dringenden Gesprächs- und Klärungsbedarf zwischen Beirat und Geschäftsführung. Die Ursachen für unterschiedliche inhaltliche Vorstellungen können vielfältig sein, zum Beispiel:

Ein Beirat, der zu oft Themen behandeln möchte, die

- für das Unternehmen und dessen Führung (zu Recht) eher nebensächlich sind oder die
- zu sehr in die Tiefe des operativen Tagesgeschäfts hineingehen.

Eine Geschäftsführung, die

- sich zu sehr auf das Tagesgeschäft konzentriert, während ein sich veränderndes Geschäftsumfeld und seine Folgen auf die strategische Ausrichtung vernachlässigt werden oder die
- negative Ergebniseinflüsse als unabänderlich ansieht, ohne notwendige Gegenmaßnahmen einzuleiten.

Beides wären Punkte, die ein Beirat aufgreifen muss.

Eine manchmal von der Geschäftsführung geäußerte Klage, sie sei mit den Sitzungsvorbereitungen über Gebühr belastet, muss ernst genommen werden. Sitzungsunterlagen sind nicht im Handumdrehen erstellt – sie machen Arbeit und belasten die Geschäftsführung. Für die Vorbereitung des Beirats sind sie jedoch unverzichtbar. Decken Themen von Beiratssitzungen im Wesentlichen das Spektrum ab, das dem Aufgabenumfang einer Geschäftsführung entspricht, erhält die Unterlagenvorbereitung eine andere, erweiterte Bedeutung. Sie ist als ein Teil der normalen Geschäftsführungsaufgabe zu sehen – als Anstoß, sich über den operativen Arbeitsalltag hinaus mit konzeptionellen, strategischen Themen zu beschäftigen. Um die Ergebnisse und Aussagen schriftlich auf wesentliche Punkte reduzieren zu können, muss sie sich konsequent und umfassend mit dem jeweiligen Thema auseinandersetzen. Dabei stellt die Schriftform im Vergleich zum mündlichen Vortrag spürbar höhere Anforderungen an die gedankliche Klarheit von Aussagen. Es ist also zu kurz gegriffen, sollte eine Geschäftsführung die Vorbereitung der Beiratssitzungen als lästige Arbeit für andere – den Beirat – sehen. Die Unterlagenerstellung ist ein wesentlicher Teil ihrer eigenen Vorbereitung.

3.5 Gesprächskultur in Beiratssitzungen

Geschäftsführung und Beirat vereint die Erfüllung einer gemeinsamen Aufgabe: ein Unternehmen erfolgreich zu führen und dessen Bestand nachhaltig zu sichern. Beide Organe konkurrieren nicht darum, wer die besseren Ideen hat. Der Erfolg des Unternehmens und nicht persönliche Egoismen Einzelner stehen im Vordergrund. Die Tagesordnungspunkte sind sachlich und offen zu diskutieren, ohne über Sachargumente Personen zu treffen oder gar verletzen zu wollen. Persönliche Differenzen, die sich nie ganz vermeiden lassen, sind bei Bedarf unter vier Augen und nicht in der Sitzungsöffentlichkeit auszuräumen. Besprechungen in entspannter, sachorientierter Atmosphäre werden von den Teilnehmern meistens auch dann als nicht unangenehm oder gar lästig empfunden, wenn es um schwierige Themen mit kontroversen Meinungen geht. Offenheit in der Diskussion, sachlich geäußerte Kritik und auch Widerspruch sind Merkmale einer guten Gesprächskultur. Ergänzend sei angemerkt, dass eine sachliche Diskussion keineswegs in einer spröden, unterkühlten und humorfreien Atmosphäre geführt werden muss.

3.6 Protokoll der Sitzungen

Zu jeder Beiratssitzung ist ein Protokoll zu erstellen – das versteht sich von selbst und ist meistens auch im Gesellschaftsvertrag festgelegt. Über Art und Umfang gibt es unterschiedliche Auffassungen. Sie reichen von einer reinen Ergebnis- und Beschlussniederschrift bis hin zu einem ausführlichen, in die Einzelheiten gehenden Protokoll. Ich empfehle, wesentliche Diskussionsbeiträge, Pro- und Kontra-Argumente, die als Hintergrundinformationen zum Verständnis des Sitzungsverlaufs und der Ergebnisse notwendig sind, im Protokoll festzuhalten. Nur so kann man auch nach Jahren rückblickend alte Sitzungsinhalte und Beschlüsse verstehen. Auch über die Frage, wer das Protokoll verfassen soll, gibt es divergente Ansichten. Bewährt hat sich nach meiner Erfahrung, dass das Protokoll vom Beiratsvorsitzenden geschrieben und zunächst als Entwurf an alle Teilnehmer zur Abstimmung gesandt wird. Nach einer zeitnahen Rückmeldung werden Ergänzungen und/oder Änderungen abgestimmt und eingearbeitet. Da die Teilnehmer die Sitzungsinhalte noch gut in Erinnerung haben, gibt es selten Abstimmungsprobleme. Ein ermüdendes, nerviges Ping-Pong-Spiel von Ergänzungen und Gegendarstellungen entfällt, ebenso eine Protokolldiskussion in der meist erst Monate später folgenden nächsten Sitzung. Es gibt zu jeder Sitzung nur ein Protokoll und das trägt den Vermerk „mit Beirat und Geschäftsführung abgestimmt".

»Geschäftsführung, Beirat und Gesellschafter müssen auf Augenhöhe mit gegenseitiger Wertschätzung und Vertrauen zusammenarbeiten.«

Die Empfehlung, der Beiratsvorsitzende selbst solle das Protokoll verfassen, mag manche verwundern. Bei der Niederschrift von Sitzungsinhalten und -beschlüssen muss sich der Autor des Protokolls noch einmal mit allen Themen intensiv befassen. Diese Vertiefung der Sachkenntnis erleichtert dem Vorsitzenden die Wahrnehmung seiner Aufgaben.

4. Fazit

Für eine erfolgreiche, dem Unternehmen nutzbringende Beiratsarbeit sind fachlich geeignete, dialogbereite und konsensfähige Mitglieder ebenso unverzichtbar wie die volle Akzeptanz und Unterstützung durch die Gesellschafterversammlung. Geschäftsführung, Beirat und Gesellschafter müssen auf Augenhöhe mit gegenseitiger Wertschätzung und Vertrauen zusammenarbeiten. Mit diesen Voraussetzungen können auch schwierige Themen mit kontroversen Ansichten offen und entspannt diskutiert und zugunsten der besseren Argumente entschieden werden. Polemik und persönliche Egoismen stehen einer erfolgreichen Beiratsarbeit diametral entgegen.

Beiratssitzungen und deren Vorbereitung machen der Geschäftsführung Arbeit, die dann nicht mehr als lästig empfunden wird, wenn ein Beirat die Geschäftsführungsarbeit unterstützt und für das Unternehmen ein greifbarer Nutzen entsteht.

Gerd Behrendt, Jahrgang 1948, studierte an der Technischen Universität Berlin Wirtschaftsingenieurwesen mit der Fachrichtung Maschinenbau. Tätigkeiten in verschiedenen kaufmännischen Bereichen eines Konzerns, Geschäftsführungsassistent in der Holding einer Unternehmensgruppe, kaufmännischer Leiter, später Geschäftsführer großer mittelständischer, international tätiger Unternehmen. Ab 1996 als Unternehmensberater und Interimsmanager selbständig. Tätigkeitsschwerpunkte waren Leitungsaufgaben als Prokurist, Generalbevollmächtigter und Geschäftsführer im Zusammenhang mit Firmensanierungen und umfassenden Verhandlungen über Umfinanzierungen; Beratung von Unternehmen, Geschäftsführern und Gesellschaftern mit Schwerpunkt der langfristigen, strategischen Unternehmenssicherung; Übernahme von Beiratsmandaten, u.a. seit 2009 Beiratsvorsitzender der konzernunabhängigen Unternehmensgruppe Adalbert Zajadacz, einem technischen Großhandel der Elektrobranche mit rund 500 Mitarbeitern und 200 Millionen Euro Umsatz.

Im Unternehmen teamtec gab es 2012 einen dramatischen Einschnitt. Durch einen tragischen Un-
fall fiel der Inhaber und Alleingeschäftsführer Rüdiger Blum als Unternehmenslenker aus. Seine
Frau Mireille, bis dato in der Position einer Prokuristin, musste quasi über Nacht die Führung des
Systemlieferanten für Werkzeugmaschinen in Alzenau übernehmen. Dabei stand ihr ein Beirat
zur Seite, der eine zunehmend kontraproduktive Rolle spielte. Erst die komplette Neubesetzung
des Gremiums brachte ihr die professionelle Unterstützung, die sie sich erhofft hatte. Heute
steht das Unternehmen unter ihrer Führung glänzend da. Mireille Blum erzählt die wechselvolle
Geschichte der Beiräte in ihrem Unternehmen.

Mireille Blum

Väterlicher Freund, autoritärer Gegenpol, engagierter Ratgeber: Beiräte können ein Unternehmen beflügeln – oder lähmen

1. Das Unternehmen teamtec

Unser Unternehmen ist auf den exklusiven Vertrieb und Service von CNC-Werkzeugmaschinen namhafter italienischer und japanischer Maschinenbauer im deutschen Markt spezialisiert. Mein Mann gründete die teamtec CNC-Werkzeugmaschinen GmbH im Jahr 1987. Seine Idee war es, als einer der ersten Anbieter im deutschen Markt ein eigenes Vorführzentrum einzurichten. Dort können die Kunden eigene Werkstücke drehen oder fräsen lassen, um sich von der Leistungsfähigkeit der von uns vertriebenen Maschinen zu überzeugen. Unsere Hauptlieferanten waren und sind die italienische Firma Biglia und der japanische Maschinenbauer OKK, beide Hersteller von CNC-Dreh- und Bearbeitungszentren. Wir haben rund 35 Mitarbeiter, viele sind unserem Unternehmen seit mehr als zehn Jahren verbunden.

Ich selbst bin seit 1999 im Unternehmen tätig und erhielt 2008 Prokura. Mit der Erteilung der Prokura wollte mein Mann für den Fall vorsorgen, dass ihm etwas zustößt und er seine Aufgaben als Geschäftsführer nicht mehr erfüllen kann. Mit einer Prokuristin sollte die GmbH weiterhin handlungsfähig bleiben.

2. Die Sekunde, die alles veränderte

Im Januar 2012 erlitt mein Mann einen Hirnschlag am Steuer seines Wagens, was noch zusätzlich einen tragischen Unfall verursachte. Mit schwerem Schädel-Hirn-Trauma blieb mein Mann im Wachkoma und kam auch in den Folgejahren nicht mehr zu Bewusstsein. Durch diesen Schicksalsschlag änderte sich innerhalb einer Sekunde alles, unsere familiäre Situation und die des Unternehmens.

Der Lenker des Unternehmens war plötzlich nicht mehr an Bord. Einen direkten Stellvertreter gab es nicht. Glücklicherweise hatte mein Mann jedoch in den letzten Jahren eine zweite Führungsebene installiert, die aus dem Vertriebsleiter, dem Serviceleiter und dem Leiter Anwendungstechnik bestand. Mit ihrer Unterstützung und Erfahrung konnte das Tagesgeschäft ohne spürbare Einschränkungen nach außen weiterlaufen.

»Der Lenker des Unternehmens war plötzlich nicht mehr an Bord. Einen direkten Stellvertreter gab es nicht.«

Des Weiteren hatte mein Mann schon 2006 einen Beirat eingerichtet. Dieses Gremium war sein Sparringspartner, wenn es darum ging, seine Pläne und Ideen zur Weiterentwicklung des Unternehmens abzuklopfen. Der Beiratsvorsitzende war ein langjähriger Berater und väterlicher Freund meines Mannes. Er hatte ihm schon viele Jahre als Berater zur Seite gestanden und war daher für das Amt des Beiratsvorsitzenden prädestiniert. Der zweite Mann im Gremium war unser damaliger Steuerberater, ein Insider, der unser Unternehmen bestens kannte. Der dritte hatte einen eher technischen Werdegang mit entsprechender Qualifikation.

Mein Mann wollte sich mit der Gründung eines Beirats externe Berater mit besonders qualifiziertem Sachverstand ins Unternehmen holen. Zugleich ging es ihm darum, sich selbst zu disziplinieren. Er wollte sich drei- oder viermal im Jahr in der Vorbereitung auf die Beiratssitzung zu besonderer Konzentration seiner Gedanken und zu strategischen Überlegungen zwingen.

Das in den Sitzungen behandelte Themenspektrum war immer ähnlich. So wurden zunächst die aktuellen Zahlen präsentiert und diskutiert: Quartalsergebnisse, Auftragseingang etc. Anschließend tauschte sich mein Mann mit dem Beirat über neue Entwicklungen im Vertrieb, im Markt, in der Wettbewerbssituation und über seine kreativen Ideen zur Weiterentwicklung des Unternehmens aus. Vor allem beim letzten Punkt musste er sich kritische Fragen gefallen lassen. Doch darin sah er keineswegs Kritik, sondern vielmehr die Anregung, seine Ideen zu überdenken. Und eventuell auch zu neuen, anderen Ergebnissen zu kommen. Der Beirat übernahm somit anfangs die klassische Funktion eines Sparringspartners.

3. Ein (ab)nickender Beirat

Doch im Laufe der Zeit stellte mein Mann fest, dass ihm die Beiratssitzungen immer weniger Erkenntnisse und Impulse brachten. Er kritisierte, dass der Beirat seine Ausführungen meistens nur abnickte. Eine kreative Diskussion fand nicht statt. Im Gegenteil, der Vorsitzende des Beirats erstickte jeden Ansatz eines etwas lebhafteren Gedankenaustausches im Keim. Alles in allem war das genau das Gegenteil von inspirierender Beiratsarbeit.

Als der Steuerberater 2009 als Wirtschaftsprüfer für teamtec tätig wurde, beendete er seine Beiratstätigkeit, um etwaige Interessenkonflikte zu vermeiden. Das dritte Beiratsmitglied schied aus Altersgründen aus. Zurück blieb der Beiratsvorsitzende. Die Zeit für ein neues Gremium war gekommen.

4. Der neue Beirat

Mit der heraufziehenden weltweiten Finanzkrise zeichnete sich eine Entwicklung ab, die auch unser Unternehmen tangierte. Wegen des Rückgangs der Bestellungen musste mein Mann finanzielle Unterstützung bei unseren Banken akquirieren. Er entschied sich für eine Mezzanine-Finanzierung, die sowohl Vor- als auch Nachteile bot. Der Vorteil war der Eigenkapitalcharakter der bereitgestellten Mittel, der Nachteil bestand in dem hohen Zinssatz, der für diese Finanzierung verlangt wurde.

Bevor die Bank die Mittel genehmigte, verlangte sie eine Durchleuchtung des Unternehmens durch einen unabhängigen Wirtschaftsprüfer. Das wiederum erwies sich als Glücksfall für uns. Denn der beauftrage Wirtschaftsprüfer aus Bamberg zeigte Verständnis für unser Unternehmen und Vertrauen in die Geschicke meines Mannes. Wir fragten ihn, ob er nach der Erledigung des Prüfauftrags in unseren Beirat einrücken wolle. Er stimmte zu und eine der beiden Vakanzen war wieder besetzt.

Um auch den dritten Platz im Beirat zu reaktivieren, baten wir den externen Unternehmensberater Dr. Christoph Achenbach, uns geeignete Kandidaten vorzuschlagen. Im Januar 2010 nannte er uns vier Persönlichkeiten, die allesamt zu uns gepasst hätten. Zwei der vier Kandidaten beriefen wir in unseren Beirat. Einer war der Geschäftsführer eines Stahlherstellers, aus dessen Rohmaterial die Werkstücke auf unseren CNC-Maschinen gefertigt werden. Seine umfassenden Erfahrungen im Bereich Vertrieb und Marketing überzeugten sofort. Der andere Kandidat war Geschäftsführer einer Getriebebaufirma, ein strategischer Denker mit Gespür für innovative Ideen. So umfasste der Beirat nun vier Personen. Den Vorsitz behielt der langjährige Berater meines Mannes.

5. Die Rolle des neuen Beirats

Der neue Beirat nahm seine Arbeit 2010 auf. Er hatte wie das Vorgängergremium ausschließlich beratende Funktion. Seine Aufgaben möchte ich hier noch einmal kurz umreißen:

- Beratung zu den von der Geschäftsführung vorgelegten mittel- und langfristigen Plänen und unternehmerischen Zielsetzungen,
- Begutachtung der Investitions- und Finanzierungspläne bei größeren Vorhaben,

- Beratung über den Jahresabschluss und Diskussion über die geplante Gewinn-verwendung,
- Beratung über Themen aus dem Bereich Personalführung und Personalent-wicklung.

Zu diesem anspruchsvollen Themenkatalog konnte der Beiratsvorsitzende – nicht zuletzt aufgrund seines fortgeschrittenen Alters (er war bereits weit über 70) – immer weniger beitragen. Die Konsequenz daraus zu ziehen und seinen Posten zur Verfügung zu stellen, ließ sein Selbstbild nicht zu. Dies wurde auch meinem Mann immer deutlicher. Er nahm sich vor, Anfang 2012 ein klärendes Gespräch mit seinem langjährigen Wegbegleiter zu führen und ihn freundlich, aber nachdrücklich zum Rückzug aus dem Beirat zu bewegen. Doch bedingt durch den schweren Unfall meines Mannes im Januar 2012 kam es nicht dazu. So war der Vorsitzende unver-ändert im Amt, als mich dieser Schicksalsschlag traf.

6. Eine unglaubliche Eskalation

Bereits am Tag nach dem Unfall meines Mannes übernahm der Beiratsvorsitzende die Führung und gerierte sich als neuer Geschäftsführer inklusive entsprechender Visitenkarten. In den ersten Tagen und Wochen nach dem Unfall war ich verständ-licherweise nicht in der Lage, mich intensiv um unser Unternehmen zu kümmern. Meine ganze Aufmerksamkeit galt meinem Mann und unseren beiden noch klei-nen Kindern (sieben und zehn Jahre alt). So erfuhr ich erst später, welche Rolle sich der Beiratsvorsitzende angemaßt hatte.

In der Folgezeit führte der Beiratsvorsitzende ein sehr autoritäres Regime. Als Ge-schäftsführer versuchte er, das Unternehmen in Zusammenarbeit mit den drei Teamleitern der zweiten Führungsebene zu leiten. Dazu kam er zweimal wöchent-lich ins Unternehmen. Das Tagesgeschäft wickelten die Teamleiter, die sich als außerordentlich loyale Mitarbeiter erwiesen, routiniert ab.

Nach ein paar Wochen fühlte ich mich stark genug, um wieder in der Firma zu erscheinen und die Zügel in die Hand zu nehmen. Immer öfter wurde ich vom Beiratsvorsitzenden vor vollendete Tatsachen gestellt, die er bereits beschlossen und verkündet hatte. Das zentrale Steuerungsinstrument waren die wöchentlichen Besprechungen mit den Teamleitern, an denen auch der Beiratsvorsitzende teil-nahm. Allzu oft versickerten wichtige Entscheidungen, die zeitnah hätten getroffen werden müssen, in langwierigen „Projekten", was die Mitarbeiter im Tagesgeschäft lähmte.

In dieser schwierigen Zeit war es mir sehr wichtig, den Mitarbeitern Sicherheit und Zuversicht zu geben, um zu signalisieren, dass niemand um seine berufliche Zukunft bei teamtec bangen muss. Der Beiratsvorsitzende tat das Gegenteil. In

Einzelgesprächen spielte er die Mitarbeiter gegeneinander aus und brachte Verwirrung ins Team.

Im Juni 2012 suchte ich ein klärendes Gespräch mit dem Beiratsvorsitzenden, in dem ich ihn bat, sich zurückzuziehen und meine Entscheidungen zu akzeptieren. Ich dankte ihm für sein Notfallmanagement und teilte ihm mit, dass unsere Zusammenarbeit hiermit beendet sei. Beleidigt und gekränkt packte er seine Sachen und verschwand. In vertrauensvoller Zusammenarbeit mit den Teamleitern übernahm ich anschließend die Geschäftsführung des Unternehmens.

7. Erneute Umstrukturierung des Beirats

Fast gleichzeitig mit dem Ausscheiden des Beiratsvorsitzenden legte ein Beiratsmitglied sein Amt aus gesundheitlichen Gründen nieder. Im Januar 2015 gab auch der ehemals als Stahlhersteller in unseren Beirat eingetretene Geschäftsführer seinen Rückzug bekannt, da er für sein Unternehmen häufiger nach Fernost reisen musste und nur noch selten in Deutschland weilte. Der Beirat war damit auf eine Person – unseren Bamberger Wirtschaftsprüfer – geschrumpft. Diesmal schlug uns Dr. Achenbach den jungen Geschäftsführer eines Duisburger Maschinenbau-Unternehmens vor, der mir mittlerweile seit Oktober 2015 als Berater zu Vertriebs- und Marketingthemen zur Seite steht. Außerdem konnte ich den technisch versierten Geschäftsführer eines renommierten Roboterherstellers als Beiratsmitglied gewinnen. Er ist unser Experte für die Themen Organisation, Service und technische Innovationen. Unser Wirtschaftsprüfer behielt seine angestammten Schwerpunkte Finanzen, Investitionen und Controlling. Damit war unser Beirat wieder bestens aufgestellt.

Und das nicht nur personell. Die Diskussionskultur unseres Beirats ist nicht mehr wiederzuerkennen. Konstruktive Kritik meiner Ideen, lebhafte Diskussionen, Verbesserungsvorschläge, Zugriff auf das Know-how meiner Beiräte auch außerhalb der Beiratssitzungen – alle meine Wünsche sind wahr geworden.

Positiv ausgewirkt auf die Gesprächskultur hat sich meine Entscheidung, unsere Teamleiter halbtägig zu den Sitzungen des Beirats hinzuziehen. Mir war es wichtig, dass die Beiräte unmittelbar und direkt mit den zuständigen Mitarbeitern sprechen konnten, ohne dass ich mich dazwischenschalten musste. Als Frau habe ich zwar einen schweren Stand in dieser von Männern dominierten Branche, aber eines ist stets klar: Der Beirat hat ausschließlich beratende Funktion. Die letzte Entscheidung liegt immer bei mir.

8. Das neue Ziel: Gesundes Wachstum in kleinen Schritten

Als mein Mann noch die Geschicke des Unternehmens lenkte, hatte er bereits einen durchgreifenden Change-Prozess angestoßen. Seine Idee, das Unternehmen stärker in Richtung Dienstleistungen zu positionieren, erwähnte ich bereits.

Das war aber nur ein Teil seiner weitreichenden Pläne. Darüber hinaus hatte er angedacht, eine eigene Vertriebsorganisation aufzubauen. Außerdem plante er einen Neubau, um dem Unternehmen den notwendigen Expansionsspielraum zu geben. Zu diesem Zweck hatte er bereits ein großzügig bemessenes Grundstück in der Nachbarschaft erworben. Seine Perspektive war, den Umsatz und die Zahl der Mitarbeiter zu verdoppeln.

Die von meinem Mann geplante Expansion des Unternehmens habe ich ausführlich mit dem Beirat besprochen. Nach sorgfältiger Abwägung der Risiken kamen wir überein, eine Strategie des gesunden Wachstums in kleinen Schritten zu wählen.

Einer dieser „kleinen" Schritte war in Wahrheit bereits ein großer. Es ging um den Neubau des Firmengebäudes. Wegen des raschen Wachstums in den zurückliegenden Jahren hatten wir bereits Außenlager und Büroflächen anmieten müssen. Ein Neubau war dringend nötig geworden. Zusammen mit einem kompetenten Architekten und einem erfahrenen Mitarbeiter begann ich Mitte 2013 mit der Planung. Bereits im September 2014 konnten wir das neue Technologiezentrum und das dazugehörige Bürogebäude beziehen. Mensch und Maschine arbeiten nun unter einem modernen Dach. Damit sind die Voraussetzungen für gesundes Wachstum geschaffen.

9. Meine Rolle im Unternehmen

Im Dezember 2015 verstarb mein Mann nach fast vierjährigem Wachkoma. In meiner Rolle als Geschäftsführerin führe ich das Lebenswerk meines Mannes fort. Mit Seminaren zu betriebswirtschaftlichen Themen habe ich in der Zwischenzeit mein Wissen erweitert. Daneben profitiere ich immer wieder von dem Know-how unseres Beirats, der mir jederzeit beratend zur Seite steht.

»Der Unfall meines Mannes hat mir die Augen geöffnet, dass ich für solche Ausnahmesituationen Vorsorge treffen muss.«

Heute kann ich sagen, dass ich mich in meiner neuen Rolle sehr wohl fühle und der Zukunft hochmotiviert entgegensehe – nicht zuletzt, weil wir erfolgreich sind und eine hervorragende Reputation als Vertriebs- und Serviceunternehmen für CNC-Werkzeugmaschinen genießen.

10. Meine Lehren, die ich gezogen habe

Der Unfall meines Mannes mit seinen schlimmen Folgen für mich, meine Kinder und das Unternehmen hat mir die Augen geöffnet, dass ich – wie jede Familie und erst recht jede Unternehmerfamilie – für solche Ausnahmesituationen Vorsorge treffen muss. Noch 2012 habe ich wichtige Verfügungen getroffen und Patientenverfügung, Vollmacht und Testament notariell hinterlegt.

Was den Notfallplan für das Unternehmen angeht, denke ich derzeit darüber nach, unserem heute nur beratenden Beirat für solche Situationen Entscheidungskompetenz zu erteilen. Der Beirat könnte dann in einer Art Treuhänderschaft wichtige Entscheidungen fällen, insbesondere einen Geschäftsführer auswählen und unter Vertrag nehmen. Voraussetzung dafür wäre allerdings in jedem Fall Einstimmigkeit bei diesen Entscheidungen. Eine wichtige Maßnahme habe ich schon umgesetzt: Unserem Vertriebsleiter und unserem Serviceleiter habe ich Gesamtprokura erteilt. Dadurch ist die Handlungsfähigkeit des Unternehmens in jedem Fall gesichert.

Mireille Blum, geboren 1970 in Aschaffenburg, hat Betriebswirtschaft und Recht (FH) studiert und war anschließend in verschiedenen Unternehmen im Vertrieb und Marketing tätig. 1999 wechselte sie in die teamtec CNC-Werkzeugmaschinen GmbH, wo sie an der Seite ihres Ehemannes und Geschäftsführers Rüdiger H. Blum arbeitete und als Prokuristin 2008 ein Beiratsmandat übernahm. Nach dem tragischen Unfall ihres Mannes Anfang 2012 übernahm sie die alleinige Geschäftsführung für das Unternehmen und eröffnete 2014 ein neues Firmengebäude mit Technologiezentrum.

teamtec CNC-Werkzeugmaschinen GmbH auf einen Blick
Die teamtec CNC-Werkzeugmaschinen GmbH wurde 1987 mit Sitz in Alzenau/Unterfranken von Rüdiger H. Blum gegründet. teamtec ist Systemlieferant für Maschinenlösungen in der Dreh- und Frästechnologie und besitzt exklusive Vertriebsrechte namhafter internationaler Hersteller von CNC-Dreh- und Bearbeitungszentren. Das Unternehmen gilt als Hidden Champion für komplexe Fertigungslösungen und versteht sich dabei als Partner für den kleinen bis mittleren Mittelstand aus den Industriebereichen Medizintechnik, Automotive, Werkzeug- und Formenbau.

Kennzahlen (2014)
Geschäftsvolumen: 17 Millionen Euro
Eigenkapitalquote: 50 Prozent
Mitarbeiter: 35

Beiräte haben in der Regel eine klar umrissene Aufgabe, die ihnen Rechte verleiht und Pflichten auferlegt. Doch die Realität zeigt häufig, dass dieses Reglement – so schwarz auf weiß es auch fixiert sein mag – keineswegs unumstößlich ist. In manchen Situationen wird den Beiräten hohe Flexibilität abverlangt. Doch wo liegen die Grenzen? Wann darf sich ein Beirat über das Reglement hinwegsetzen? Wann darf der Beirat Verstöße vonseiten des Inhabers oder der Geschäftsführung tolerieren und wann nicht? Dr. Bernd-Michael Brunck ist als Beirat in zwei unterschiedlich strukturierten Unternehmen vergleichbarer Größe tätig. In diesem Beitrag lotet er seinen Spielraum aus.

Dr. Bernd-Michael Brunck

Kompromissbereitschaft versus Regeltreue: Wie flexibel Beiräte an ihre Aufgabe herangehen (sollten)

1. Ausgangssituation

Ich bin Beiratsmitglied bei zwei mittelständischen Unternehmen. Beide sind nach Größe, Alter und Branchenzugehörigkeit recht ähnlich. Doch die Unternehmerpersönlichkeiten an der Spitze, die gleichzeitig auch Gesellschafter des Unternehmens sind, sind sehr unterschiedlich. In dem einen Fall habe ich es mit Unternehmern zu tun, die man als typische „Best Ager" bezeichnen kann. Der Beirat besteht dort bereits seit einigen Jahren. In dem anderen Fall sitzt ein Unternehmer im Chefsessel, der die übliche Altersgrenze für unternehmerisch tätige Führungspersönlichkeiten eigentlich weit überschritten hat, der aber dennoch in das Tagesgeschäft seiner Geschäftsführer aktiv eingreifen möchte. Der Beirat wurde in diesem Unternehmen erst kürzlich im Rahmen weiterer Umstrukturierungen zur Zukunftssicherung des Unternehmens eingerichtet. Dies ist sicher einer der Gründe, warum die Zusammenarbeit zwischen Unternehmer, Geschäftsführung und Beirat noch nicht so rund läuft wie in einem eingespielten Team.

2. Wie ich meine Aufgabe sehe

Der Beirat, insbesondere der bestimmende Beirat, ist das Bindeglied zwischen Geschäftsführung und Unternehmer. Aufgaben und Funktionen überträgt ihm der Unternehmer. Sein Handeln muss er in erster Linie am Wohl der Gesellschaft ausrichten. Gleichzeitig gilt es, die Interessen des Unternehmers als Gesellschafter zu berücksichtigen. Aus diesem Spannungsfeld heraus ergeben sich unterschiedliche Fragestellungen, denen ich im Folgenden nachgehen möchte.

2.1 Der Beirat ist keine zweite Geschäftsführung

Als Geschäftsführungsmitglied einer erfolgreichen Unternehmensgruppe und als unternehmerisch handelnder Mensch, der etwas bewegen möchte, bin ich natürlich immer in der Versuchung, mich mit meinem ganzen Know-how aktiv und intensiv, nicht nur in die Beiratsarbeit einzubringen. Häufig ist es nur noch ein kleiner Schritt hin zur aktiven Einflussnahme auf die Geschäftsführung. Dieser Versuchung muss ein Beirat jedoch widerstehen. Besonders wenn man wie ich die Arbeit aus einem größeren Unternehmen mit breiteren personellen und finanziellen Möglichkeiten kennt, ist das nicht immer einfach.

Eine weitere wichtige, damit zusammenhängende Regel lautet: Ein Beirat darf nicht seine eigenen Vorstellungen durchdrücken wollen. Er muss sich vielmehr auf das Unternehmen und dessen DNA einlassen. Er sollte die vorgefundenen Strukturen grundsätzlich zunächst akzeptieren und die verantwortlichen Führungskräfte gewähren lassen. Erst wenn die Ergebnisse der Arbeit nicht so sind, wie sie sein sollten, ist es an der Zeit, die Probleme mit den Führungskräften zu besprechen und gemeinsam andere Wege zu den angestrebten Zielen zu suchen.

»Ein Beirat darf nicht seine eigenen Vorstellungen durchdrücken wollen. Er muss sich vielmehr auf das Unternehmen und dessen DNA einlassen.«

Anders ausgedrückt: Ich kann und muss den Finger in die Wunde legen und die Führungskräfte des Unternehmens mit all meiner Erfahrung unterstützen. Ich kann ihnen helfen, die Dinge systematisch zu analysieren. Ich kann die getroffenen Entscheidungen und deren Ergebnisse diskutieren, Schlussfolgerungen ziehen und Maßnahmen definieren. Die Umsetzung aber bleibt alleinige Aufgabe der Manager des Unternehmens. Der Beirat ist keine zweite Geschäftsführung. Wenn es soweit kommt, dass der Beirat Aufgaben der Geschäftsführung übernimmt, hat der Unternehmer ein Problem mit der Geschäftsführung oder dem Beirat – sehr wahrscheinlich aber mit beiden Organen.

2.2 Der Beirat sucht die kritisch-konstruktive Harmonie, scheut aber nicht den Konflikt

Die Zusammenarbeit zwischen Beirat, Geschäftsführung und Unternehmer muss vertrauensvoll sein. Von daher muss der Beirat, wenn er Kritik üben will, diese auf Themen der Beiratsarbeit beschränken und angemessen formulieren. Dies schließt aber keineswegs aus, dass man auch mal Klartext redet. Vor allem dann, wenn die verantwortlichen Führungskräfte des Unternehmens um den heißen Brei herumreden. Probleme und Fehlentwicklungen anzusprechen, sind das Recht und die Pflicht des Beirats.

Aber: Entscheidend ist die Form, in der er das tut. Niemals sollte der Beirat in herabwürdigender Weise vorgehen. Jemanden abkanzeln, noch dazu vor versammelter Mannschaft, gehört sich nicht im eigenen Unternehmen und schon gar nicht in einem fremden Unternehmen, dem man als Beirat zur Seite steht. Oberste Aufgabe des Beirats ist es, das beratene Unternehmen zu unterstützen. Dessen Mitarbeiter vorzuführen ist nicht hilfreich, sondern kontraproduktiv.

Andererseits ist der Beirat kein Kaffeekränzchen, das ausschließlich der Verbreitung von Harmonie verpflichtet ist. Es geht immer um die Sache, und da muss es auch die Option zum Konflikt geben. So muss es erlaubt sein, Geschäftsführern die Vergeudung von Zeit und Ressourcen aufzuzeigen, die beispielweise Vorträge vorbereitet haben, die untereinander nicht abgestimmt sind und Dopplungen und Widersprüche enthalten.

Diese Konfliktbereitschaft muss der Beirat aber auch dem Unternehmer gegenüber haben und nötigenfalls ausüben. Wenn der Beirat der Ansicht ist, dass das Vorgehen des Unternehmers das Wohl des Unternehmens gefährdet oder sogar beeinträchtigt, muss er Klartext reden. Allerdings ist hier wohl ein besonderes Fingerspitzengefühl erforderlich, da neben den fachlichen Themen auch Emotionen eine große Rolle spielen.

2.3 Der Beirat bemüht sich um Akzeptanz

Der Beirat kann sich selbstverständlich nur dann erfolgreich um die Geschicke des zu beratenden Unternehmens bemühen, wenn er die Akzeptanz des Unternehmers und der Führungskräfte besitzt. Von daher ist es auf der einen Seite zwingend notwendig, dass der Beirat sich über die Ziele und Aufgaben mit dem Unternehmer abstimmt. Die Beiratssatzung regelt nur die Formalia. Was ist damit gemeint? Die Beiratsordnung enthält in der Regel Zustimmungspflichten zu Investitionen ab einer bestimmten Größenordnung, zur Einstellung von Personal ab einer bestimmten Hierarchieebene, zur Eröffnung neuer Geschäftsfelder oder zur Gründung von Tochtergesellschaften. Aber mit welcher Zielrichtung sollen diese Zustimmungspflichten konkret ausgeübt werden? Soll das Unternehmen schnell expandieren? Soll ein möglichst hoher Unternehmenswert angestrebt werden? Soll der Free Cash Flow optimiert werden oder ist eine Kombination verschiedener Ziele erwünscht? Darüber sagt die Beiratsordnung nichts aus. Für solche Themen ist die regelmäßige Abstimmung mit dem Unternehmer unerlässlich.

Ebenso muss der Beirat grundsätzlich von der Geschäftsführung als kompetenter Partner, der ihr einen Mehrwert bringt, angesehen werden. Es gilt, die Führungskräfte aktiv davon zu überzeugen, dass der Beirat eine wichtige und für das Gesamtunternehmen hilfreiche Rolle spielt. Diese Akzeptanz erreicht das Beratungsgremium in erster Linie durch ein professionelles Auftreten und kompetentes

Handeln sowie eine intensive Kommunikation. Die Beiräte sollen dem Unternehmer und den Führungskräften auf Augenhöhe begegnen. Wenn sie sich schulmeisterlich gerieren, werden sie keine Chance haben, akzeptiert zu werden. Diese Akzeptanzproblematik entsteht natürlich sofort, wenn sich die Beiräte nicht auf die Sitzungen und Diskussionen vorbereiten und/oder nicht richtig bei der Sache sind.

Dieses Bemühen um Akzeptanz, insbesondere im Hinblick auf die Führungskräfte des Unternehmens, hat aber natürlich auch Grenzen. Wenn hierdurch Probleme und Fehlentwicklungen unter den Teppich gekehrt werden sollen, ist das nicht mehr akzeptabel. Dann würde ich eine der wesentlichen Aufgaben eines Beirats verletzen und mein Handeln nicht mehr am Wohl der Gesellschaft ausrichten.

Zielführend ist es, wenn die Beiratsmitglieder auf die Führungskräfte zugehen und in vertraulichen Gesprächen versuchen, sich ein Bild von deren Persönlichkeit und ihrem Hintergrund zu machen. Fragen und hinterfragen – das ist die Devise für solche Gespräche. Dabei sind das eigene Hintergrundwissen und eine gewisse Methodenkompetenz die Voraussetzung, um die richtigen Fragen zu stellen. Wenn man in diesem Sinne professionell auftritt und den eigenen Sach- und Fachverstand sichtbar macht, sind die Gesprächspartner in der Regel auch zum offenen Dialog bereit. Die Geschäftsführung sollte natürlich auch von sich aus das Gespräch mit den Beiräten suchen, um zu wissen, mit wem sie es zu tun hat. Meiner Erfahrung nach ist hier zu Beginn eine gewisse Zurückhaltung üblich. Mit der Zeit und steigendem Vertrauen ändert sich das – mal schneller, mal langsamer.

Ein intensiver Dialog mit dem Unternehmer ist ebenfalls wichtig, um das Vertrauen in die Beiratsarbeit zu vertiefen und gleichzeitig die Ausrichtung der Zusammenarbeit zu überprüfen und gegebenenfalls anzupassen. Wie schon erwähnt, sagt die Beiratsordnung nichts über die Ausrichtung der Beiratsarbeit aus. Außerdem können neue signifikante Ereignisse eine Anpassung erfordern, z.B. wenn sich die wirtschaftliche Entwicklung durch exogene Einflüsse ins Negative umzukehren droht oder es Veränderungen in den persönlichen Zielsetzungen des Unternehmers gibt.

Dabei sollte der Beirat deutlich machen, ich betone es noch einmal, dass er sich nicht in das Tagesgeschäft einmischen will. Es kann also immer nur um Themen und Fragen von übergeordneter Bedeutung gehen. Es ist nicht Aufgabe des Beirats zu entscheiden, ob ein Außendienstmitarbeiter eingestellt oder wegen nicht ausreichender Leistungen freigesetzt werden soll. Sind jedoch eine aus Sicht des Unternehmens größere Produktionsstätte oder ein bedeutsamer Vertriebsweg unwirtschaftlich, sind dies im Beirat zu behandelnde Themen. Sie haben einen bedeutsamen Einfluss auf die Ergebnissituation bis hin zur Bedrohung des Fortbestands des Unternehmens. Zeigt der Beirat hier die Bereitschaft, die Pläne und Überlegungen der Führungskräfte und des Unternehmers konstruktiv zu diskutieren und gegebenenfalls zu unterstützen, dann wird der Beirat ein geschätzter Gesprächspartner sein.

2.4 Der Beirat verlangt umfassende, aktuelle und verlässliche Informationen

Ohne eine umfassende und an den Aufgaben des Beirats ausgerichtete Informationspolitik von Geschäftsführung und Unternehmer kann der Beirat seinen Auftrag nicht erfüllen. Im Gespräch zwischen Beirat und Geschäftsführung offenbart sich ein grundlegendes Handicap, mit dem im Prinzip jeder Beirat fertig werden muss: Die Geschäftsführung und der Unternehmer haben einen Informationsvorsprung und auch ein gewisses Informationsmonopol. Während der Beirat davon abhängig ist, welche Informationen der Unternehmer bzw. die Geschäftsführung ihm zukommen lassen, sitzen Unternehmer und Geschäftsführung an der Quelle – sie können sich jederzeit alle Daten beschaffen, die ihnen wichtig erscheinen.

In den Unternehmen, denen ich als Beirat zur Seite stehe, wird die Informationspolitik recht unterschiedlich gehandhabt. In dem einen Unternehmen erhält der Beirat regelmäßig und unaufgefordert fundierte Unterlagen, die ihn zu ebenso fundierten Gesprächen befähigen. Das funktioniert in dem anderen Unternehmen nicht ganz so reibungslos. Wir müssen dort regelmäßig zusätzliche Informationsgespräche führen, die die gelieferten Informationen untermauern und über die Zahlen hinaus die weitergehende wirtschaftliche Situation des Unternehmens beleuchten. Und natürlich haken wir nach, wenn die angekündigten Unterlagen nicht pünktlich vorliegen. Hierdurch erreichen wir eine kontinuierliche Verbesserung.

> **»Ohne eine umfassende und an den Aufgaben des Beirats ausgerichtete Informationspolitik von Geschäftsführung und Unternehmer kann der Beirat seinen Auftrag nicht erfüllen.«**

Für die Beiräte bedeutet diese Art der Informationsbeschaffung natürlich eine zusätzliche Belastung. Es stellt sich damit die grundsätzliche Frage: Sind umfassende Informationen eine Holschuld des Beirats oder eine Bringschuld des Unternehmens? Letzteres ist meiner Ansicht nach der Fall. Wesentliche Inhalte ergeben sich grundsätzlich aus der Beiratsordnung (z.B. monatliche Geschäftsentwicklung, zustimmungspflichtige Geschäfte, Planung für das Folgejahr etc.) und natürlich aus den Agenden zu den Beiratssitzungen. Doch einschränkend muss man sagen, dass die Geschäftsleitung nicht von vornherein wissen kann, wie detailliert der Beirat die jeweiligen Informationen wünscht. Möglicherweise haben auch noch die einzelnen Beiräte untereinander unterschiedliche Vorstellungen. Salopp ausgedrückt: Jeder Beirat tickt anders. Und wie er tickt, das muss er kommunizieren. Daher sollte man, zumal wenn der Beirat gerade erst installiert wurde, sich gegenseitig an den notwendigen und gewünschten Informationsumfang herantasten und sich gemeinsam eine Eingewöhnungszeit gewähren.

2.5 Der Beirat pocht nicht auf seine Rechte

Welche Rechte und Pflichten der Beirat hat, steht normalerweise in der Beiratssatzung oder einem ähnlich genannten Dokument. Auf jeden Fall sind Rechte und Pflichten in der Regel schriftlich kodifiziert. Dabei stellt sich die Frage: Wie verbindlich sind diese Regularien? Was passiert, wenn diese Regeln mit der Realität kollidieren?

Für den Beirat kann daraus durchaus eine Konfliktsituation erwachsen. Dann ist Fingerspitzengefühl gefragt. Wann muss ich als Beirat konsequent sein und auf meine Rechte pochen? Wann kann (oder sollte) ich darüber hinwegsehen?

Orientierung zur Auflösung des Konflikts gibt mir die Situation des Unternehmens und des Unternehmers. Wenn der Unternehmer sich über seine formale Kompetenz hinaus in die Unternehmensführung einmischt, ist das nicht wirklich förderlich, aber grundsätzlich tolerabel (z.B. die oben erwähnte Einstellung oder Freisetzung eines Vertriebsmitarbeiters). Doch wo liegt die Grenze? Die Grenze ist sicherlich erreicht oder überschritten, wenn der Unternehmer grundlegende Entscheidungen am Beirat vorbei trifft und/oder die Entwicklung des Unternehmens nennenswert negativ beeinflusst. Eine größere Investition etwa, zu der satzungsgemäß die Zustimmung des Beirats erforderlich ist, wäre so ein Fall. Hier muss der Beirat seine Rechte in der gebotenen Form einfordern. Dasselbe gilt für Personalentscheidungen auf Geschäftsführungsebene. Der Beirat muss hier nachhaltig aktiv werden, weil damit die Beiratsarbeit an sich infrage gestellt wird. Das gilt auch, wenn der Unternehmer Entscheidungen des Beirats wiederholt nachträglich revidiert.

Damit sind letztlich auch Fragen zur Haftung des Beirats berührt, auf die ich in diesem Zusammenhang nicht tiefer eingehen möchte. Aber der Beirat sollte sich über diese Konsequenz im Klaren sein. Eine Beurteilung der Relevanz dieser Fragestellung hängt sehr stark von der getroffenen Maßnahme, der wirtschaftlichen Situation des Unternehmens und dem Verhältnis zwischen Beirat und Unternehmer ab.

Alles, was unterhalb dieser Toleranzschwelle liegt, sollte im Zweifelsfall tolerabel sein. Denn ohne eine gehörige Portion Flexibilität ist die Aufgabe des Beirats nicht zu bewältigen, gerade in Familienunternehmen mit einem dominanten Inhaber.

Und wenn die Toleranzschwelle nachhaltig verletzt wird? Dann bleibt mir als Beirat nichts anderes übrig, als meinen Hut zu nehmen, denn dann kann ich meinen Auftrag nicht mehr erfüllen. Der Unternehmer stellt mit diesem Verhalten die Arbeit des Beirats grundsätzlich infrage. Für mich ist dann auch keine Akzeptanz mehr vonseiten des Unternehmers für meine Arbeit erkennbar.

Das bedeutet zugleich, dass ich als Beirat geistig (und selbstverständlich auch finanziell) unabhängig sein muss, um diesen Schritt vollziehen zu können. Nur so kann ich als Beirat sinnvoll meinen Beitrag für das Unternehmen leisten.

3. Eine andere Betrachtung

In Gesprächen mit Freunden und Bekannten taucht häufig die Frage auf, warum ein Mensch, der in seinem regulären Job voll ausgelastet ist, überhaupt die Mühe auf sich nimmt, für ein fremdes Unternehmen als Beirat tätig zu werden. Die Antwort mag überraschen. Da ist zunächst die Freude an neuen Herausforderungen. Es sind andere Menschen, mit denen man umgeben ist; es sind andere Fragestellungen, mit denen man sich beschäftigen muss; es sind andere Perspektiven, die sich einem eröffnen.

Und die Beiratstätigkeit ist ja auch keineswegs nur ein Geben. Ich nehme durchaus etwas mit. Ich lerne andere fachliche Herangehensweisen kennen, ich lerne, in anderen – in Euro ausgedrückt: kleineren – Dimensionen zu denken. Und, was ganz wichtig ist, ich gewinne neue persönliche Beziehungen. Beziehungen zu interessanten Unternehmerpersönlichkeiten, Beziehungen zu Führungskräften, Beziehungen zu anderen Beiräten, die ich sonst nicht gewonnen hätte. Aus diesem Blickwinkel ist meine Tätigkeit als Beirat ohne jeden Zweifel ein Gewinn.

Nach dem Studium der Betriebswirtschaftslehre und Promotion war **Dr. Bernd-Michael Brunck,** Jahrgang 1959, zuerst als kaufmännischer Leiter und danach als Geschäftsführer für die Bereiche Finanzen und Administration tätig. Sein praktisches Know-how erwarb er in der Industrie, im Handel und im Dienstleistungsgewerbe in familiengeführten Unternehmen unterschiedlicher Größe und Rechtsform. Zu den beruflichen Stationen des gebürtigen Mönchengladbachers gehören dabei die Diehl Gruppe, die Ariston Thermo Group und seit einigen Jahren die Unternehmensgruppe Richter+Frenzel.

Richter+Frenzel GmbH + Co. KG auf einen Blick

Die Richter+Frenzel GmbH + Co. KG ist eine seit 1895 als Familienunternehmen erfolgreich tätige Unternehmensgruppe im Bereich Sanitär- und Haustechnik sowie Tiefbau und Werkzeug. Sie gehört in diesen Segmenten zu den führenden Großhändlern in Deutschland. An über 170 Standorten in Deutschland sind rund 4.000 Mitarbeiter beschäftigt.

Thomas Busch, lange Jahre geschäftsführender Gesellschafter des Modeversenders und -filialisten Walbusch, blickt auf eine 40-jährige Beiratserfahrung zurück. Einen solch reichen Erfahrungsschatz können in Deutschland nur wenige Familienunternehmer vorweisen. Der Solinger Unternehmer und Mäzen darf daher als einer der Doyens der Beiratsidee in unserem Land gelten. Hier zieht er seine Bilanz aus vier Jahrzehnten Zusammenarbeit mit dem Beirat des Hauses Walbusch – davon das letzte Jahrzehnt als Mitglied dieses Gremiums.

Thomas Busch

Sparringspartner, Sicherheitsgarant und Disziplinierungsinstrument: Eine Bilanz aus 40 Jahren Beiratserfahrung

1. Eine persönliche Botschaft, die alles sagt

Die Bedeutung, die der Beirat für unser Unternehmen Walbusch Walter Busch GmbH & Co. KG hat, geht recht eindringlich aus dem Weihnachtsbrief hervor, den ich traditionsgemäß im Dezember 2015 an die Mitglieder des derzeitigen Beirats gerichtet habe: „Als ich 1976 im Frühjahr die Verantwortung für Walbusch übernahm, legte ich vom ersten Tag an Wert darauf, einen Beirat an meiner Seite zu haben, der gewissermaßen als Netz unter dem Seil fungierte, auf dem ich als unerfahrener Unternehmer mit einer kleinen Truppe von Getreuen den Aufbruch zu neuen Ufern wagte. Schon damals war der Beirat mit kompetenten Fachleuten besetzt und keine Veranstaltung ‚honoris causa'. Auch wenn bisher über all die Jahre der Beirat als beratendes Gremium gefragt war und nicht in einem Fall seine satzungsgemäße Funktion als Entscheidungs- und Kontrollgremium wahrnehmen musste, erhielten wir in der engen Zusammenarbeit wichtige Impulse. Ich selbst legte großen Wert auf eine offene und ausführliche Berichterstattung, deren Qualität uns durch ein Aufsichtsratsmitglied eines nicht unbedeutenden Konzerns mit der Feststellung bestätigt wurde: ‚So etwas sind wir nicht gewohnt.' …"

2. Die Ausgangssituation damals

Das Unternehmen Walbusch war 1934 als Fachversand für Rasierklingen und Solinger Schneidwaren von meinem Vater Walter Busch gegründet worden. Ende der 50er-Jahre entwickelte sich das Walbusch-Angebot immer mehr in Richtung Bekleidung. Ein Meilenstein auf dem Weg zum Versender eleganter Herrenbekleidung ist die Einführung des „Nyltest"-Hemdes. 1959 wird dieses pflegeleichte und bügelfreie Hemd aus Nylon erstmals angeboten. Hemden, die besonders wenig Pflege benötigen und dennoch gute Trageeigenschaften versprechen, werden in der Folgezeit in Verbindung mit dem patentierten „Kragen ohne Knopf" zum Markenzeichen von Walbusch.

Als Walter Busch 1973 stirbt, tut sich zunächst eine Lücke auf. Ich selbst hatte von meinem Vater die Mehrheitsanteile (78 Prozent) am Unternehmen geerbt, war aber zu dieser Zeit beim Versandunternehmen Neckermann tätig. Nach mehreren Jahren als Assistent von Josef Neckermann, des erfolgreichsten Versandhändlers der Nachkriegszeit, war ich mit der Aufgabe befasst, die neu geschaffene Marketingabteilung aufzubauen.

Daher mussten wir die Leitung des Unternehmens Walbusch nach dem Tod meines Vaters zunächst einem externen Geschäftsführer übertragen. Dieser entpuppte sich jedoch bald als Hochstapler und musste fristlos seinen Schreibtisch räumen. Für eine Übergangszeit nahm meine Stiefmutter Marie-Luise Busch die Zügel in die Hand. Aber schon wenig später wurde klar, dass ich nach Solingen umziehen musste, um die Führung von Walbusch zu übernehmen.

Da stand ich nun mit meiner riesigen Verantwortung für das (damals noch kleine) Unternehmen, seine 40 Mitarbeiter und für meine Stiefmutter, die ihren Lebensunterhalt mit den Einkünften aus dem Unternehmen bestreiten musste. Vor mir lag eine unsichere Zukunft.

»So schufen wir ein Dreiergremium. Wir nannten das Ganze schon damals „Beirat" – sowohl von der Konstruktion als auch von der Bezeichnung her ein recht innovatives Projekt.«

Ich hatte zwar BWL studiert, Marketingerfahrung gesammelt und war bei Josef Neckermann vom Akademiker zum Händler geworden, aber ich besaß keine Erfahrung in der Führung eines Unternehmens. Meine Mitgesellschafterin Marie-Luise Busch lebte mit der ständigen Sorge, ob Thomas Busch das wohl schaffen würde.

3. Mein Netz unter dem Seil: der Beirat

In dieser von Unsicherheit und Selbstzweifeln geprägten Situation fand ich einen großartigen Helfer in der Person meines Schwagers Joachim Böhmer. Er war ein erfolgreicher Unternehmer im Schuhhandel mit immerhin etwa 40 Filialen. Wann immer ich Rat oder Unterstützung brauchte, stand Joachim Böhmer mir zur Seite. Ich habe ihn daher gerne als „großen Schwager" tituliert.

Weil er ein so wertvoller Helfer war, entstand die Idee, neben Joachim Böhmer noch weitere wichtige Berater zu meiner Unterstützung zu gewinnen. So schufen wir ein Dreiergremium. Wir nannten das Ganze schon damals „Beirat" – sowohl von der Konstruktion als auch von der Bezeichnung her ein recht innovatives Projekt.

Ich habe die Arbeit dieses Beirats sehr zu schätzen gelernt. Zunächst waren es vor allem zwei Motivationen, die diese Wertschätzung begründeten. Da war zum einen die Rolle des Beirats als Sparringspartner. Diese Persönlichkeiten mit ihrer langjährigen Erfahrung aus verschiedenen Funktionen in der Wirtschaft haben mich stets kritisch begleitet und standen mir immer zur Verfügung, wenn ich eine wichtige Entscheidung absichern wollte oder auch nur eine andere Meinung zu meinen Plänen und Ideen hören wollte. Dieses Gremium hat mir daher maßgeblich geholfen, in meine Rolle als Unternehmer hineinzuwachsen.

> »Dieses Gremium hat mir daher maßgeblich geholfen, in meine Rolle als Unternehmer hineinzuwachsen.«

Da war zum anderen aber auch der heilsame Zwang, ein aussagefähiges Berichtswesen aufzubauen. Heute kann man sich kaum vorstellen, dass es damals bei Walbusch noch keine kurzfristige Erfolgsrechnung gab, keinen detaillierten Warenbericht, keine Kalkulationen wie Umsatz je Katalogseite – alles Dinge, die inzwischen längst zum Handwerkszeug gehören. Aber wie sollte der Beirat die Entwicklung des Unternehmens fundiert beurteilen, ohne dass ihm die wichtigsten Kennziffern vorlagen?

So habe ich mir selbst auferlegt, ein aussagefähiges Berichtswesen einzurichten. Und ich habe diese Selbstverpflichtung auch akribisch eingehalten. Der Beirat wurde immer pünktlich mit den vereinbarten Unterlagen versorgt. Hier kurz und knapp die Auflistung der Unterlagen, die der Beirat regelmäßig erhält:

- monatlich ausführliche Berichte mit allen wichtigen Geschäftszahlen, insbesondere die monatliche kurzfristige Erfolgsrechnung,
- zweimal jährlich die Hochrechnung der Ergebnisplanung und den budgetierten Werbeplan,
- sämtliche grundsätzlichen Planungen wie Marketingplanung, Investitionsplanung, Ergebnisplanung, Zehnjahresplanung,
- schriftliche Niederlegung der Geschäftspolitik für die nächsten drei Jahre der gesamten Gruppe,
- Übersicht der Großprojekte einschließlich deren aktuellem Stand.

Außerdem werden dem Beirat die kompletten Jahresabschlussunterlagen – also der Konzernabschluss der Walbusch Beteiligungsgesellschaft und die Jahres-Einzelabschlüsse für Walbusch Solingen und alle Tochtergesellschaften – zur kritischen Durchsicht übermittelt.

Kurzum: Der Beirat erhält alles, was bei Walbusch an Planung und Kontrolle geschieht. Der Beirat ist damit in allen Belangen stets auf dem Laufenden. Auf diesen Aspekt komme ich noch zurück.

Mit der Einrichtung dieses detaillierten und sehr aktuellen Berichtswesens habe ich mich selbst und die zuständigen Mitarbeiter diszipliniert. Und es entspricht auch durchaus meiner Auffassung von Disziplin, dass man – selbst wenn man der geschäftsführende Gesellschafter ist – von einer Selbstverpflichtung nicht einfach wieder abrücken darf. Eine solche Blöße will sich wohl niemand geben. Im Übrigen hat mir dieses neu eingeführte Berichtswesen sehr gut geholfen, das Unternehmen zu steuern. Den Beirat auf der anderen Seite hat es in die Lage versetzt zu verstehen, was hier im Hause Walbusch passiert und dabei als Beratungsgremium tatkräftig mitzuwirken.

Diese beiden Maßnahmen – den Beirat als Sparringspartner zu installieren und ein aktuelles Berichtswesen aufzubauen – haben entscheidend dazu beigetragen, dass es in der Folgezeit mit dem Unternehmen Walbusch steil aufwärts ging. Mein Schwager Joachim Böhmer nannte den Aufstieg sogar einmal „kometenhaft".

> **»Diese beiden Maßnahmen – den Beirat als Sparringspartner zu installieren und ein aktuelles Berichtswesen aufzubauen – haben entscheidend dazu beigetragen, dass es in der Folgezeit mit dem Unternehmen Walbusch steil aufwärts ging.«**

Unser offener Umgang mit Daten und Zahlen gegenüber dem Beirat bringt mir übrigens gelegentlich den Vorwurf ein, wir seien allzu freizügig mit solchen Informationen, die Konkurrenz sei dafür dankbar. Ich antworte darauf meist mit einer knappen Replik: „Unser Wettbewerbsvorteil ist nicht in den Zahlen, sondern in den Köpfen!"

4. Erweiterte Funktionen für den Beirat

Zurück zu unserem Beirat. Später kam noch eine andere Überlegung ins Spiel. Das Unternehmen hatte nach dem Tod meines Vaters mehr oder weniger führungslos dagestanden – eine durchaus kritische Phase, die allen Beteiligten noch lebhaft in Erinnerung war. So entstand die Idee, unseren Beirat, der sich als sehr hilfreiches und kompetentes Gremium erwiesen hatte, mit in die Verantwortung zu nehmen. Konkret bedeutete das: Der Beirat, der im Normalfall ausschließlich beratende Funktion hat, sollte in einer Notsituation Entscheidungskompetenz erhalten. Gerade vor diesem Hintergrund ist es besonders wichtig, dass der Beirat, wie oben dargelegt, permanent mit allen wichtigen Geschäftsdaten versorgt wird. Denn der Notfall kann ja von heute auf morgen eintreten, und dann muss der Beirat handlungs- und entscheidungsfähig sein.

Diese Notsituation haben wir dann im Gesellschaftsvertrag exakt definiert: Wenn ich, solange ich Mehrheitsgesellschafter bin, länger als drei Monate im Koma liege, verschollen bin oder aufgrund einer psychischen Krankheit oder einer körperlichen, geistigen oder seelischen Behinderung nicht mehr in der Lage bin, meine

Rechte als Gesellschafter wahrzunehmen, dann erwachsen dem Beirat erweiterte Kompetenzen mit Kontroll- und Zustimmungsrechten bei einem klar umrissenen Katalog von Entscheidungen und Maßnahmen der Geschäftsführung.

Die Handlungsfähigkeit der Unternehmensführung – d.h. der Geschäftsführung im Zusammenwirken mit dem dann entscheidungskompetenten Beirat – jederzeit zu gewährleisten, war mir nicht zuletzt auch deshalb ein besonderes Anliegen, weil ich meiner Ehefrau die Sicherheit geben wollte, dass das Unternehmen als Ganzes durch einen Schicksalsschlag nicht gefährdet wird.

5. Unser aktueller Beirat

Mit Erreichen des 70. Lebensjahres bin ich aus der Geschäftsführung ausgeschieden. Mein Sohn Christian ist inzwischen als Mehrheitsgesellschafter mit einem Anteil von 70 Prozent nachgerückt, die Geschäftsführung besteht seither aus meinem Sohn Christian und drei familienfremden Geschäftsführern. Alle vier Geschäftsführer sind gleichberechtigt, einen Sprecher der Geschäftsführung gibt es nicht.

Zunächst übernahm ich nach meinem Ausscheiden den Vorsitz des Beirats. Inzwischen bin ich nur noch „einfaches" Beiratsmitglied. Ich wollte mich mit diesem Schritt schlicht selbst vom Podest des „Großen Vorsitzenden" herunterholen. Den Vorsitz führt aktuell Dr. Friedrich Grote, Notar und Partner der Kanzlei Kümmerlein Rechtsanwälte und Notare. Er ist der Architekt des gesamten Vertragswerks unseres Unternehmens, einschließlich der testamentarischen Regelungen und der Eheverträge meiner Söhne. Dr. Grote kennt damit sämtliche rechtlichen Zusammenhänge und ist von daher prädestiniert, den Vorsitz zu führen und in der oben beschriebenen Notsituation die richtigen Entscheidungen zu treffen. Weitere Mitglieder des Beirats sind zum einen Arwed Fischer, ein exzellenter Finanzfachmann, der unter anderem bei Karstadt-Quelle und beim Immobilienkonzern Patrizia sehr erfolgreich gewirkt hat. Zum anderen haben wir mit Dirk Graber, dem Gründer des Online-Brillenversenders Mr. Spex, einen jungen Vollblut-Unternehmer an uns binden können, der dem Hause Walbusch sicher viele interessante Impulse geben kann.

Bis November 2015 gehörte unserem Beirat auch Carel Halff an. Er hat sich durch den erfolgreichen Aufbau der Weltbild-Gruppe zu einem Unternehmen mit in der Spitze 1,9 Milliarden Euro Umsatz einen Namen gemacht. Dank seiner großen Erfahrung mit Change-Prozessen im Handel und in der Konsumgüterindustrie gab er unserem Unternehmen aus dem Beirat heraus viele extrem hilfreiche Anstöße. Dies vor allem in Zeiten, in denen Walbusch sich vom katalogbasierten Versender zum Multichannel-Unternehmen wandeln musste. Seit November 2015 haben wir uns das Know-how von Carel Halff langfristig gesichert, indem wir ihn zum Generalbevollmächtigten von Walbusch berufen haben. Er ist nun zusammen mit meinem Sohn und zwei weiteren familienexternen Geschäftsführern, Dr. Bert Hentschel und Cord Henrik Schmidt, Mitglied der vierköpfigen Geschäftsführung. Eine gelungene Personalrekrutierung für die Geschäftsführung sozusagen auf dem Umweg über den Beirat.

6. Meine Zusammenfassung

Wie bewerte ich nach 40 Jahren Zusammenarbeit mit unserem Beirat das Ergebnis?

- Der Beirat ist ein wichtiger Sparringspartner, wenn er – wie bei uns – mit kompetenten Persönlichkeiten besetzt ist.
- Der Beirat bietet Sicherheit in Krisensituationen und Krisenzeiten.
- Der Beirat sorgt für Disziplinierung nach innen – mich selbst eingeschlossen.
- Der Beirat löst eine Selbstverpflichtung aus, diese Institution umfassend zu informieren und ernst zu nehmen. Nur dann gelingt es, kompetente Persönlichkeiten für dieses Gremium zu finden.
- Für die Rekrutierung eines auf die Belange des Unternehmens ausgerichteten Beirats ist die kontinuierliche Pflege des eigenen Netzwerks hilfreich.
- Für mich hat sich der Beirat als ein wichtiges Instrument der Zukunftssicherung unseres mittelständischen Familienunternehmens bewährt.

Thomas Busch, Jahrgang 1938, studierte nach einer Banklehre Wirtschaftswissenschaften in Nürnberg-Erlangen und Wien mit dem Abschluss als Diplom-Kaufmann. Erste Berufserfahrungen sammelte er als wissenschaftlicher Mitarbeiter beim Divo-Institut. Es schließt sich eine zehnjährige Tätigkeit im Hause Neckermann an, zunächst als Assistent von Josef Neckermann und später als Marketingleiter des Versandhauses. 1976 übernahm er die Geschäftsführung des elterlichen Spezialversandhauses Walbusch in Solingen. Thomas Busch baute das Unternehmen zu einem Spezialisten für hochwertige und klassische Herrenbekleidung mit Schwerpunkt Hemden aus. Später kam ein ausgewähltes Damenangebot hinzu.

Thomas Busch war Handelsrichter am Landgericht Wuppertal. 1999 wurde ihm das Verdienstkreuz am Bande der Bundesrepublik Deutschland verliehen. 2008 erhielt er für sein Lebenswerk den „Lifetime Award" der Versandhandelsbranche und 2013 den „Deutschen Handelspreis" des Deutschen Handelsverbands (HDE).

Thomas Busch engagiert sich stark im sozialen und kulturellen Bereich. Er hat zahlreiche Stiftungen ins Leben gerufen, u.a. die Busch-Stiftung Quedlinburg, St. Nikolai, die Busch-Stiftung „Seniorenhilfe", die „Jeunesses Musicales Stiftung" in Weikersheim, die „Bürgerstiftung für verfemte Künste" in Solingen und die Walbusch-Jugendstiftung „Zukunft durch Bildung". 2013 kam der Walbusch-Stiftungslehrstuhl „Multichannel-Management" an der Schumpeter School of Business and Economics der Bergischen Universität in Wuppertal hinzu.

Walbusch Walter Busch GmbH & Co. KG auf einen Blick

Gegründet wurde Walbusch 1934 als Fachversand für Rasierklingen und Solinger Schneidwaren von Walter Busch. Heute zählt das Unternehmen zu den führenden mittelständischen und konzernunabhängigen Versandhäusern mit Tochtergesellschaften in Österreich und der Schweiz. 2002 Auszeichnung als „Versender des Jahres". 2007 Übernahme der Traditionsmarke Mey & Edlich. 2009 Eröffnung des ersten Fachgeschäfts. Heute gibt es Walbusch-Filialen in über 40 Städten.

Kennzahlen

Umsatz: 295 Millionen Euro
Mitarbeiter: 1.000

Die MedSkin Solutions Dr. Suwelack AG ist ein international tätiges, mittelständisches Life-Science-Unternehmen und hat sich der Entwicklung wissenschaftlich fundierter medizinischer und kosmetischer Behandlungen verschrieben. Dabei setzt es auf Technologieführerschaft im Bereich der Stabilisierung von Biomaterialien und verfügt über eine mehr als 30-jährige Erfahrung im Bereich Geweberegeneration. Mit den zwei Divisionen Skin Care und Med Care ist MedSkin Solutions Dr. Suwelack optimal aufgestellt, um nachhaltiges Wachstum durch passgenaue Lösungen für differenzierte Marktsegmente zu generieren. Obwohl das Unternehmen mit knapp 28 Millionen Euro Umsatz mittelständisch geprägt ist, wird es als Aktiengesellschaft geführt. Das hat Vor- und Nachteile, wie Diana Ferro, Alleinvorstand des münsterländischen Familienunternehmens, in ihrem Beitrag berichtet.

Diana Ferro

AG oder GmbH im Mittelstand – Aufsichtsrat oder Beirat? Der Unterschied ist für mich gering

1. Wie die MedSkin Solutions entstand

Unser Unternehmen war ursprünglich ein Betriebsteil der Dr. Otto Suwelack Nachf. GmbH & Co. KG. Dieses Unternehmen der Lebensmittelindustrie ist unter anderem auf Gefriertrocknung spezialisiert. 1997 wurden die Aktivitäten unseres Unternehmens ausgegliedert und unter dem Namen Dr. Suwelack Skin & Health Care AG als eigenständige Firma eingeführt. Seit 2012 firmieren wir als MedSkin Solutions Dr. Suwelack AG.

Firmengründer ist Wolfgang Suwelack, der Sohn von Dr. Otto Suwelack. Er hatte erfolgreich mit verschiedenen Biomaterialien, unter anderem mit Kollagen, experimentiert und daraus sowohl innovative Wundheilungsprodukte, insbesondere zur Behandlung von Hautverbrennungen, als auch neue Kosmetikprodukte entwickelt, die zunächst in Japan eingeführt wurden.

2. Die Rechtsform AG
2.1 Gründe für die Wahl dieser Rechtsform

Das Gründungsjahr 1997 war das Jahr, in dem auch der „Neue Markt" startete – jenes Segment der Deutschen Börse, das im Zuge der Euphorie um die New Economy nach dem Vorbild der amerikanischen Technologiebörse Nasdaq eingerichtet wurde. Er sollte das Marktsegment der „Neuen Technologien" widerspiegeln und jungen Unternehmen in den Zukunftsbranchen, wozu auch die Biotechnik zählte, die Möglichkeit zur Eigenkapitalbeschaffung über einen Börsengang bieten. Nun stand ein solcher Schritt für das Unternehmen von Wolfgang Suwelack zwar keineswegs unmittelbar bevor, aber die damalige Unternehmensleitung hatte den Börsengang als realistische Perspektive nicht nur ins Kalkül gezogen, sondern aktiv betrieben. Und da machte es Sinn, gleich vom Start weg als AG anzutreten.

2.2 Mein Einstieg bei Dr. Suwelack Skin & Health Care

Im Jahr 2008 engagierte mich der Aufsichtsrat als Vorstandsvorsitzende. Ich brachte eine umfassende Expertise aus der Führung eines US-amerikanischen Unternehmens mit und fand die Herausforderung, ein familiengeführtes Unternehmen auf eine neue Erfolgsspur zu setzen, sehr reizvoll. Mir war allerdings klar, dass diese Aufgabe auch mit beträchtlichen Herausforderungen verbunden war. Diese sah ich hauptsächlich im Bereich Strategie, in einem Wandel der Unternehmenskultur hin zu einer verbesserten Performance, Delegation und Verantwortungsbereitschaft sowie in der Einführung und Etablierung von klaren Prozessen und Zuständigkeiten.

2.3 Mein Sofortprogramm der notwendigen Änderungen

Zunächst ging es darum, eine erhebliche Diskrepanz zwischen den Vorstellungen der Firmeneigner und der bisherigen Unternehmensleitung zu überbrücken. Statt auf einen Börsengang sollte auf nachhaltiges und langfristiges Wachstum aus eigener Kraft gesetzt werden. Der Paradigmenwechsel in der Unternehmenskultur hatte daher oberste Priorität. Er betraf zunächst den Umgang von Hauptversammlung, Aufsichtsrat und Vorstand der Aktiengesellschaft miteinander und in der Folge dann natürlich auch das gesamte operative Management, bei dem eine Reihe von Gepflogenheiten und Verhaltensweisen im Sinne der neuen Unternehmenskultur und -zielrichtung zu verändern waren.

Die Belegschaft musste insbesondere hinsichtlich Verpflichtung und Loyalität dem Unternehmen gegenüber neu ausgerichtet werden. Zielvereinbarungen, Einsatz und Termintreue waren in den Vordergrund zu stellen. Im Bereich Personalführung sah ich daher eine große Herausforderung, die einigen Aufwand an Energie und Zeit beanspruchen würde. Hier führten wir Fit-4-Business-Programme ein, nahmen uns Zeit für intensive Personalgespräche und orientierten uns dabei an guten Vorbildern durch Benchmarking mit der Außenwelt.

Die Zusammenarbeit zwischen Aufsichtsrat und Vorstand war ebenfalls neu zu organisieren, jedoch war diese Aufgabe in relativ kurzer Zeit umzusetzen. Wir etablierten neue Kontrollmechanismen und Geschäftsordnungen, Stringenz in der Vorbereitung und Durchführung der Sitzungen sowie den notwendigen Fokus auf das Wesentliche. Im Pas de deux mit dem Aufsichtsratsvorsitzenden Wolfgang Suwelack konnte dies sehr schnell implementiert und durch straffe Tagesordnungen für die Aufsichtsratssitzungen dokumentiert werden:

- Verabschiedung des Protokolls der vorangegangenen Sitzung,
- Bericht des Vorstands mit Erläuterung aller relevanten Zahlen des Quartalsberichts,

- Erläuterung und Diskussion der anstehenden Projekte,
- Erläuterung und Diskussion der Investitionsvorhaben,
- Diskussion mittel- und langfristiger strategischer Vorhaben.

Das führte dazu, dass ich neben dem notwendigen Rückhalt auch eine Vielzahl produktiver Impulse vom Aufsichtsrat erhielt, die einerseits in die Organisation und Personalführung, andererseits in Prozessoptimierungen direkt einflossen.

2.4 Meine Idee von der Rolle des Aufsichtsrats

Ich sehe in unserem Aufsichtsrat ein Gremium, das aufgrund seiner vorhandenen Kompetenz nicht nur als Kontrollorgan tätig ist, sondern auch in unsere Entscheidungsprozesse einbezogen wird. Daher diskutiere ich, wie eben erwähnt, wichtige Projekte und Investitionsvorhaben grundsätzlich vor ihrer Umsetzung mit dem Aufsichtsrat und bitte ihn um Stellungnahme und ein Votum.

> **»Ich sehe in unserem Aufsichtsrat ein Gremium, das aufgrund seiner vorhandenen Kompetenz nicht nur als Kontrollorgan tätig ist, sondern auch in unsere Entscheidungsprozesse einbezogen wird.«**

Diese Einbeziehung des Aufsichtsrats spiegelt auch meine Grundüberzeugung wider, dass ich mir immer wieder sage: „Dies ist nicht mein eigenes Unternehmen. Der Aufsichtsrat soll wichtige Entscheidungen mittragen und im Sinne der Gesellschaft handeln." Ich sehe im Aufsichtsrat somit auch einen Sparringspartner, der die Geschicke der Firma – in enger Zusammenarbeit mit dem Vorstand – begleitet.

Um diese stetig steigende Verantwortung wahrnehmen zu können, haben wir inzwischen auch die Häufigkeit der Aufsichtsratssitzungen erhöht. Früher tagte er dreimal im Jahr, jetzt sind es vier Sitzungen. Dies dient zum einen ganz allgemein der Intensivierung der Aufsichtsratsarbeit. Zum anderen können wir durch die größere Zahl der Sitzungen bestimmte Themen ausführlicher behandeln. Diese sogenannten Fokus-Themen reihen sich für die quartalsweise stattfindenden Sitzungen in fester Folge aneinander:

- Q1 – Innovation/Forschung & Entwicklung/Klinische Studien – neben der Verabschiedung des testierten Vorjahresabschlusses,
- Q2 – Sales & Marketing – neben einem ersten intensiven Blick in das laufende Geschäftsjahr,
- Q3 – Strategieplanung mit Fünfjahreshorizont unter Einbeziehung aller Führungskräfte unseres Leadership Board,
- Q4 – Budgetverabschiedung für das Folgejahr auf Basis des voraussichtlichen Ist für das laufende Jahr.

Diese Stringenz in der Aufsichtsratsarbeit gibt mir sehr produktive Impulse für die Leitung des Unternehmens und ermöglicht mir, bessere Entscheidungen im Sinne der Gesellschaft zu treffen. Ich bin durchaus entscheidungsfreudig, ich nutze aber auch gern das hilfreiche Back-up unseres Aufsichtsrats.

So haben wir gemeinsam wichtige Entscheidungen getroffen, wie zusätzliche Baumaßnahmen und die Modernisierung bzw. den Ausbau der Produktionskapazitäten. Auch die Einrichtung zusätzlicher Unternehmensstandorte haben wir intensiv diskutiert und beraten, bevor ich sie mit Zustimmung des Aufsichtsrats umgesetzt habe.

Selbstverständlich halte ich auch außerhalb der Aufsichtsratssitzungen Kontakt zu dem Vorsitzenden. Etwa alle zwei bis vier Wochen telefoniere ich mit Herrn Suwelack oder treffe mich mit ihm zu einem ausführlichen Gedankenaustausch. Diese Gespräche sind zum einen hilfreich für das tägliche Geschäft, zum anderen dienen diese Abstimmungen aber auch dazu, ein Klima des gegenseitigen Vertrauens zu pflegen und nachhaltig zu bewahren.

Der Kontakt zu den anderen Aufsichtsräten ist ebenfalls intensiv. Wir telefonieren zu bestimmten Themen und stimmen uns gemeinsam auf die nächste Aufsichtsratssitzung ein.

3. Unser Aufsichtsrat – Haben und Soll
Der Aufsichtsrat von MedSkin Solutions ist heute bereits kompetent besetzt. Neben unserem Vorsitzenden, Herrn Wolfgang Suwelack, gehören ihm an:

- Dr. Ulrich Möllers – ein promovierter Chemiker, der lange Jahre als Geschäftsführer bei einem bedeutenden Pharmaunternehmen tätig war. Er beherrscht den Umgang mit Zahlen und kennt sich sehr gut aus in allen Fragen, die mit den Produktionsprozessen und Qualitätsanforderungen in unserer sensiblen Branche zusammenhängen. Außerdem verfügt er über einen äußerst breiten Erfahrungsschatz in der Führung von Unternehmen.
- Holger Winkel – Diplom-Kaufmann und Profi im Bereich Vertrieb und Marketing. Er kennt und beherrscht die relevanten Netzwerke. Im Aufsichtsrat spielt er zudem die wichtige Rolle des Visionärs, dies immer im Tandem mit dem Vorsitzenden. Auch er verfügt über langjährige Erfahrungen mit Führungsverantwortung in globalen Konzernen und im International General Management.

Wenn ich mir einen Wunsch-Aufsichtsrat zusammenstellen könnte, so wäre ein ausgefuchster CFO eine denkbare Verstärkung. Zudem würde ich eine Persönlichkeit mit besonderem Talent für innovative Produktkonzepte als eine Bereicherung für das Gremium ansehen.

4. Aufsichtsrat und Beirat im Vergleich

Unser Unternehmen hat die Rechtsform einer Aktiengesellschaft, die an strenge gesetzliche Vorgaben gebunden ist. So sind Zuständigkeiten, Verantwortlichkeiten, Formalitäten und Fristen im Aktiengesetz klar geregelt. Das schließt aber überhaupt nicht aus, dass es für mich als Vorstandsvorsitzende von großem Wert ist, die beratende Funktion des Aufsichtsrats intensiv zu nutzen und ihm damit beiratsähnliche Aufgaben beizumessen.

Ich fühle mich in meiner Rolle als Vorstand einer Aktiengesellschaft sehr wohl, bin im Rahmen der Geschäftsordnung frei in meinen Entscheidungen und durch den Aufsichtsrat unserer Gesellschaft bestens unterstützt.

Vergleiche ich nun die Unterstützung, die ich als Vorstand von einem Aufsichtsrat erhalte, mit der, die ein Geschäftsführer von einem Beirat bekommt, so sehe ich keine fundamentalen Unterschiede. In beiden Fällen erwarte ich, dass mich das Gremium berät und mir Impulse gibt. Und in beiden Fällen möchte ich die Themen diskutieren und wichtige Entscheidungen besprechen. Entscheidend ist, dass man als Alleinvorstand, so wie ich, oder als Alleingeschäftsführer einen Sparringspartner hat, der einen konstruktiv-kritisch begleitet und so etwas wie Leitplanken vorgibt, an denen man sich orientiert, um in der Spur zu bleiben.

Diana Ferro, Jahrgang 1966, wurde in München geboren. Sie besitzt die deutsche und die italienische Staatsbürgerschaft. Nach dem Studium in Berlin und Hamburg mit dem Abschluss Diplom-Kauffrau war sie von 1990 bis 1997 in verschiedenen Positionen in der Versicherungswirtschaft tätig. Danach übernahm sie verschiedene Managementaufgaben in der Position eines Vice President bei einem börsennotierten Unternehmen des Bereichs Wundheilung in den USA und pendelte zwischen ihren Büros in Amsterdam und San Antonio. Seit 2008 ist sie Alleinvorstand der MedSkin Solutions Dr. Suwelack AG.

MedSkin Solutions Dr. Suwelack AG auf einen Blick
Das Unternehmen mit Sitz in Billerbeck (Münsterland) ist ein international tätiges, mittelständisches Life-Science-Unternehmen, spezialisiert auf Erforschung, Entwicklung, Herstellung und Vertrieb wissenschaftlich fundierter medizinischer und kosmetischer Behandlungen. Das Unternehmen ist weltweit tätig mit Tochtergesellschaften in Japan und den USA.

Kennzahlen
Umsatz: 28 Millionen Euro
Mitarbeiter: 140
EBITDA-Marge: 25 Prozent

Von 2006 bis 2015 war Felix Greiner Vorstandsmitglied der WM SE. Verschiedene Entwicklungen in der familiengeführten Osnabrücker Unternehmensgruppe veranlassten ihn zum Wechsel in den Aufsichtsrat. Es waren keineswegs die sonst in Familienunternehmen üblichen Gründe, allen voran das fortgeschrittene Lebensalter, die diesen Schritt nahelegten. Felix Greiner gibt hier einen Einblick in die Überlegungen, die ihn damals umtrieben.

Felix Greiner

Vom Vorstand in den Aufsichtsrat: Meine Gründe für den Wechsel

1. Die Ausgangslage

Die WM SE entstand durch Fusion zweier Unternehmen, die beide im Geschäft mit Autoteilen tätig waren. Die Wessels AG und die Müller GmbH & Co. KG schlossen sich 2001 zur Wessels + Müller AG zusammen, die seit Anfang 2015 als SE (Societas Europaea) firmiert.

Mehrheitsaktionär der Gruppe war bis 2011 der Sohn des Firmengründers, mein Schwiegervater Hans-Heiner Müller. 2006 berief er mich in den Vorstand, 2011 zusätzlich seinen Sohn Bastian. Damaliger und heutiger Vorstandsvorsitzender ist Frank Schröder, ein Familienexterner. Damals wie heute arbeitet das Unternehmen sehr profitabel.

2. Zwei einschneidende Ereignisse

In der jüngsten Vergangenheit gab es zwei Entwicklungen, die meinen Schwager Bastian Müller und mich veranlassten, intensiv über unsere Rollen innerhalb des Familienunternehmens und unsere zukünftige Position nachzudenken. Diese beiden Ereignisse waren völlig unterschiedlicher Natur.

Das eine war die Entscheidung meines Schwiegervaters, seine Firmenanteile nahezu komplett – einen kleinen Anteil behielt er – an seine Kinder abzugeben, und zwar zu jeweils gleichen Teilen. So wurden meine Frau und mein Schwager 2011 gleichberechtigte und gleichgewichtige Anteilseigner, wobei mich meine Frau mit der Wahrnehmung ihrer Aufgaben als Gesellschafterin betraute.

Das zweite Ereignis kam von außen auf uns zu. Die Nummer Zwei in unserer Branche, die Trost SE, wurde uns zum Kauf angeboten und wir befinden uns derzeit in der Freigabeprüfung durch das Kartellamt. Durch die Übernahme würde die neue Unternehmensgruppe mit einem Umsatz von rund 1,6 Milliarden Euro zum europäischen Marktführer. Die Integration der Trost SE und vor allem die strategische Ausrichtung sind gewaltige Herausforderungen, zum einen für unsere Familie und zum anderen für die verantwortlichen Manager.

Jedes dieser Ereignisse war für sich genommen bereits von überragender Bedeutung für meinen zukünftigen Lebensweg. Das nahezu zeitgleiche Zusammentreffen beider Ereignisse verlangte nach einer eingehenden Analyse der Optionen, die sich mir boten, und einer Entscheidung.

3. Die möglichen Konsequenzen
3.1 Alles lassen, wie es ist

Eine Möglichkeit wäre sicher gewesen, in der bisher praktizierten Konstellation weiterzumachen: mein Schwager und ich als Vorstandsmitglieder mit klar umrissenen Ressorts und paritätischer Beteiligung an der Gesellschaft. Schließlich hatte dies die vergangenen Jahre sehr gut funktioniert.

Bei ehrlicher Betrachtung dieser Möglichkeit kamen mir jedoch Bedenken, ob dies auf Dauer gut gehen würde. Zwar verstehe ich mich sehr gut mit meinem Schwager. Aber wir haben doch recht unterschiedliche Naturelle. In kritischen Situationen hätte es angesichts der Gleichverteilung der Anteile keine Konfliktlösungsautomatik gegeben.

Vorrangig ging es uns darum, das Konfliktpotenzial aus dem operativen Bereich herauszunehmen. Es gab durchaus einige Berührungspunkte zwischen meinem Schwager und mir, etwa beim Thema IT-Strategie des Unternehmens. Aus den Berührungspunkten hätten leicht Reibungspunkte werden können und aus den Reibungspunkten handfeste Konflikte.

Hinzu kommt, dass solche Konflikte der Belegschaft natürlich nicht verborgen bleiben. So entstehen Unruhe und Verunsicherung, was für ein florierendes Unternehmen immer schädlich ist. Außerdem besteht die Gefahr, dass sich innerhalb der Belegschaft Fraktionen bilden. Man wird zum erklärten oder heimlichen Anhänger des einen oder des anderen Protagonisten und hat dann sozusagen ein Parteibuch in der Hand.

»In kritischen Situationen hätte es angesichts der Gleichverteilung der Anteile keine Konfliktlösungsautomatik gegeben.«

Weiterhin war zu bedenken, dass sich Mentalitätsunterschiede der Führungskräfte solange nicht oder kaum auf den operativen Bereich auswirken, wie das Unternehmen erfolgreich und profitabel arbeitet. Was aber, wenn Umsatz- und Gewinnkurve einmal nach unten tendieren? Dann drohen kraftraubende Auseinandersetzungen, die ich aus anderen Unternehmen zur Genüge kenne.

Solche Auseinandersetzungen haben wir in unserer Familie zum Glück bislang nicht führen müssen. Unser innigster Wunsch war es, dass es auch in Zukunft nicht dazu kommen sollte. Daher neigte ich dazu, eine andere Lösung als den Status quo zu suchen.

Die Alternative, den Schwiegervater um eine andere Aufteilung der Anteile der Kinder zu ersuchen, war zu keiner Zeit eine Option. Den Willen des Inhabers zu respektieren, war für alle Beteiligten eine Selbstverständlichkeit – kein Kind und erst recht nicht ich als Schwiegersohn hatten über seine Entscheidung zu urteilen oder sie gar infrage zu stellen. Also stellte sich die Notwendigkeit, andere Varianten zu prüfen. Auf jeden Fall brauchten wir eine Lösung, denn unser Unternehmen sollte unter allen Umständen seinen Erfolgskurs fortsetzen.

Die möglichen Alternativen waren allerdings nicht zahlreich.

3.2 Exkurs: Väter und Söhne, Schwiegerväter und Schwiegersöhne

In Familienunternehmen begegnet man häufig internen Konflikten. Meist sind sie im Verhältnis der Generationen zueinander angelegt. Klassisch ist der Konflikt Vater-Sohn. Oft wollen sich die Söhne den anderen Familienangehörigen – allen voran dem Vater – beweisen, wollen zeigen, dass sie das Unternehmen führen können. Und dass sie dazu nicht des Vaters Rat oder gar Protektion bedürfen.

Etwas anders ist das Verhältnis Schwiegervater-Schwiegersohn gelagert. Schwiegersohn des Unternehmers zu sein, ist irgendwie cooler. Es liegt auf der Hand, dass man als Schwiegersohn ein weniger emotionales Verhältnis zum Schwiegervater als zum eigenen Vater hat. Häufig kann man Diskussionen, in denen Vater oder Sohn kritisiert werden, gelassener angehen, weil man schlichtweg weniger emotional gefangen ist und nicht das ständige Gefühl hat, man müsse jemand anderen bzw. die Familie verteidigen.

> »Es liegt auf der Hand, dass man als Schwiegersohn ein weniger emotionales Verhältnis zum Schwiegervater als zum eigenen Vater hat.«

Auf der anderen Seite neigen Väter natürlich auch durchaus dazu, ihre Söhne häufiger einmal zu „challengen", also sie herauszufordern und damit anzustacheln. Dies findet man gerade bei sehr dominanten Vätern.

3.3 Neue Verteilung der Vorstandsressorts

Zurück zu den Alternativen. Die Umstrukturierung des Vorstands wäre eine denkbare Möglichkeit gewesen. Ein Neuzuschnitt der Geschäftsverteilung im Vorstand, bei dem die Stärken der beiden familieninternen Vorstandsmitglieder stärker zur

Geltung gekommen wären, hätte an der Grundproblematik der fehlenden Konflikt-lösungsautomatik wahrscheinlich nichts geändert. Im Übrigen offenbarten sich bei dem Versuch, die Vorstandszuständigkeiten entsprechend dem jeweiligen Talent neu zu ordnen, rasch die darin verborgenen Konflikte. Denn sobald man sich an diese Sache begibt, muss man zwangsläufig festlegen, was der eine kann und was der andere. Und man muss festlegen, da wird es dann kritisch, welche Dinge der jeweils andere eben nicht kann. Klar, dass solche Betrachtungen äußerst heikel sind. Zusätzlich überschneiden sich die Talente häufig, sodass eine klare Trennung schwierig und wenig sinnvoll ist.

Mehr noch: Wir wären in einigen Jahren auf eine konfliktträchtige Situation zuge-steuert. Denn sowohl mein Schwager als auch ich sind jünger als unser amtieren-der Vorstandsvorsitzender. Das bedeutet: In nicht allzu ferner Zukunft hätte sich die Frage nach einem Nachfolger für den Vorstandsvorsitz gestellt. Gleichgültig, ob wir dann einen externen Nachfolger oder einen Nachfolger aus dem Gesell-schafterkreis (also die Entscheidung zwischen meinem Schwager und mir) gesucht hätten – dieser Entscheidungsprozess würde uns mit Sicherheit belasten.

Die Neuverteilung der Ressorts versprach mithin keine wirkliche Lösung.

3.4 Wechsel der beiden Familieninternen in den Aufsichtsrat

Diese Option hatten wir zunächst nicht erwogen. Dafür hängt unser aller Herz zu sehr am Unternehmen. Es ist seit der Gründung immer vom aktiven Einfluss und der erfolgreichen Führung durch die Familie geprägt gewesen. Der Rückzug beider familieninternen Vorstände rückte dann aber mehr und mehr in unser Blickfeld, weil es eine andere Lösung offenbar nicht gab.

Die Entscheidung für diese Option fiel uns dann aber leichter, als wir einen Weg fanden, der einerseits den Totalrückzug der Familie aus dem operativen Bereich vermied und andererseits die Konfliktpotenziale weitgehend ausräumte. Diese Alternative bestand im Kern darin, den Vorstandsposten aufzugeben und stattdes-sen einen Beratervertrag mit dem Unternehmen abzuschließen und gleichzeitig in den Aufsichtsrat zu wechseln.

»Damit waren wichtige Kriterien erfüllt worden: enge Ver-bindung zum operativen Bereich ohne operative Verantwor-tung, Verringerung des Konfliktpotenzials und Verlagerung von verbleibenden Konflikten in den Gesellschafterbereich.«

Damit waren wichtige Kriterien erfüllt worden: enge Verbindung zum operativen Bereich ohne operative Verantwortung, Verringerung des Konfliktpotenzials und Verlagerung von verbleibenden Konflikten in den Gesellschafterbereich.

4. Der bevorstehende Zukauf

Die damals noch im Stadium der Vorbereitung befindliche Übernahme des Branchenzweiten verschärfte die Problematik der anstehenden familieninternen Entscheidungen. Hätten wir vor diesem Hintergrund den Neuzuschnitt der Vorstandsressorts tatsächlich als Lösungsmöglichkeit anvisiert, hätten wir sicher den falschen Weg gewählt. Denn die Fusion war ja – trotz aller eingehenden Prüfungen im Vorfeld – ein riskantes Vorhaben. Vieles konnte schiefgehen, was dann zu unschönen Auseinandersetzungen im Vorstand (und natürlich auch in der Familie) geführt hätte.

Wir waren allerdings auch ehrlich genug, um uns die Frage zu stellen, ob wir beide die richtigen Akteure für diese Mammutaufgabe wären. Oder ob es nicht andere gäbe, die für diesen Job, für den man einen gewissen Killerinstinkt braucht, besser geeignet wären. Und ob wir als Familieninterne den ganzen Fusionsprozess nicht besser aus der Position des Aufsichtsrats heraus begleiten sollten.

> »Die geteilte Verantwortung trägt in sich Konfliktpotenzial. Eine saubere Lösung braucht sauber getrennte Verantwortlichkeiten. Mit Blick auf die Mammutfusion war mein Rückzug in den Aufsichtsrat, verbunden mit einem Beratervertrag mit dem Gesamtunternehmen, der Königsweg.«

Dass man in der Doppelrolle des operativ Tätigen und gleichzeitig via Gesellschafterstatus Aufsichtführenden leicht in innere Konflikte geraten kann, möchte ich an einem kleinen Beispiel verdeutlichen. In meiner Vorstandsfunktion war ich operativ unter anderem für das Österreich-Geschäft zuständig. Und manchmal ertappte ich mich dabei, dass ich aus dieser Verantwortung heraus Maßnahmen zugunsten Österreichs vorantrieb, die ich in meiner Eigenschaft als Gesellschafter, der ausschließlich dem Gesamtunternehmen verpflichtet ist, so nicht hätte zulassen dürfen. Dies zeigt: Die geteilte Verantwortung trägt in sich Konfliktpotenzial. Eine saubere Lösung braucht sauber getrennte Verantwortlichkeiten.

Mit Blick auf die Mammutfusion war mein Rückzug in den Aufsichtsrat, verbunden mit einem Beratervertrag mit dem Gesamtunternehmen, der Königsweg. Nur so erlangen die Gesellschafter den mentalen Freiraum, um sich mit den strategischen Herausforderungen, vor denen das neue Unternehmen steht, eingehend auseinanderzusetzen. Und nur in dieser Funktion erlangen sie den Handlungsspielraum, den die Eigentümer brauchen, um notfalls harte (und kurzfristige!) personelle Entscheidungen treffen zu können, falls das aktuelle Management die Fusion und deren enorme Komplexität nicht bewältigt.

5. Fazit

Wir stehen vor spannenden Zeiten. Wir müssen den größten Umbruch in der Geschichte unseres Unternehmens bewältigen: eine gigantische Umstrukturierung der geschäftlichen Aktivitäten und der Führungsebene. Ob das alles so klappt, wie wir es uns ausgedacht haben? Wir wissen es nicht. Aber wir sind alle der Meinung, dass wir nach jetzigem Stand die beste Lösung gefunden haben.

Felix Greiner, Jahrgang 1971, war nach dem Studium der internationalen Betriebswirtschaft mehrere Jahre als Unternehmensberater bei KPMG im Bereich Automotive tätig, bevor er bei diversen Automobilzulieferern Vertriebs- und Marketingpositionen verantwortete. 2006 kam die Berufung in den Vorstand der Wessels + Müller AG. Hier war er bis 2015 für den internationalen Vertrieb und den Einkauf verantwortlich. Im Oktober 2015 wechselte er in den Aufsichtsrat. Felix Greiner ist verheiratet und Vater von Zwillingen.

WM SE und TROST AUTO SERVICE TECHNIK SE auf einen Blick
Der Osnabrücker Autoteile-Großhändler WM SE zählt zu den leistungsstärksten Großhändlern im Automotive Aftermarket in Deutschland und erzielt mit 3.300 Mitarbeitern einen Jahresumsatz von 840 Millionen Euro. Das Unternehmen entstand aus dem Zusammenschluss zwischen der Wessels AG und der Hans Müller GmbH & Co. KG im Jahr 2001. Beide Unternehmen sind seit 1945 erfolgreich auf dem Markt aktiv. Neben rund 85 Standorten in Deutschland betreibt das Unternehmen weitere Niederlassungen in den Niederlanden, Österreich und den USA.

Die TROST AUTO SERVICE TECHNIK SE stellt mit 4.000 Mitarbeiterinnen und Mitarbeitern eines der führenden Handelsunternehmen im europäischen Independent Aftermarket dar. Die Gründung des Unternehmens erfolgte 2009 durch die Fusion der langjährigen Traditionsunternehmen Eugen Trost GmbH & Co. KG und KSM ServiceTechnik GmbH & Co. KG. Das Unternehmen hat seinen Sitz in Stuttgart und erzielt mit 150 Standorten in fünf europäischen Ländern einen Jahresumsatz von 800 Millionen Euro.

Kennzahlen (2015)

WM SE	TROST AUTO SERVICE TECHNIK SE
Umsatz: 840 Millionen Euro	Umsatz: 800 Millionen Euro
Mitarbeiter: 3.300	Mitarbeiter: 4.000

Im eigenen Unternehmen achtet der Unternehmer sorgfältig darauf, sein persönliches Vermögen gegen unternehmerische Risiken abzuschotten. Umso ärgerlicher wäre es, über ein Beiratsmandat fremde Unternehmensrisiken ins Privatvermögen schwappen zu lassen. Daher ist für potenzielle Beiratsmitglieder, die ein Beiratsmandat übernehmen wollen, die Frage entscheidend, ob mit dem Mandat ein Haftungsrisiko verbunden sein könnte. Wie kann man ein potenzielles Haftungsrisiko einschätzen? Was muss ein Beiratsmitglied beachten, um eine Haftung zu vermeiden? Diese und andere Fragen beantwortet Rechtsanwalt Dr. Joachim Groß in seinem Beitrag.

Dr. Joachim Groß

Die Haftung von Mitgliedern eines Beirats

1. Voraussetzungen zur Haftung von Beiratsmitgliedern

Die Rechtsgrundlagen für eine Haftung von Beiratsmitgliedern sind unter Juristen leider immer noch umstritten. Das macht es für die Praxis nicht gerade leichter. Unstrittig lässt sich aber sagen, dass ein Schadensersatzanspruch gegen ein Beiratsmitglied eine Pflichtverletzung voraussetzt. Aber was sind die Pflichten eines Beiratsmitglieds? Welchen Verhaltensanforderungen muss es gerecht werden? Die Juristen antworten hierauf mit der Formel: Beiräte müssen bei der Ausübung ihres Beiratsamts stets die Sorgfalt eines ordentlichen und gewissenhaften Beiratsmitglieds walten lassen.

Wichtig ist hierbei, dass es nicht auf den Sorgfaltsgrad ankommt, den das Beiratsmitglied in eigenen Angelegenheiten anzuwenden pflegt. Maßstab ist vielmehr diejenige Sorgfalt, die man einem gedachten, idealen Beirat abverlangen könnte. Wie hätte so ein pflichtbewusster Beirat, der in einem vergleichbaren Unternehmen den Vermögensinteressen des Inhabers verpflichtet ist, agiert?

2. Haftung nach Typ des Beirats

Essenziell für die Erstellung des konkreten Pflichtenkatalogs ist die Festlegung der konkreten Aufgaben und Pflichten des Beirats. Angesichts der unterschiedlichen Beiratstypen lassen sich die jeweiligen Pflichten nicht pauschal bestimmen. Vielmehr ist auf die konkrete Aufgabenstellung des individuellen Beirats abzustellen. Es dürfte klar sein, dass sich die Pflichten eines rein repräsentativen Beirats grundlegend von denen eines Beirats unterscheiden, der mit der umfassenden Kontrolle der Geschäftsführung betraut ist.

Einen repräsentativen Beirat, dessen Mitglieder (typischerweise bei Fonds) nur zu Zwecken der Anlegeranwerbung auftreten, keine besonderen Einblicke ins Unternehmen haben und bei Entscheidungsprozessen in keiner Weise mitwirken, dürfte nur in krassen (Betrugs-)Fällen eine Haftung treffen.

Ein beratender Beirat hat „nur" die Aufgabe, einen sorgfältig erarbeiteten Rat zu geben. Beratende Beiräte sind keine Organe der Gesellschaft. Im Unterschied zu organschaftlichen Beiräten werden beratende Beiräte im Gesellschaftsvertrag nicht in das Organisationsgefüge der Gesellschaft, bestehend aus Geschäftsführung und Gesellschaftern, integriert. Ausschließlich beratende Beiräte können keine eigenständigen Aufgaben neben den Gesellschaftern übernehmen und haben keine Entscheidungskompetenzen. Sie können nur als Berater der Gesellschafter und/oder der Geschäftsführung tätig werden und von diesen konsultiert werden. Gesellschafter und Geschäftsführer entscheiden in diesen Konstellationen nach Konsultation des Beirats immer noch selbst. Beratende Beiräte werden nicht von sich aus tätig. Ein „Nicht-Tätigwerden" kann schwerlich eine Haftung begründen.

»Das Handeln und die Entscheidungen des Beirats müssen auf einer soliden Basis fußen. Je weitreichender die Entscheidung, desto tiefer muss das Fundament sein.«

Ein kontrollierender Beirat freilich, dem die Gesellschafter im Gesellschaftsvertrag z.B. die Befugnis zur Bestellung und Abberufung der Geschäftsführer überantwortet haben, wird deutlich weitergehende Pflichten haben. Dies gilt noch mehr, wenn ihm die Zustimmung oder Ablehnung zu zustimmungspflichtigen Geschäften und Maßnahmen anvertraut ist und die Geschäftsführung das Placet des Beirats einholen muss. Hier kommt es nicht selten vor, dass die Aufgaben über die eines Aufsichtsrats in einer AG hinausgehen. Korrespondierend zur größeren Verantwortung erweitern sich die (Sorgfalts-)Pflichten des Beirats. Das Handeln und die Entscheidungen des Beirats müssen auf einer soliden Basis fußen. Je weitreichender die Entscheidung, desto tiefer muss das Fundament sein. Umfangreiche Investitionsentscheidungen müssen sich auf eine berechtigte Erwartung stützen können. Die Entscheidung für einen neuen Produktionsstandort muss auf einem entsprechenden Business- und Finanzierungsplan basieren. Selbstverständlich müssen sämtliche Entscheidungen auf aktuellen und korrekten Daten sowie realistischen Erwartungen (z.B. Marktentwicklungen) gründen. Andererseits liegt im Umgang mit ungewissen Entwicklungen ein wesentliches Element des Unternehmertums. Trotzdem müssen Prognosen mit Daten flankiert werden, die das Eintreten der Erwartungen wahrscheinlich erscheinen lassen. Alles andere wäre bekanntlich gefährliche und haftungsbegründende Spekulation. Nicht von der Hand zu weisende Risiken, die die Existenz des Unternehmens gefährden können, müssen ernst genommen und auf ein akzeptables Niveau gesenkt werden.

3. Wichtigste Grundlage: die Business Judgement Rule

Einem Beirat, dem die Gesellschafter ein Mitspracherecht bei zustimmungspflichtigen Geschäften eingeräumt haben, kann die sogenannte Business Judgement Rule zugutekommen. Nach dieser Regel soll zugunsten des Beirats eine Pflichtverletzung ausgeschlossen sein, wenn er bei seiner unternehmerischen Entscheidung vernünftigerweise annehmen durfte, auf der Grundlage angemessener Information zum Wohl der Gesellschaft zu handeln. Eine unternehmerische Entscheidung, z.B. die Zustimmung zu einem Unternehmenskauf, die sich im Nachhinein ggf. als falsch erwiesen hat, soll dem Beirat nicht (und nur dann nicht) vorgeworfen werden können, wenn er in der konkreten Entscheidungssituation auf der Basis einer möglichst breiten und sorgfältig ermittelten Informationsgrundlage zu einer sachgerechten Risikoabschätzung in der Lage war. Selbstverständlich müssen nicht alle erdenklichen Erkenntnisquellen ausgeschöpft werden. Je bedeutender aber die Entscheidung für das Unternehmen ist, desto weiter reicht die Informationsbeschaffungspflicht. Die Möglichkeit des Informationszugangs und die damit verbundenen Kosten können bei der Abwägung über die Reichweite der Informationsbeschaffungspflicht ebenso einfließen. Einem großen Unternehmen wird mehr zuzumuten sein als einem kleinen Mittelständler.

Gesellschafter, die im Beirat sitzen, sollten sich nicht darauf verlassen, dass sie die Business Judgement Rule für sich in Anspruch nehmen können. Da sie unweigerlich auch als Gesellschafter agieren, ist nicht immer auszuschließen, dass sie die unternehmerische Entscheidung auch im eigenen Interesse getroffen haben. Im Gegenzug zu den Segnungen der Business Judgement Rule wird dem Beirat die sogenannte Darlegungs- und Beweislast dafür aufgebürdet, dass er seine Entscheidungen auch tatsächlich nach den vorstehend dargestellten Maßgaben getroffen hat. Dies bedeutet für die Praxis, dass die der Entscheidung zugrunde gelegten Informationen sorgfältig dokumentiert und für eine spätere Vorlage verlässlich gesichert werden müssen.

4. Mehrheiten, Minderheitsvoten und Gesellschafter im Beirat

Zumeist werden Entscheidungen des Beirats durch Mehrheitsbeschlüsse getroffen. Einem überstimmten Beiratsmitglied, das anhand des Protokolls nachweisen kann, die Entscheidung nicht mitgetragen zu haben, kann aus dem Beschluss kein Vorwurf gemacht werden. Allerdings muss das überstimmte Beiratsmitglied seine Bedenken im Vorfeld der Entscheidung vorgebracht haben und dies später auch – idealerweise anhand des Protokolls – belegen können.

> **»In einem mehrköpfigen Beirat gilt der Grundsatz: Einer für alle, alle für einen.«**

In einem mehrköpfigen Beirat gilt der Grundsatz: Einer für alle, alle für einen. Wenn sie haften, haften alle Beiräte gesamtschuldnerisch für den entstandenen Schaden. Im Verhältnis zur Gesellschaft und gegenüber Dritten spielt es keine Rolle, wie der Beirat seine Aufgaben und Verantwortlichkeiten beispielsweise in seiner Geschäftsordnung oder in einem Geschäftsverteilungsplan geregelt hat. Das bedeutet z.B. für das 80-jährige Beiratsmitglied, das aufgrund eines im Gesellschaftsvertrag festgelegten Entsendungsrechts des Familienstamms in den

Beirat bestellt wurde, dass es für Fehler seines vermeintlich versierten Kollegen einstehen muss, selbst wenn innerhalb des Beirats Einigkeit herrschte, dass es sich aufgrund mangelnder Kenntnisse um den Bereich Finanzen nicht zu kümmern braucht.

Etwas anderes gilt nur, wenn die Gesellschafter im Gesellschaftsvertrag oder in einer von ihnen selbst erlassenen Beiratsordnung und/oder einem Geschäftsverteilungsplan eine Aufgabenverteilung zwischen den Beiratsmitgliedern vorgenommen oder zumindest gestattet haben. In diesem Fall haben die jeweils anderen gleichwohl eine Aufsichtspflicht über das jeweils zuständige Beiratsmitglied. Wenn der Verdacht aufkommt, dass dieses die erforderliche Sorgfalt nicht walten lässt, müssen die übrigen Beiräte einschreiten.

Selbstverständlich ist es schwierig, in einem Beirat, in dem auch der Hauptgesellschafter selbst einen Sitz innehat, gründlicher zu agieren als dieser selbst. Schließlich geht es ja um „sein" Vermögen. Dies ist aber ein Trugschluss. Es geht um das Unternehmen. Ein Insolvenzverwalter oder ein Gericht würde ihnen dies sehr kühl vor Augen führen. Wenn ein Hauptgesellschafter allein entscheiden will, darf er keinen Beirat in die Entscheidung einbinden.

»Selbstverständlich ist es schwierig, in einem Beirat, in dem auch der Hauptgesellschafter selbst einen Sitz innehat, gründlicher zu agieren als dieser selbst. Schließlich geht es ja um „sein" Vermögen. Dies ist aber ein Trugschluss. Es geht um das Unternehmen.«

Aber selbst wenn ein Beirat derartige Pflichten schuldhaft verletzt hätte, heißt das noch nicht, dass er schadensersatzpflichtig ist. Beiräte haften nur, wenn ihre Pflichtverletzung auch zu einem Schaden geführt hat. Diese Kausalität muss die Gesellschaft darlegen und beweisen. Das Beiratsmitglied kann sich demgegenüber entlasten, wenn es den Nachweis führen kann, dass es weder pflichtwidrig noch schuldhaft handelte und der Schaden auch dann eingetreten wäre, wenn es sich pflichtgemäß verhalten hätte, z.B. ein zustimmender Beiratsbeschluss zu einem Unternehmenskauf auch dann gefasst worden wäre, wenn es seine Bedenken zuvor noch detaillierter dargelegt hätte.

5. Gestaltungsfreiheit bei der Haftung

Es ist schon mehrfach erwähnt worden, dass dem Beirat nur in Bezug auf die ihm von den Gesellschaftern zugewiesenen Bereiche und im Rahmen des ihm zugewiesenen Verantwortungsbereichs ein haftungsrechtlich relevanter Vorwurf gemacht werden kann. In Abgrenzung und im Unterschied zu den starren Bestimmungen im Aktienrecht besteht bei der mitbestimmungsfreien GmbH und bei Personengesellschaften weitgehende Gestaltungsfreiheit. Nicht nur aus haftungsrechtlicher

Sicht empfiehlt es sich, bei den entsprechenden gesellschaftsvertraglichen Regelungen und/oder bei der von den Gesellschaftern selbst (!) erlassenen Beiratsordnung große Sorgfalt walten zu lassen. Zunächst sind klare und trennscharfe Regelungen zu den dem Beirat überantworteten Aufgaben zu erarbeiten.

Weiterhin können Haftungsausschlüsse und Haftungsbegrenzungen vereinbart werden. In der Praxis weit verbreitet sind Regelungen, nach denen eine Haftung des Beirats nur bei vorsätzlichem und grob fahrlässigem Handeln ausgelöst werden kann. Ebenso häufig sind die Festlegung von Haftungshöchstgrenzen, z.B. auf das Dreifache der jährlichen Beiratsvergütung, und eine Verkürzung der Verjährungsfristen.

> **»In der Praxis weit verbreitet sind Regelungen, nach denen eine Haftung des Beirats nur bei vorsätzlichem und grob fahrlässigem Handeln ausgelöst werden kann.«**

6. Absicherung der Risiken?

Der Abschluss einer sogenannten D&O-Versicherung für die Beiräte wird immer mehr zum Standard. Diese sollen Vermögensschäden abdecken, die der Gesellschaft oder Dritten aus der Beiratstätigkeit entstehen. Wenngleich der Abschluss einer solchen Versicherung empfehlenswert erscheint, müssen die einzelnen Vertragsbedingungen genau geprüft werden, um sicher sein zu können, dass die Versicherung auch wirklich abdeckt, was man von ihr erwartet.

7. Die goldenen Regeln zur Vermeidung einer Haftung als Beirat:

- Achten Sie auf eine klare und trennscharfe Regelung der Aufgaben und Verantwortlichkeiten des Beirats.
- Studieren Sie die Informationen, die Ihnen zur Verfügung gestellt werden.
- Stellen Sie die Fragen, die Ihnen durch den Kopf gehen.
- Fragen Sie nach den Informationen, von denen Sie glauben, dass sie relevant sein könnten.
- Bitten Sie um Erläuterung von Informationen, bei denen Sie nicht sicher sind, ob Sie sie wirklich verstanden haben oder ob sie umfassend sind.
- Scheuen Sie sich nicht nachzuhaken.
- Bestehen Sie im Zweifel auf die Protokollierung der erhaltenen Auskünfte und Ihrer Einwände.
- Vergewissern Sie sich, dass Beiratsbeschlüsse umgesetzt werden.
- Stimmen Sie Maßnahmen nicht zu, bei denen Ihnen Zweifel bleiben.
- Wenn Sie eine Materie nicht mit den Fachleuten des Unternehmens in den Griff bekommen, müssen Sie bei weitreichenden Entscheidungen externen Rat in den Beirat holen.
- Notfalls sollten Sie Ihr Beiratsmandat niederlegen. Wenn es Ihnen übel genommen wird, dass Sie die vorstehenden Regeln befolgen, sind Sie ohnehin nicht der Richtige für diese (zweifelhafte) Aufgabe.

8. Fazit

Nicht nur aus haftungsrechtlichen Erwägungen gilt für die Tätigkeit als Beirat der Grundsatz: Ganz oder gar nicht! Entweder Sie wollen und dürfen in den dem Beirat durch die Gesellschafter klar und trennscharf zugewiesenen Aufgabenbereichen mitarbeiten oder Sie sollten das Beiratsmandat ablehnen bzw. niederlegen. Für eine „Arbeit" in einem (ohnehin auslaufenden) Modell des Abnickergremiums dürfte Ihnen in aller Regel Ihre Zeit nicht nur zu kostbar sein, sondern Sie sollten auch zur Vermeidung von Haftungsrisiken einen weiten Bogen um derlei Beiratsmandate machen.

Dr. Joachim Groß, Jahrgang 1971, ist Gründer und geschäftsführender Gesellschafter der KGM Krämer Groß Rechtsanwalts- und Steuerberatungsgesellschaft mbH. Er ist seit 15 Jahren als Berater von Familienunternehmen tätig. Seine Arbeitsschwerpunkte liegen in den Bereichen Strukturoptimierung, Ordnung des Gesellschafterkreises, Implementierung von Beiratsregelungen und Nachfolgekonzepten. Joachim Groß ist Mitglied von Beiräten, Stiftungsräten und Aufsichtsräten. Er ist verheiratet und hat drei Kinder.

Die Kochlöffel GmbH in Lingen zählt zu den Pionieren der Systemgastronomie in Deutschland. Die Gründerin Martha van den Berg ist nach wie vor mit in der Geschäftsführung aktiv. Ihr Ehemann Clemens van den Berg hat seine Anteile 2004 an die gemeinsame Tochter Julia Hessler, geborene van den Berg, übergeben. Die Tochter hätte sich in den ersten Jahren oft einen Beirat an ihrer Seite gewünscht. Julia Hessler schildert, wie sie ihre Aufgabe ohne die Unterstützung durch einen Beirat gelöst hat und wie ihr Wunschbeirat ausgesehen hätte.

Julia Hessler

Pro Beirat, kontra Beirat: Die richtige Lösung für jede Generation

1. 55 Jahre Kochlöffel – eine kurze Geschichte

Meine Mutter Martha und ihr damaliger Ehemann Heinrich Lobenberg gründeten die Kochlöffel GmbH 1961 als zweites Standbein. Als Heinrich 1968 starb, umfasste die Kochlöffel-Kette 24 eigene Betriebe. Dann lernte meine Mutter ihren jetzigen Mann Clemens van den Berg kennen. Nach wenigen Jahren wurde ich geboren. Aus ihrer ersten Ehe hatte meine Mutter bereits sechs Kinder. Nun waren wir sieben Kinder – eine richtig große Familie.

Durch den Eintritt meines Vaters, der immer ein sehr zielstrebiger Mensch war, entwickelte sich unsere Schnellrestaurant-Kette in den 70er- und 80er-Jahren ziemlich rasant. Ende der 80er-Jahre steuerten wir mit unseren Niederlassungen rund 120 Filialen. Mein Vater konzentrierte sich vor allem auf den Aufbau und die Expansion. Gepaart mit dem Gespür und dem Organisationstalent meiner Mutter mauserte sich Kochlöffel zum Pionier der Systemgastronomie in Deutschland. In vielerlei Hinsicht gilt Kochlöffel auch heute noch als Vorreiter der Branche. In familiärer Atmosphäre bietet Kochlöffel für alle Altersgruppen qualitativ hochwertige Produkte zu fairen Preisen an. Das Jahr 2016 steht für unser Unternehmen ganz im Zeichen des 55-jährigen Bestehens. Dabei ist Kochlöffel durch und durch ein Familienunternehmen geblieben.

2. Das Familienunternehmen Kochlöffel

Meine Eltern waren damals die treibenden Kräfte des Unternehmens. Mein Vater war der Stratege und Finanzmann. Meine Mutter kümmerte sich vor allem um Qualitätsmanagement, Marketing sowie Aus- und Weiterbildung. Auch die Architektur unserer Gaststätten trug und trägt ihre Handschrift.

Ich selbst bin seit 1997 in der Firma tätig. Ich startete als Werbekauffrau im Marketing. Im Jahr 2004, also nur wenige Jahre nach seinem Rückzug aus dem Kochlöffel-Management, vollzog mein Vater dann einen noch bedeutenderen – für mich lebensprägenden – Schritt: Er überschrieb mir seine Anteile an der Kochlöffel GmbH.

»Ich wurde sozusagen ins kalte Wasser geworfen. Wie ich später erfuhr, sind solche überraschenden Maßnahmen beim Übergang von einer Generation zur nächsten in deutschen Familienunternehmen nicht ganz unüblich.«

Das war ein großer Vertrauensbeweis meines Vaters. In so jungem Alter – ich war gerade 33 Jahre alt – schon so weitreichende Verantwortung für unsere Familie, für das Unternehmen und seine Mitarbeiter zu übernehmen, stellte für mich allerdings auch eine große persönliche Herausforderung dar. Ich wurde sozusagen ins kalte Wasser geworfen. Wie ich später erfuhr, sind solche überraschenden Maßnahmen beim Übergang von einer Generation zur nächsten in deutschen Familienunternehmen nicht ganz unüblich.

3. Meine Rolle als geschäftsführende Gesellschafterin

Seit 2009 bin ich nicht nur Gesellschafterin, sondern auch Geschäftsführerin. Ebenfalls 2009 wurde mein Mann Torsten, der seit 2003 als Vertriebsleiter im Unternehmen tätig war, in die Geschäftsführung berufen. Die Geschäftsführung besteht seither aus meiner Mutter, meinem Mann und mir. Wir drei erleben unsere Rolle als geschäftsführende Gesellschafter höchst unterschiedlich.

Zunächst möchte ich meine Empfindung beschreiben. Schon bei der Übernahme der Gesellschaftsanteile von meinem Vater hatte ich das Gefühl, dass ein Coaching mir helfen könnte, der Verantwortung besser gerecht zu werden. Denn innerhalb der Familie um Rat fragen, wollten mein Mann und ich nicht wirklich. Mein Vater merkte das und stellte den Kontakt zu einem externen Coach her, der mir und meinem Mann von da an bei Bedarf zur Verfügung stand.

Ich war allerdings in einer anderen Situation als mein Mann und meine Mutter, wenn es um die Herausforderungen im Management ging. Meine Mutter verfügte über viele Jahre Erfahrung, sodass sie ihre Aufgabe als Geschäftsführerin mit mehr Besonnenheit wahrnehmen konnte als ich. Sie war und ist zuständig für den kaufmännischen Bereich sowie Bauwesen und Technik. Mein Mann hatte Betriebswirtschaft studiert und ein Traineeprogramm absolviert. Dadurch war er in seinem Verantwortungsbereich Vertrieb, Einkauf, Franchise und Expansion ebenfalls von Anfang an sattelfest.

Die solide Basis meiner kaufmännischen Ausbildung und meine sehr genaue Arbeitsweise bildeten ein gutes Fundament, aber um das große Ganze innerhalb kürzester Zeit zu verstehen, brauchte ich in den ersten Jahren einen Coach. Die Verantwortung war groß und die eine oder andere Ungewissheit auch.

Glücklicherweise sind wir bei Kochlöffel gut aufgestellt – wir haben zahlreiche Abstimmungsrunden im Unternehmen eingerichtet. Regelmäßig tauschen wir uns auf verschiedenen Ebenen aus. Das fängt auf unterer Ebene an und verdichtet sich dann bis hinauf zur Geschäftsführungsebene. Außerdem besitzen wir sehr gute Datenverarbeitungstools, um ständig alle laufenden Projekte im Blick zu haben. So verfügen wir über ein hohes Maß an Transparenz. Das gibt mir Sicherheit.

> **»Auch ohne Beirat habe ich gemeinsam mit meinen Mitgesellschaftern das Unternehmen auf Erfolgskurs gehalten.«**

Und wenn es Fragen gab, hatte ich ja glücklicherweise meinen externen Coach. Den rief ich an, wenn ich ausführliche Erläuterungen zu bestimmten Sachverhalten brauchte. Auch in meinem Mann – dessen Wesensmerkmal ist, dass er sich kaum aus der Ruhe bringen lässt – fand ich einen hervorragenden Sparringspartner. Beide waren für mich sozusagen Ein-Mann-Beiräte.

Ich achte sehr darauf, dass die von uns Gesellschaftern vorgenommene Ressortverteilung auch tatsächlich im operativen Geschäft gelebt wird. Ich kann mich auf meine Mitgesellschafter voll verlassen: Jeder steuert sein Ressort eigenverantwortlich, aber immer mit Kurs auf das gemeinsame Ziel.

4. Mein Wunschbeirat
Ich habe in den letzten Jahren durch den Austausch mit meinem Coach und meinem Mann sowie durch die praktische Arbeit viel dazugelernt. Auch ohne Beirat habe ich gemeinsam mit meinen Mitgesellschaftern das Unternehmen auf Erfolgskurs gehalten.

Trotzdem würde ich manchmal gerne einen Beirat im klassischen Sinn installieren. Mit dieser Idee stoße ich aber bei meinen Mitgesellschaftern auf nicht allzu große Gegenliebe. Mein Mann sucht eher den fallweisen und gelegentlichen Austausch mit gestandenen Unternehmern auf Augenhöhe, weniger die klassische Beratung. Und meine Mutter ist wahrscheinlich abgeneigt, weil sie im aktiven Austausch mit ihren Sparringspartnern ist und aus ihrer umfassenden Erfahrung schöpft.

Mein Wunschbeirat sollte mir nicht nur telefonisch zur Seite stehen. Ich würde ihn gern in regelmäßigen Abständen bei uns in der Firma zusammenkommen lassen, damit die Beiratsmitglieder sich persönlich mit den Verantwortlichen austauschen können.

Ein Beispiel:

Ich liebe die genaue Interpretation von Geschäftszahlen. Steht die Besprechung der Bilanz an, so würde ich dieses Dokument den Beiräten übermitteln, und zwar mit meinen Anmerkungen und Fragen zu einzelnen Positionen. Dann würde ich die Beiräte einladen, dass wir uns in gemeinsamer Runde die entsprechenden Erläuterungen von den Verantwortlichen geben lassen.

Hinsichtlich der Zusammensetzung „meines" beratenden Beirats könnte ich mir ein Zweiergremium vorstellen. Zum heutigen Zeitpunkt sollte ihm zunächst mein Coach angehören, der mein volles persönliches Vertrauen hat und kaufmännisch wie unternehmerisch über ein exzellentes Know-how und Erfahrung aus den unterschiedlichsten Branchen verfügt. Dann sollte ein aktiver Unternehmer aus einem Filialunternehmen – gerne aus der Branche – mit besonderer Kompetenz in den Themen Vertrieb und Marketing dabei sein.

Auf jeden Fall sollte der Beirat die Fähigkeit haben, über den Tellerrand des eigenen Unternehmens zu schauen und – neben aller fachlichen Detailqualifikation – dem beratenen Unternehmer Impulse geben zu können. Zwar muss jeder Unternehmer seinen Weg selbst bestimmen, aber er sollte von dem Know-how und der Erfahrung der Beiratsmitglieder profitieren.

4.1 Rein beratender Beirat versus entscheidungskompetenter Beirat
Sobald man sich grundsätzlich für die Einrichtung eines Beirats entschieden hat, muss man natürlich festlegen, welche Kompetenzen dieses Gremium erhalten soll. Ist er nur beratend tätig oder stattet man ihn mit Entscheidungsbefugnis aus?

Doch unabhängig von der Frage „Entscheidungskompetenz – ja oder nein?" sollten die Aufgaben und Kompetenzen klar und eindeutig geregelt sein. Dabei sollte unbedingt festgeschrieben werden, dass der Beirat sich nicht in das tägliche operative Geschäft einmischen darf.

4.2 Meine Erwartungen an meinen Wunschbeirat

Anregungen geben
Egal, in welcher Funktion jemand tätig ist, er läuft immer Gefahr, sich in der täglichen Routine zu verheddern. Er kommuniziert mit mehr oder weniger den gleichen Menschen, hat seine gewohnten Informationsmedien und die Denkmuster sind auch weitgehend eingefahren. Das gilt für Unternehmer genauso wie für Mitarbeiter. Oft fehlt es an Inspiration und Befruchtung von außen. Doch gerade solche Impulse bringen ein Unternehmen vorwärts. Diese Anstöße verspreche ich mir von der Einrichtung eines Beirats. Ich setze voraus, dass man hier in der Regel sehr sorgfältig agiert und sich ein hochkompetentes Gremium zusammenstellt.

Also Fachleute mit verantwortlichen Positionen in anderen Unternehmen oder eben Unternehmer selbst, die mit Weitblick agieren.

Entwicklungen erkennen

Ein Beirat wäre sicherlich auch hilfreich, um mögliche Fehlentwicklungen weit im Voraus gemeinsam zu erkennen. Dies könnten Entwicklungen innerhalb der Branche oder innerhalb des Unternehmens sein. Eine zweite Meinung ist in beiden Fällen hilfreich. Im Austausch mit dem Beirat gilt es auszuloten, wie man Fehlentwicklungen am besten entgegensteuert.

> »Ein Beirat oder ein guter Coach spielen eine wichtige Rolle, wenn es darum geht, den Generationenübergang im Unternehmen zu planen und die junge Generation auf ihre künftige Aufgabe vorzubereiten.«

Strategien entwickeln

Neben den kurz- und mittelfristigen Themenstellungen haben natürlich auch die Fragen nach der längerfristigen Strategie ihren Platz im Beirat. Viele erfolgreiche Unternehmen zeichnen sich dadurch aus, dass sie die wichtigsten Trends am Markt verfolgen und daraus kluge Entscheidungen für die eigene Strategie ableiten.

Diskussionen moderieren

Wenn Generationen und/oder Gesellschafter unterschiedliche Vorstellungen auf einen Nenner zu bringen versuchen, ist das Aufspüren von Kompromissen häufig von Emotionen überlagert. Ein neutraler Beirat, der diesen Prozess im Sinne des Unternehmens moderiert, ist dann von Vorteil.

5. Meine Lehren

Ein Beirat oder ein guter Coach spielen eine wichtige Rolle, wenn es darum geht, den Generationenübergang im Unternehmen zu planen und die junge Generation auf ihre künftige Aufgabe vorzubereiten. Diese Erkenntnis ist mir in Fleisch und Blut übergegangen.

Nun sind unsere Kinder noch so jung, dass es im Augenblick überhaupt keine Notwendigkeit gibt, in dieser Richtung bereits Weichen zu stellen. Aber ein paar Dinge haben mein Mann und ich sozusagen als Nebeneffekt unserer Beiratsdiskussion inzwischen doch erledigt. So haben wir in einem Testament die Versorgung unserer Kinder geregelt. Sollte uns beiden etwas zustoßen, haben wir uns auf genau jene Beiratslösung verständigt, die mein Mann für den unternehmerischen Alltag aktuell nicht favorisiert. In diesem Fall werden unser Coach und weitere Personen unseres Vertrauens mit Vollmachten ausgestattet. Gemeinsam werden sie die beste Lösung für die Zukunft des Unternehmens und die Familie suchen.

Julia Hessler, Jahrgang 1971, ist seit 2004 Gesellschafterin und seit 2009 auch Geschäftsführerin der Kochlöffel GmbH in Lingen. Sie ist das jüngste von sieben Kindern ihrer Mutter Martha van den Berg, die ebenfalls Gesellschafterin und Geschäftsführerin des Unternehmens ist. Sie ist verheiratet mit Torsten Hessler, ebenfalls geschäftsführender Gesellschafter.

Kochlöffel GmbH auf einen Blick

Kochlöffel ist ein Familienunternehmen. Die Idee, den klassischen deutschen Imbiss zu professionalisieren und eine starke Marke deutscher Herkunft zu positionieren, wird bereits seit zwei Generationen verfolgt. Alles notwendige Wissen und alle Erfahrungen werden dazu mit der nachfolgenden Generation geteilt – Tag für Tag.

Das erste Kochlöffel Restaurant wurde 1961 in Wilhelmshaven eröffnet – mittlerweile gibt es rund 85 Standorte in Deutschland. Gegründet wurde das Unternehmen von Martha van den Berg gemeinsam mit ihrem ersten Ehemann Heinrich Lobenberg. Mitten in der Wachstumsphase von Kochlöffel verunglückt Heinrich Lobenberg tödlich.

1969 heiratet Martha van den Berg ihren heutigen Ehemann Clemens van den Berg. Ende der 60er-Jahre zählte Kochlöffel rund 20 Standorte. Clemens van den Berg führte das Unternehmen erfolgreich und expansiv weiter. Seit 1995 ergänzt die Familie das System der eigenen Betriebe um fremdvergebene Franchisebetriebe.

Aktuell arbeiten in Deutschland rund 1.000 Mitarbeiter bei Kochlöffel und circa 11,5 Millionen Gäste besuchen jährlich die Restaurants.

Dr. Marcus Korthäuer ist alleiniger geschäftsführender Gesellschafter der ESPERA-WERKE GmbH in Duisburg. In seinem Unternehmen gibt es aus historischen Gründen schon sehr lange einen Beirat. Ein Gremium, das von der Inhaberfamilie immer wieder an die aktuellen Erfordernisse des Unternehmens, aber auch die der Familie, angepasst wurde und wird. In diesem Beitrag beleuchtet er die Entwicklung seines Beirats über die Jahrzehnte und erläutert, warum er unter keinen Umständen auf sein Beratungsgremium verzichten möchte.

Dr. Marcus Korthäuer

Der Beirat als Spiegel der strategischen Ausrichtung

1. Einleitung

Als ich 2006 in die ESPERA-WERKE GmbH in dritter Generation eintrat, war das Thema Beirat auf meiner Liste der angestrebten Veränderungsprozesse noch gar nicht existent. Ich war in der glücklichen Situation, dass der angestrebte Firmenübergang in die nächste Generation sehr geplant ablaufen konnte. Dies war bei der Übernahme meines Vaters nach dem plötzlichen Tod meines Großvaters vollkommen anders verlaufen. Hierzu aber später mehr. Zu dieser Zeit war mir allerdings gänzlich unbekannt, dass der Beirat von ESPERA den Generationenübergang maßgeblich mit vorbereitet hatte.

Die drei Jahre (2006-2009) der gemeinsamen Geschäftsführung mit meinem Vater halfen mir, mich mit dem Thema Beirat gezielt auseinanderzusetzen und das Gremium als sehr wichtiges Instrument zur Unterstützung eines Einzelgeschäftsführers wahrzunehmen. Die mindestens viermal im Jahr stattfindenden Beiratsversammlungen gaben mir einen Einblick, für welche Zwecke mein Vater den Beirat nutzte oder besser gesagt genutzt hatte. Denn der Generationenwechsel hatte aus unserer Sicht erfolgreich stattgefunden. Es wurde deutlich, dass ich den Beirat zukünftig neu ausrichten musste, damit dieser wieder vollumfänglich eine beratende Funktion ausfüllen konnte, die mir als jungem Geschäftsführer helfen konnte.

Das allseits sehr gerne verwendete Bild eines guten Sparringspartners trifft die ideale Zusammenarbeit zwischen Geschäftsleitung und Beirat perfekt. Doch bevor ich eine finale Entscheidung über die neuen Beiratsstrukturen treffen konnte, war ein Rückblick in die Historie des Beirats bei ESPERA notwendig. Nur mit dem Wissen der Vergangenheit war meines Erachtens eine vernünftige Entscheidung für die Zukunft möglich.

2. Neuanfang nach dem zweiten Weltkrieg (1953-1975)

Die ESPERA-WERKE wurden im Jahr 1924 mit der Rechtsform Aktiengesellschaft gegründet. Mein Großvater und sein Bruder kauften das Unternehmen erst 1953 von einer ortsansässigen Bank. Wie bei vielen anderen produzierenden Unternehmen war das Gebäude durch den Krieg fast vollkommen zerstört und ein Großteil der Mitarbeiter war nicht mehr zur Arbeitsaufnahme wiedergekommen. Die Banken standen mit in der Verpflichtung, diese Unternehmen durch Verkauf wieder handlungsfähig zu machen und eine notwendige Finanzierung bereitzustellen.

Der enorme Finanzierungsbedarf in neues Personal und vor allem in die notwendige Entwicklung neuer Technologien konnte zu dieser Zeit nur mithilfe einer Bank realisiert werden. Erst die Vision meines Großvaters zur Umsetzung eines technologischen Meilensteins konnte sie zu einer Finanzierung bewegen.

»Die Notwendigkeit einer neutralen Kontrollinstanz, die die Brüder in der Gründerphase hätte unterstützen können, sah mein Großvater noch gar nicht.«

Zu dieser Zeit bestand der Aufsichtsrat des Unternehmens ausschließlich aus Familienmitgliedern. Die Notwendigkeit einer neutralen Kontrollinstanz, die die Brüder in der Gründerphase hätte unterstützen können, sah mein Großvater noch gar nicht. Die Posten im Aufsichtsrat waren eher eine monetäre Anerkennung weiterer Familienmitglieder.

Auch wenn zu dieser Zeit die Zusammenarbeit mit den Banken noch per Handschlag besiegelt wurde, erkannte mein Großvater durch die nun entstandene finanzielle Abhängigkeit, dass ein Aufsichtsrat auch gegenüber den Gläubigern und weiteren Vertragspartnern eine unterstützende Funktion bilden konnte. Somit wurde der bestehende Aufsichtsrat komplett ausgetauscht und erstmalig mit externen Personen besetzt.

Neben einem anerkannten Unternehmer aus dem produzierenden Gewerbe, der schon verschiedene Firmen nach dem Krieg erfolgreich saniert hatte, wurde auch der Vorstandsvorsitzende der Hausbank in den Aufsichtsrat berufen. Was aus heutiger Sicht ein absolutes Tabu für die Besetzung eines Beirats ist, war zu dieser Zeit ein kluger Schachzug meines Großvaters und seines Wirtschaftsprüfers, um den für ein Maschinenbauunternehmen anfänglich sehr großen Finanzierungsbedarf über einen längeren Zeitraum realisieren zu können. Durch die intensive Einbeziehung der Bank waren die Akzeptanz und auch die Bereitschaft zur längerfristigen Unterstützung gegeben. Dies war für die Existenz des Unternehmens immens wichtig, da die bahnbrechende Entwicklung einer ganz neuen Gerätetechnologie deutlich mehr finanzielle Ressourcen benötigte als angenommen. Dies war darin begründet, dass Neuentwicklungen im Maschinenbau grundsätzlich nur über Umwege und viele Iterationsschritte zum gesteckten Ziel führen.

Wie wichtig die strategische Neuausrichtung des Aufsichtsrats werden sollte, stellte sich nach dem plötzlichen Tod meines Großvaters heraus. Der nunmehr etablierte und gewachsene Aufsichtsrat des Unternehmens sah sich plötzlich mit der Situation konfrontiert, ein Unternehmen ohne Führung und ohne organisierte Notfallregelung zu begleiten. Dies war natürlich umso schwerer, da mein Großvater als Geschäftsführer – wie damals üblich – patriarchische Strukturen innerhalb der Firma etabliert hatte. Mein Vater steckte noch mitten in seiner Ausbildung, sodass eine direkte Übergabe an die nächste Generation nicht möglich war. Die Entscheidung fiel richtigerweise auf die beiden Prokuristen des Unternehmens als Interimsgeschäftsführer, bis mein Vater die Geschäftsführung übernehmen konnte. Damit war in dem Familienunternehmen erstmalig eine Geschäftsführung im Angestelltenstatus verantwortlich. Nach dem Willen der Aktionäre sollten diese Geschäftsführer intensiv durch den Aufsichtsrat begleitet werden.

Während man hier noch von einer logischen und unumgänglichen Entscheidung zur Unternehmenssteuerung sprechen konnte, die vielleicht auch ohne Aufsichtsrat getroffen worden wäre, kam die Erkenntnis über die dringende Notwendigkeit einer neutralen Institution zur Sicherung der Interessen der Gesellschafter erst später. Denn während einer der beiden Interimsgeschäftsführer kurze Zeit später aus Altersgründen ausschied, wurde mein Vater zunächst stellvertretender Geschäftsführer. In dieser turbulenten Zeit wurde das Unternehmen auf Anraten des Wirtschaftsprüfers in eine GmbH umgewandelt, da die Gesetze zur Steuerung einer Aktiengesellschaft deutlich verschärft worden waren. Im Zuge dieses Prozesses stellte sich heraus, dass der Fremdgeschäftsführer ganz andere Ziele verfolgte, als die von meinem Vater im Sinne einer langfristigen Ausrichtung des Unternehmens angedachten. Geschickt wurden Belegschaft, Firmenpartner und Teile der Gesellschafter manipuliert, um eine Übernahme der Geschäftsführung durch meinen Vater fast unmöglich zu machen. Wie zu erwarten, führte eine solche Situation – gepaart mit einer Reihe von Fehlentscheidungen dieses Geschäftsführers – zu einer extremen Schwächung des Unternehmens.

»Der Beirat kann gerade auch in Krisenzeiten innerhalb des Unternehmens wichtige Dienste leisten.«

Nur mithilfe des vom Aufsichtsrat in einen Beirat umgewandelten Gremiums, das die eigennützigen Interessen des Geschäftsführers erkannt hatte und geschlossen hinter meinem Vater stand, war es letztendlich möglich gewesen, alle Gesellschafter so zu beeinflussen, dass einer Entlassung des Fremdgeschäftsführers zugestimmt wurde. Wenngleich die Situation des Generationenübergangs keinesfalls als alltäglich zu bezeichnen ist, so zeigt dieses Beispiel, dass der Beirat gerade auch in Krisenzeiten oder bei außergewöhnlichen Vorkommnissen innerhalb des Unternehmens wichtige Dienste leisten kann.

3. Neuausrichtung durch geänderte Rahmenbedingungen (1976-2002)

Nachdem die Krise des ungeplanten Generationenübergangs bewältigt worden war, gab es neue Herausforderungen innerhalb des Unternehmens, die eine Neuausrichtung des Beirats notwendig machten. Mein Vater ging durch den erfolgreichen Verlauf des Nachfolgestreits gestärkt aus der Situation hervor und konnte nun das Unternehmen als alleiniger Geschäftsführer und Mitgesellschafter mit einem Anteil von knapp 20 Prozent wieder auf Erfolgskurs bringen.

Insbesondere die Internationalisierung war in den 70er-Jahren eine wichtige Grundlage für den Unternehmenserfolg. Nach und nach wurden in verschiedenen europäischen Ländern Tochtergesellschaften gegründet, die als Vertriebs- und Serviceorganisationen fungierten. Die anfängliche Aufgabe des Beirats zur Sicherung der notwendigen Anschubfinanzierung und zum Aufbau eines strategischen Netzwerkes war damit hinfällig geworden.

Durch die Erfahrung der Vergangenheit wusste mein Vater jedoch nur zu gut, dass der Beirat ein wirkungsvolles Gremium sein konnte, wenn er entsprechend ausgerichtet war. Aus diesem Grund übernahm der ehemalige Wirtschaftsprüfer den Vorsitz des Beirats, der in seiner aktiven Zeit viele Jahre lang das Unternehmen begleitet hatte. Neben den klassischen Aufgaben eines Wirtschaftsprüfers hatte diese Person immer den Fokus auf strategische Themen gelegt. Natürlich wurde die Ausrichtung des Beirats dadurch sehr stark auf kaufmännische und steuerliche Themen gelenkt. Dies war aber gerade im Hinblick auf die Internationalisierung und die internen Umstrukturierungen zur Kostenreduktion sehr wichtig. ESPERA hatte dadurch ein sehr wirkungsvolles Controlling sowohl bei der Hauptgesellschaft als auch bei den Tochtergesellschaften einführen können. Zudem wurden in diesem Zeitraum internationale Beteiligungsgesellschaften gegründet, mit denen der wirtschaftliche Verkehr zwischen den Gesellschaften unter steuerlichen Aspekten optimiert wurde. Weiterhin war durch diese Gesellschaften eine Grundlage geschaffen worden, die die vollständige Abhängigkeit der Gesellschafter von der finanziellen Situation der Hauptgesellschaft beendete.

Eine weitere Aufgabe kam dem Beirat in Bezug auf die übrigen Gesellschafter zu. Denn neben meinem Vater gab es zu dieser Zeit noch drei weitere Gesellschafter, die aber mit dem Unternehmen keine Berührungspunkte hatten. Mittelfristiges Ziel meines Vaters war es, das Unternehmen wieder in den engsten Familienkreis zu holen. Damit wäre eine langfristige Unternehmensausrichtung inklusive aller notwendigen Investitionen möglich gewesen. Dies gelang zuvor nur sehr eingeschränkt, da die Gesellschafter an einer kurzfristigen Dividende interessiert waren, ohne das Verständnis für notwendige Investitionen in das Unternehmen aufzubringen. Mithilfe einer intensiven Überzeugungsarbeit durch den Beirat als neutrale Instanz war es meinem Vater nach einiger Zeit gelungen, die übrigen Gesellschafter zu einem Verkauf ihrer Firmenanteile zu überreden. Eine solche Möglichkeit wäre ohne die geschickte Kommunikation und Argumentation des Beirats auf den Gesellschafterversammlungen niemals zustande gekommen. Von diesem perfekten Schachzug profitiere ich als geschäftsführender Gesellschafter heute noch.

4. Die Funktion des Beirats unter der 3. Generation (2003-heute)

Im Gegensatz zu meinem Vater hatte ich den großen Vorteil, dass der Generationenübergang geplant ablief. Aus meiner Sicht stellte sich eher die Frage, ob die Übergabe – nach einer Zeit der Zusammenarbeit – tatsächlich stattfinden würde. Bekanntlich ist dies oftmals ein großes Problem in mittelständischen Familienunternehmen, das nicht selten zum Bruch in der Familie oder zum Schaden des gesamten Unternehmens führt.

Schon vor meinem Wechsel in das Unternehmen 2006 war ich als Gesellschafter bei den Beiratssitzungen anwesend gewesen. Der Beirat hatte die Möglichkeit, mich näher kennenzulernen, und ich konnte mir ein detailliertes Bild von der aktuellen Situation des Unternehmens machen und die aktuellen Aufgabenschwerpunkte des Beirats analysieren.

Als ich 2010 alleiniger Geschäftsführer wurde, wirkte der Beirat dahingehend auf meinem Vater ein, dass die gemeinsame Leitung der Firma langsam beendet werden und die volle Verantwortung an die nächste Generation übergeben werden sollte. Für mich ergaben sich somit ideale Voraussetzungen, um die bis dahin gewonnenen Erkenntnisse über das Unternehmen und dessen Strukturen in konkrete Maßnahmen umzusetzen.

In diesem Zusammenhang war auch eine Änderung der künftigen Aufgabenstellung des Beirats und dessen personeller Zusammensetzung notwendig geworden. Der Beirat konzentrierte sich bis dahin hauptsächlich auf Kennzahlen und die interne Statistik. Strategische Themen wurden fast gar nicht mehr aufgegriffen. Für ein Unternehmen in finanzieller Schieflage oder bei einer Firmengründung ist dieses Vorgehen natürlich dringend notwendig, um mögliche Handlungsempfehlungen geben zu können. Ich sah in den neuen Aufgabenschwerpunkten des Beirats aber vielmehr die Notwendigkeit, dass strategische Themen, die mir bei Entscheidungen als Geschäftsführer helfen konnten, im Vordergrund stehen sollten.

Da das Unternehmen mittlerweile komplett finanziell unabhängig war und die Geschäftsergebnisse sich sehr positiv entwickelten, sollte der Beirat zukünftig konzentriert Themen im Bereich Marktentwicklung, Wachstum und Personalstrukturen bearbeiten. Dies bedeutete zwangsläufig, dass der Beirat auch personell neu aufgestellt werden musste. Durch das Ausscheiden des langjährigen Beiratsvorsitzenden war die Grundlage für eine Neuausrichtung geschaffen.

Der Beirat sollte meiner Ansicht nach aus mindestens drei Mitgliedern bestehen, wobei mein Vater nach seinem Ausscheiden auf eigenen und auf meinem Wunsch hin in den Beirat des Unternehmens wechselte. Die beiden weiteren Stellen sollten durch externe Personen besetzt werden.

Ich wünschte mir, dass der Beirat mit Expertise aus der kaufmännischen und technischen Geschäftsführung besetzt wird. Die kaufmännische Ausrichtung mit dem Fokus auf Controlling ist grundsätzlich von hohem Stellenwert, wobei hier keine reine Kennzahlenanalyse mehr erfolgen sollte. Ein weiteres Beiratsmitglied sollte Geschäftsführer mit technischer Ausrichtung in einem größeren mittelständischen Unternehmen sein, das auch im Maschinen- und Anlagenbau tätig ist und internationale Vertriebsorganisationen hat.

»Ein gut funktionierender Beirat muss sich den wandelnden Ausrichtungen und Anforderungen eines Unternehmens permanent anpassen.«

Die so ausgewählte Kompetenzverteilung des Beirats gab dieser Institution einen neuen Schub. Während ich auf das Know-how und die langjährige Erfahrung meines Vaters zurückgreifen konnte, garantierten die beiden externen Beiräte langjährige fachliche Kompetenz in ihren jeweiligen Fachgebieten. Der ehemals oft zu passiv agierende Beirat entwickelte sich so in kürzester Zeit zu einer kreativen Diskussionsrunde, in der jedes Mitglied seine Rolle zu 100 Prozent ausfüllen konnte.

Auch inhaltlich wurde der Sitzungsablauf überarbeitet. Neben einem kurzen Bericht der Geschäftsleitung über die aktuelle Auftragslage und die Ergebnisse der letzten Monate behandelt die Geschäftsführung ausgewählte Themen. Aufgrund der Komplexität vieler Themen werden diese über mehrere Sitzungen hinweg gemeinsam erarbeitet und durch die Beiratsmitglieder vorbereitet.

Erst wenn das Thema zufriedenstellend abgeschlossen ist, werden neue Aufgabenstellungen thematisiert. Diese Vorgehensweise bietet den Vorteil, dass die Themen deutlich mehr in der Tiefe bearbeitet und die Ergebnisse im Tagesgeschäft umgesetzt werden können. Auch wenn durch die intensivere Bearbeitung weniger Themen als zuvor diskutiert werden, ist deren Ergebnisverwendung deutlich effektiver.

5. Fazit

Betrachtet man die Entwicklung von ESPERA über den zuvor beschriebenen Zeitraum, wird offensichtlich, dass sich ein gut funktionierender Beirat den wandelnden Ausrichtungen und Anforderungen eines Unternehmens permanent anpassen muss. Diese Anpassung macht das Gremium zu einem extrem wirkungsvollen Werkzeug für die Geschäftsführung und die Gesellschafter. Wie in vielen anderen Bereichen auch hängt die Qualität eines Beirats natürlich maßgeblich von seinen Mitgliedern ab. Aber auch der Geschäftsführer ist in der Verantwortung, seinen Beirat hinreichend zu informieren und detaillierte Aufgaben zu verteilen, um adäquate Lösungsvorschläge zu erhalten.

Dabei kann es durchaus möglich sein, dass die Zusammensetzung des Beirats nicht den idealtypischen Grundregeln für eine erfolgreiche Beiratsarbeit entsprechen muss. Als Beispiel sei hier die Gründungsphase eines Unternehmens genannt, für das der eigene Hausbanker im Beirat die Finanzierung sicherstellt. Allerdings sollte diese zunächst sinnvolle Abweichung immer wieder kritisch hinterfragt werden.

Grundsätzlich bin ich der Überzeugung, dass die Zusammensetzung des Beirats regelmäßig auf die Unternehmensausrichtung überprüft werden sollte. Dabei geht es nicht um eine permanente Fluktuation innerhalb des Beirats, sondern um eine optimale Ausrichtung. Als Beispiel möchte ich hier die aktuell anstehende Erweiterung des Beirats bei ESPERA um eine im internationalen Vertrieb erfahrene Persönlichkeit anbringen. Nach Ausscheiden des seit über 40 Jahren im Unternehmen tätigen Vertriebsleiters und durch die Neubesetzung mit einem internen Bereichsleiter Vertrieb sehe ich hier für die nächsten Jahre viel Potenzial, um in diesem Bereich neue Prozesse voranzutreiben. Hier ist der Beirat dann wieder ein ideales Gremium, um den Werdegang dieser Schlüsselposition mitzugestalten.

So schwer es dem einen oder anderen patriarchischen Geschäftsführer auch fallen mag, aber der Beirat muss als Vertrauensgremium in möglichst alle kritischen Themen rund um das Unternehmen eingebunden sein. Diese vollkommene Offenheit ist sicherlich gerade bei einem neu eingerichteten Beirat nicht leicht, aber sie ermöglicht auch die Gestaltung von Kompetenzen des Beirats, die weit über eine gute Beratung hinausgehen.

So haben wir erst kürzlich Anpassungen in der Satzung des Unternehmens vorgenommen. Der Beirat bekommt weitreichende Befugnisse, falls der Geschäftsführer und die Gesellschafter dauerhaft nicht mehr in der Lage sein sollten, ihre Aufgaben auszuüben. Auch die Begleitung und Unterstützung der möglichen nachfolgenden Gesellschafter bis zum 25. Lebensjahr bei Unternehmensentscheidungen ist hier geregelt.

Damit ist der Beirat bei ESPERA mit seiner langen Tradition für die Zukunft sehr gut aufgestellt und ein äußerst wirkungsvolles Gremium, auf das ich nicht mehr verzichten möchte.

Dr. Marcus Korthäuer, Jahrgang 1974, studierte 1995 bis 2001 an der RWTH Aachen Maschinenbau. Nach Abschluss des Studiums arbeitete er als wissenschaftlicher Mitarbeiter und kurze Zeit später als Oberingenieur an dem Lehr- und Forschungsgebiet Werkstoffkunde der RWTH Aachen. Hier promovierte er 2006. Im gleichen Jahr wurde Dr. Marcus Korthäuer stellvertretender Geschäftsführer der ESPERA-WERKE GmbH und konzentrierte sich zunächst auf die Bereiche Entwicklung und Technologie. Nach Ausscheiden seines Vaters aus der Geschäftsführung Ende 2009 übernahm er die alleinige Geschäftsführung des Unternehmens. Dr. Marcus Korthäuer ist Beirat im Fachverband Mess- und Prüftechnik des VDMA und in einem mittelständischen Unternehmen. 2016 wurde er zum Vizepräsidenten des Europäischen Waagenverbandes CECIP berufen. Dr. Marcus Korthäuer ist verheiratet und hat zwei Kinder.

ESPERA-WERKE GmbH auf einen Blick

Die ESPERA-WERKE sind in der Branche ein traditionsreiches Familienunternehmen mit Tochtergesellschaften weltweit. Das Unternehmen wurde 1924 in Duisburg als Kontrollwaagenfabrik gegründet. ESPERA entwickelt und produziert Industriewaagen, Preisauszeichnungsautomaten, Thermo- und Thermotransferdrucker, Etikettiersysteme und Geräte zur Kontrolle verpackter Waren. Im Segment Preis- und Gewichtsauszeichnung vorverpackter Nahrungsmittel gehört ESPERA weltweit zu den Marktführern.

Kennzahlen

Mitarbeiter: 230
Exportquote: 75 Prozent
Entwicklung: Knapp 30 Prozent der Mitarbeiter arbeiten im Bereich F&E

Im Jahr 1981 trat Eugen Müller, damals gerade 24 Jahre alt, in das Unternehmen Meyle+Müller ein. Nun, langsam selbst auf die 60 zugehend, wollte er zusammen mit seiner Frau rechtzeitig die Weichen für den reibungslosen Übergang der Führung des Medienunternehmens auf die nächste Generation stellen. Und dies ausgerechnet in einer Zeit, in der das Unternehmen tiefgreifende Veränderungen durch den medialen Wandel bewältigen muss. Eine Herkulesaufgabe, wie sich herausstellte. Eine Familiencharta musste erarbeitet, die Nachfolgeregelung neu gefasst und ein Beirat installiert werden, dem künftig zentrale Aufgaben zufallen. Heute ist Eugen Müller zufrieden, dass er in nur drei Jahren das Unternehmen im Inneren neu ausgerichtet und die Weichen für die Zukunft gestellt hat. Er gibt in diesem Beitrag einen Einblick in seine Überlegungen und die Maßnahmen, die er ergriffen hat.

Eugen Müller

Der Beirat in sich überlagernden Veränderungsprozessen

1. Die Konstellation in unserem Unternehmen

Die Meyle+Müller GmbH+Co. KG wurde 1910 von Herrn Meyle und meinem Urgroßvater gegründet. Nach dessen Tod im Jahre 1920 trat mein Großvater Eugen Müller mit nur 19 Jahren seine Nachfolge an. 55 Jahre führte er das Unternehmen, zuletzt als Alleininhaber. 1981, fünf Jahre nach seinem Tod, trat ich mit 24 Jahren in das Unternehmen ein, übersprang damit die Generation meiner Mutter, die nicht im Unternehmen tätig war, und wurde schon 1984 Geschäftsführer. Heute leite ich das Unternehmen gemeinsam mit meiner Frau Ingrid und zwei familienfremden Geschäftsführern als Vorsitzender der Geschäftsführung.

Meyle+Müller war früher ein klassisches Druckvorstufenunternehmen, ein wichtiger Partner vor allem für Versandhäuser mit eigenem gedruckten Katalog. Diese Branche erlebt seit einigen Jahren einen dramatischen Umbruch – Printmedien werden zunehmend von Onlinemedien verdrängt. Dieser Herausforderung haben wir uns rechtzeitig gestellt und unsere Leistungspalette um IT-Lösungen und Neue Medien ergänzt. Aber auch im klassischen Geschäft sind wir nach wie vor einer der Marktführer in Deutschland. Durch maximale Automatisierung und teilweise Verlagerung der Produktion ins Ausland – in Bulgarien verfügen wir über ein eigenes Tochterunternehmen – konnten wir Kosten senken. Wir setzen früh auf neue Trends und Techniken und haben uns unserem Slogan „Feel the Innovation" verschrieben.

2. Eigentumsverhältnisse und familiäre Situation

Mein Großvater hatte drei Töchter, die zu gleichen Teilen die Gesellschaftsanteile am Unternehmen geerbt haben. Stamm eins wird durch meine Mutter repräsen-

externen Berater akzeptierten und ihm vertrauten. Uns war an einem offenen und transparenten Umgang mit dieser Thematik in unserer Familie sehr gelegen. Unsere drei Kinder und zeitweise auch deren Partner sollten in den gesamten Prozess laufend eingebunden sein.

Unser Projekt „Generationenübergang" konnte damit gestartet werden.

4. Konkrete Projekte

Das Gesamtthema haben wir in vier Teilprojekte aufgeteilt, von denen jedes für sich schon ein aufwändiges Vorhaben darstellt.

Erstes Teilprojekt

Ein grundlegender Schritt war die Erarbeitung einer Familiencharta. In ihr wird das Leitbild für das unternehmerische Handeln der Unternehmerfamilie Müller und für unseren Umgang miteinander fixiert. Dazu einige Stichworte: Werte der Gesellschafter, Werte des Unternehmens, Einrichtung eines Beirats, Anforderungsprofil für sowohl familieneigene als auch familienfremde Geschäftsführer, Family Governance, Family Activities, Family Education, Family Philanthropy und einiges mehr.

Die Erarbeitung der Familiencharta erfolgte in mehreren spannenden Workshops, die durch den externen Berater vorbereitet und moderiert wurden. Teilnehmer waren meine Frau und meine drei Kinder, d.h. auch meine nicht im Unternehmen tätige Tochter war dabei. Für mich als alten Hasen war es überraschend, wie notwendig und intensiv die Diskussionen waren – aber auch, wie groß die Übereinstimmung in den entscheidenden Fragen war.

> »Ein grundlegender Schritt war die Erarbeitung einer Familiencharta. In ihr wird das Leitbild für das unternehmerische Handeln der Unternehmerfamilie Müller und für unseren Umgang miteinander fixiert.«

Zweites Teilprojekt

Die Notwendigkeit zur Überarbeitung der bisherigen Gesellschaftsverträge und zur Präzisierung der Nachfolgeregelungen ergab sich fast zwangsläufig. Ein wesentliches Element war dabei die Verabschiedung eines Poolvertrags. Darin verpflichten sich meine Kinder als künftige Kommanditisten, die die Stämme eins und zwei repräsentieren, in den Gesellschafterversammlungen, an denen ja auch der dritte Stamm mit einem Gesellschaftsanteil von einem Drittel teilnimmt, stets einheitlich abzustimmen. Das heißt, bei anstehenden Entscheidungen müssen sie sich im Vorfeld jeweils zu einer gemeinsamen Position zusammenfinden. Diese Regelung hat den Zweck, erstens zu gewährleisten, dass das Unternehmen stets handlungsfähig ist, und zweitens zu verhindern, dass zufällige Mehrheiten in der Gesellschafterversammlung zu absurden Beschlüssen führen. Mit der Zweidrittelmehrheit in der Gesellschafterversammlung in Verbindung mit dem 100-Prozent-Anteil an der geschäftsführenden Komplementär-GmbH ist der aus meinen Kindern bestehende Pool sowohl innerhalb der Gesellschaft als auch in der Geschäftsführung immer tonangebend und mehrheitsfähig.

Drittes Teilprojekt

Wichtig erschien uns auch die Erarbeitung eines Notfallszenarios: Wie wird die vorgesehene Nachfolgeregelung umgesetzt, wenn ich vor der Übertragung meiner Anteile auf meine Kinder ausfallen sollte? Um dies sicherzustellen, haben wir festgelegt, dass in einem solchen Notfall meine Frau den Vorsitz der Geschäftsführung übernimmt und in dieser Funktion die Nachfolgeregelung erfüllen wird. Für diese Funktion haben wir ein Höchstalter von 67 Jahren festgelegt. Eine ihrer Aufgaben würde darin bestehen, die im Unternehmen tätigen Kinder auf ihre Rolle als Geschäftsführer bzw. Vorsitzende der Geschäftsführung vorzubereiten. Bei allen Entscheidungen der Geschäftsführung hat sie ein Vetorecht. Sollte nicht nur ich, sondern auch meine Frau ausfallen, so übernimmt unser Beirat diese Funktion.

Viertes Teilprojekt

In der Familiencharta und dem Notfallszenario wurde bereits ersichtlich, dass einem Beirat besondere Bedeutung zukommen wird – ein Thema, mit dem ich mich zuvor noch nie befasst hatte. Als Unternehmer aus der badisch-schwäbischen Provinz hatte ich die Vorstellung, dass Banker, Steuerberater und Rechtsanwälte zusammen mit Mitgliedern der Unternehmerfamilie in solch einem Gremium sitzen. Durch die Beratung durfte ich eine ganz neue Sicht auf das Thema kennenlernen: Profilierte Unternehmer sollten unseren Beirat bilden. Das machte mir Lust, mich mit dem Thema intensiv zu befassen und die zügige Einrichtung eines hochkompetenten Beirats anzustreben.

5. Der Beirat mit wechselnden Rollen
5.1 Die Aufgaben des Beirats

Unser Beirat soll zunächst beratende Funktion haben, solange ich als Vorsitzender der Geschäftsführung tätig bin oder im Notfall meine Frau diese Aufgabe übernehmen sollte. Die Beratung durch den Beirat umfasst dabei im Wesentlichen unsere Unternehmensstrategie, den von uns zeitgleich eingeleiteten Change-Prozess mit der fortwährenden Prozessoptimierung und dem Aufbau neuer Geschäftsfelder, die Investitionen, die Mitarbeiterführung, unsere vertrieblichen Strukturen und natürlich auch die wirtschaftlichen Rahmendaten aus Budgetierung und Reporting. Darüber hinaus erwarten wir uns vom Beirat Unterstützung und Knowhow zu Themen, mit denen wir bislang keine Erfahrung hatten, beispielsweise Unternehmenszukäufe oder die Schaffung einer Holdingstruktur.

Sollten meine Frau und ich als Geschäftsführer ausfallen, erhält der Beirat laut Gesellschaftsvertrag automatisch Entscheidungskompetenz. In einem Katalog ist genau festgelegt, welche Entscheidungen dann der vorherigen Zustimmung des

Beirats bedürfen. Hierzu gehören alle für die Unternehmensentwicklung relevanten Themen – etwa die Gründung oder der Erwerb von Unternehmen sowie die Beteiligung an Unternehmen, Eröffnung und Schließung von Niederlassungen, Einrichtung neuer Geschäftszweige, Grundstücksgeschäfte, Gewährung von Krediten an Gesellschafter, Erteilung von Prokuren und Verträge mit leitenden Angestellten, aber auch die Genehmigung der Budgets und die Tätigung größerer Investitionen.

Gleichzeitig soll der Beirat in diesem Fall meine im Unternehmen tätigen Kinder auf ihre Aufgabe als Vorsitzende der Geschäftsführung vorbereiten. Er soll sie intensiv begleiten und entscheiden, ob und wann sie reif für die Übernahme des Vorsitzes der Geschäftsführung sind. Übrigens: Wenn beide als geeignet für den Vorsitz erachtet und dazu berufen werden, so haben wir festgelegt, dass sie sich alle drei Jahre im Vorsitz abwechseln. Dahinter steckt unsere Absicht, bei der Vergabe des Vorsitzes keines der beiden Kinder zu bevorzugen. Diese Regelung hat zudem den großen Vorteil, dass beide bedenken, dass in drei Jahren wieder gewechselt wird und man sich als Vorsitzender dem anderen Geschwisterteil gegenüber so verhält, wie man es von diesem erwartet, wenn er beim Vorsitz an der Reihe ist.

5.2 Die Struktur des Beirats

Unser Beiratsgremium kann aus zwei bis fünf Mitgliedern bestehen. Solange meine Frau und ich in der Geschäftsführung tätig sind, besteht der Beirat nur aus externen Mitgliedern. Sobald wir aus der Geschäftsführung austreten, haben wir die Option, in den Beirat zu wechseln.

Zum Start wollten wir den Beirat mit drei externen Experten besetzen. Sollten meine Frau und ich später in den Beirat wechseln, hätten wir in diesem Gremium, das dann in allen wichtigen Fragen die Entscheidungen für das Unternehmen treffen wird, keine Mehrheit. Wir haben dies bewusst so geregelt, um damit dem gefährlichen Senility-Effekt entgegenzuwirken.

Andererseits habe ich mir in der Satzung das lebenslange Recht auf den Vorsitz im Beirat eingeräumt. Ob ich den aber einmal anstreben werde, möchte ich zum jetzigen Zeitpunkt noch offenlassen.

Sehr wichtig war mir, dass der Beirat ausschließlich „meinen" Stamm berät – unter Einbeziehung der Geschäftsleitung, deren Vorsitz wie erwähnt grundsätzlich unserem Stamm zusteht. Durch die Ansiedelung des Beirats bei der geschäftsführenden Komplementär-GmbH mit der oben beschriebenen Besonderheit konnten wir dies problemlos regeln.

5.3 Die Anforderungsprofile der Beiratsmitglieder

Die Frage, welche Kompetenzen die Beiratsmitglieder auszeichnen sollen, haben wir eingehend diskutiert und gemeinsam Profile unserer Wunschbeiräte entwickelt. Dabei war von vornherein klar, dass ein Beirat mit einschlägigem Druck- und Medien-Know-how nicht zur Debatte stand. Denn dieses Know-how ist in unserem Unternehmen reichlich vorhanden.

Unsere Wunschbeiräte sollten vor allem über einen unternehmerischen Hintergrund verfügen. Wir wollten Persönlichkeiten gewinnen, die als Unternehmer oder Manager in der Verantwortung stehen und wissen, was man leisten muss, um ein Unternehmen erfolgreich zu führen. Zudem war uns wichtig, dass auch altersmäßig eine gute Ausgewogenheit erreicht wird, denn die zukünftigen Beiräte sollten nicht die Sprache von uns Senioren sprechen, sondern vor allem die unserer Kinder, aber auch die unserer beiden familienfremden Geschäftsführer, die altersmäßig zwischen uns Eltern und den Kindern liegen.

Darüber hinaus sollten die drei Beiräte unterschiedliche fachliche Schwerpunkte haben. Uns schwebten folgende Profile vor:

Der Vertriebsprofi

Unser Unternehmen muss sich im klassischen Kerngeschäft in der rückläufigen Printbranche behaupten. Es ist uns bisher gut gelungen, gegen den Branchentrend zu wachsen, profitabel zu arbeiten und neue Geschäftsfelder aufzubauen. Um diese Erfolge auch in der Zukunft vorweisen zu können, muss Wachstum im Verdrängungswettbewerb erreicht werden. Hierbei kommt unserem Vertrieb eine hohe Bedeutung zu: Wie pusht man den Umsatz in einer schrumpfenden Branche? Wie steuert man den Vertrieb erfolgreich? Wie gewinnen wir für unseren nicht besonders attraktiven Unternehmensstandort die richtigen Mitarbeiter und binden sie langfristig an uns? Wie hat sich das Einkaufsverhalten unserer Kunden geändert und wie reagieren wir darauf? Wie muss sich der Vertrieb in unseren neuen, E-Commerce-geprägten Geschäftsfeldern differenzieren? Das sind nur einige der vielen Fragen, auf die unser Vertriebsgeschäftsführer Antworten finden muss und bei denen ein vertriebserfahrener Beirat extrem wertvoll sein kann.

Der Innovator

Meyle+Müller ist einer der Marktführer in unserer Branche. Diese Position gilt es nicht nur zu verteidigen, sondern massiv auszubauen. Dazu brauchen wir in unserem Beirat eine visionäre Persönlichkeit, die Innovationen anstoßen, querdenken und inspirieren kann. Daneben sollte dieser Beirat die Auswirkungen der Digitalen Revolution vorausdenken und unsere wachsenden Aktivitäten im Bereich Omnichannel-Lösungen, E-Commerce Services, New-Media-Anwendungen und App-Entwicklungen bewerten und uns in diesen Themenfeldern voranbringen können.

Der Holding-Spezialist

Wir sind derzeit dabei, die Struktur unseres Unternehmens umzubauen. So haben wir kürzlich unseren gesamten, erst in den letzten Jahren aufgebauten IT- und

New-Media-Bereich – circa ein Viertel von Meyle+Müller – in eine eigenständige Gesellschaft ausgegliedert. Das neue Unternehmen mit dem Namen apollon GmbH+Co. KG ist ein 90-prozentiges Tochterunternehmen von Meyle+Müller. Einen Anteil von zehn Prozent hält der familienfremde Geschäftsführer, der diesen Bereich aufgebaut hat und eigenverantwortlich leitet. Solche Ausgliederungen und auch neue Beteiligungen – sowohl in einer Minderheits- als auch in einer Mehrheitsposition – wollen wir in Zukunft verstärkt suchen. Diese hochspezialisierten Unternehmen sollen alle unter dem Holdingdach Meyle+Müller gebündelt werden, wobei dieses Dachunternehmen zu 100 Prozent im Familienbesitz bleiben soll. Um diese strategische Neuausrichtung fundiert zu begleiten, sollte das dritte Beiratsmitglied Erfahrungen mit Holdingstrukturen in Familienunternehmen sowie im Erwerb von Beteiligungen bzw. Unternehmen mitbringen.

Alle Beiräte sollten selbstverständlich genügend Zeit haben, um ihre Aufgaben im Beirat angemessen zu erfüllen. Sie sollten der Institution Familienunternehmen wohlwollend gegenüberstehen, keine Hardliner in irgendeiner Richtung sein und sich politisch neutral verhalten. Da unser Beiratskonzept nachhaltig angelegt ist, war uns besonders wichtig, dass die zu bestellenden Beiräte diesem Amt eine langfristige Perspektive zu geben bereit sind, damit sie so auch für den Fall eines plötzlich eintretenden Notfalls mit der bis dahin gewonnenen Erfahrung bereitstehen. Und wir wünschten uns, dass sie mit Herzblut und Begeisterung an ihre verantwortungsvolle Tätigkeit bei Meyle+Müller herangehen.

5.4 Perspektive für eine erfolgreiche Zukunft

Mit diesem Anforderungskatalog hat sich unser Berater auf die Suche nach geeigneten Persönlichkeiten gemacht. Mit Erfolg: Innerhalb weniger Monate konnte der Beirat prominent besetzt werden und seine Arbeit aufnehmen. Die ersten Sitzungen waren eine völlig neue Erfahrung für mich: Da hat man über 35 Jahre hart daran gearbeitet, sich von allen Einflüssen – wie zum Beispiel von Altgesellschaftern oder Banken – zu befreien, und dann schafft man sich selbst wieder ein Gremium, vor dem man bestehen muss, das man mit seinen Ideen und Plänen begeistern muss, vor dem man seine Spleens und Besonderheiten, wie zum Beispiel unsere gar nicht schwäbische Undiszipliniertheit in Kostenfragen, rechtfertigen und verteidigen muss. Schnell habe ich gemerkt, dass all dies sich lohnt, dass es ungeheuer gut tut, mit diesen erfahrenen Fachleuten zu diskutieren und auf höchstem Niveau über die Zukunft unseres Unternehmens, das für mich und meine Familie weiß Gott mehr als nur Broterwerb darstellt, im positivsten Sinne streiten zu dürfen.

In Rekordzeit haben wir ein immenses, vielschichtiges Projekt bewältigt und erfolgreich abgeschlossen. Meine Frau und ich dürfen beruhigt in eine spannende Zukunft mit großen Herausforderungen blicken.

Eugen Müller, Jahrgang 1956, studierte von 1977-1981 an der Hochschule der Medien (damals Fachhochschule für Druck) in Stuttgart. 1981 trat er im Alter von 24 Jahren direkt nach dem Studium ins familieneigene Unternehmen Meyle+Müller GmbH+Co. KG in Pforzheim ein. Bereits kurz darauf wurde er zum Geschäftsführer berufen. In seiner bislang 35-jährigen Unternehmertätigkeit hat er das mittelständische Familienunternehmen von einer „Reproanstalt" zu einem hochinnovativen Medien- und IT-Unternehmen entwickelt.

Eugen Müller ist verheiratet und hat drei Kinder, von denen zwei im Unternehmen tätig und für die Unternehmensnachfolge vorgesehen sind. Er engagiert sich in seiner Heimatstadt Pforzheim als Kirchenältester in der evangelischen Kirche und hat das Projekt „Freies WLAN in Pforzheim" initiiert und umgesetzt.

Meyle+Müller GmbH+Co. KG auf einen Blick
Der Pforzheimer Mediendienstleister Meyle+Müller kann auf über 100 Jahre Erfahrung zurückblicken. Mit mehr als 320 hochqualifizierten Mitarbeitern gehört das Familienunternehmen, für das Kundenorientierung, Vertrauen und werteorientiertes Handeln höchsten Stellenwert einnehmen, zu den größten und innovativsten Anbietern modernster IT- und Prozesslösungen, IT-Workflows und IT-Systeme für die Omnichannel-Medienproduktion.

Von der Konzeption von Werbemitteln für Online und Print über perfekte Produktion und Umsetzung bis hin zum fertigen Medium bietet Meyle+Müller Full Service aus einer Hand.

In den Bereichen IT Media und New Media bündelt das Anfang 2015 ausgegliederte Tochterunternehmen apollon GmbH+Co. KG das Know-how für IT-Systeme, Onlinemedien und ihre Vermarktung.

Kennzahlen
Geschäftsvolumen: 26 Millionen Euro
Eigenkapitalquote: 70 Prozent
Mitarbeiter: 320

Bernhard M. Rösner ist als Familienexterner zum geschäftsführenden Gesellschafter der C. Josef Lamy GmbH berufen worden. Der Ruf erging vom Sohn des Firmengründers, Dr. Manfred Lamy, der sich 2006 von der Spitze der Unternehmensleitung zurückzog und in den neu gegründeten Beirat wechselte. Mit drei Familienmitgliedern und zwei Externen besetzt, ist der Beirat ein Gremium, das dem geschäftsführenden Gesellschafter vor allem als Dialogpartner zur Verfügung steht. Denn Bernhard M. Rösner und Dr. Manfred Lamy bevorzugen das harmonische Miteinander. Geschäftsordnungen für die Unternehmensleitung und den Beirat existieren zwar, werden aber in Ermangelung von Meinungsverschiedenheiten beider Gremien selten konsultiert. Der Stabwechsel im Hause Lamy gilt vielen Beobachtern als sehr gelungen. Nicht zuletzt weil Dr. Manfred Lamy im Sinne bester Governance dem geschäftsführenden Gesellschafter weitgehend freie Hand lässt. Eine Tugend, die Vollblutunternehmern nach dem Abschied aus der Chefetage oft schwerfällt, aber Voraussetzung für die erfolgreiche Arbeit eines Nachfolgers ist. Bernhard M. Rösner skizziert hier die Lamy-Erfolgsgeschichte.

Bernhard M. Rösner

Der Fall Lamy – ein gelungener Stabwechsel

1. Die Ära Dr. Manfred Lamy

1930 wurde das Unternehmen unter dem Namen „Orthos Füllfederhalter-Fabrik C.J. Lamy" von C. Josef Lamy in Heidelberg gegründet. 1948 erfolgte die Umfirmierung in C. Josef Lamy GmbH. Dr. Manfred Lamy trat 1962 in das Unternehmen seines Vaters als Marketingleiter ein, dessen Geschicke er anschließend über 40 Jahre als Alleingeschäftsführer lenkte.

Unterstützt von dem Designer Gerd A. Müller und anderen namhaften internationalen Gestaltern entwickelte er ab 1966 das Unternehmen zu einer weltweit bekannten Designmarke. Das vom Bauhausstil inspirierte Produktdesign wurde zum prägenden Merkmal der Lamy-Schreibgeräte.

Dr. Manfred Lamy, Jahrgang 1936, hatte schon lange vor dem Erreichen der selbst gesetzten Altersgrenze angekündigt, dass er fest entschlossen sei, mit 70 Jahren seinen Platz an der Firmenspitze zu räumen. Und daran hielt er sich dann auch strikt. Die Vorbereitungen für den Stabwechsel im Jahr 2006 leitete er früh und konsequent ein.

2. Der Stabwechsel im Jahr 2006

Da die beiden Kinder von Dr. Lamy für die Nachfolge nicht zur Verfügung standen, suchte er mithilfe einer renommierten Personalberatung einen neuen Alleingeschäftsführer und Nachfolger. Ich war damals – 2004/05 – Vorsitzender der Geschäftsführung der Mercedes-Benz Accessories GmbH. Das Unternehmen ist für die Entwicklung und Vermarktung von technischem Zubehör der Marken Mercedes, Maybach und Smart ebenso zuständig wie für die Lifestyle-Kollektionen und das internationale Lizenzgeschäft. Ich fühlte mich bei dem Unternehmen sehr wohl und hatte auch schon Anfragen zu einem Karrieresprung innerhalb des Automobilkonzerns dankend abgelehnt. So hatte ich zunächst wenig Interesse, mich mit den Abwerbebemühungen des Headhunters zu beschäftigen. Doch dieser ließ nicht locker, beschrieb das Unternehmen und seinen Eigner in ausführlichen, positiven Facetten, und so kam es zu einem ersten Gespräch mit Dr. Lamy.

»Für mich ist es wichtig, stets so zu handeln, dass meine Geschäftspartner sagen können: „Das ist in Ordnung!" Meine Idealvorstellung ist dabei der hanseatische Kaufmann, dessen Handschlag ebenso bindend ist wie das gesprochene Wort.«

Im Verlauf eines Jahres folgten dieser ersten Begegnung viele weitere. Aber wir sprachen nicht über die bei einem Einstellungsgespräch üblichen Fragen: Wann ist der Wunschtermin für den Start? Was steht in der Job Description? Wie sieht der konditionelle Rahmen aus? Vielmehr ging es immer wieder darum, den gemeinsamen Wertekanon zu ergründen: Von welchen Werten lassen wir uns leiten? Stimmen wir in unseren Wertvorstellungen überein? Stimmen wir so sehr überein, dass wir dieses herausfordernde Experiment, Bernhard M. Rösner zum neuen Chef von Lamy zu küren, wagen könnten? Letztlich waren es keine Verhandlungen, sondern Gespräche miteinander. Eine nicht unbedeutende Rolle spielte in den Gesprächen die tief verankerte christlich-humanistische Grundüberzeugung, die sowohl Herrn Dr. Lamy als auch mir zu eigen ist. Für mich ist es wichtig, stets so zu handeln, dass meine Geschäftspartner sagen können: „Das ist in Ordnung!" Meine Idealvorstellung ist dabei der hanseatische Kaufmann, dessen Handschlag ebenso bindend ist wie das gesprochene Wort.

Natürlich kamen zwangsläufig irgendwann auch die Punkte zur Sprache, die bei solchen Verhandlungen dazugehören. Eine für mich ganz wichtige Bedingung war, dass ich – sollte ich den Wechsel vollziehen – eine Beteiligung am Unternehmen erwerben kann. Damit wollte ich folgende Dinge unterstreichen: meinen unternehmerischen Impetus und mein Interesse, an den Früchten meiner Arbeit beteiligt zu sein. Nicht zuletzt ging es auch um die Außenwirkung: Dies hier ist keine Durchgangsstation, sondern eine Lebensentscheidung.

Von da an haben wir den Übergabeprozess intensiv geplant und konsequent umgesetzt. Das heißt, wir haben ein Jahr lang parallel in der Unternehmensleitung gearbeitet, wobei ich nach und nach immer mehr Verantwortung und Aufgabengebiete übernahm. Gleichzeitig bereitete Dr. Lamy seinen Wechsel an die Spitze des neu zu schaffenden Beirats vor.

Besonders spannend an dieser Konstellation waren die Herausforderungen, die sowohl an Dr. Lamy in seiner neuen Rolle als auch an mich als Alleingeschäftsführer gestellt wurden: Dr. Lamy musste der Versuchung widerstehen, in das operative Geschäft einzugreifen, und für mich galt und gilt es, Standpunkte und Interessen der Unternehmerfamilie zu wahren. Andererseits stand auf meiner Agenda, das Unternehmen weiterzuentwickeln – schließlich sind die Marke und das Unternehmen ein Organismus, der einer Vielzahl von Veränderungen unterliegt.

Lamy war bei meinem Amtsantritt die beachtliche Lebensleistung von Dr. Manfred Lamy, der sich mit seinem Eintritt in das väterliche Unternehmen radikal von der eher historisierenden Gestaltungsauffassung der Branche und seines Vaters löste und ganz neue Wege ging. In diesem Spannungsfeld zwischen ständiger Innovation und dem Bewahren von bereits Erarbeitetem bewege ich mich jetzt auch, wobei sich Innovation für mich nicht nur auf neue Produkte, sondern auch auf die Methoden der Führung und sonstige Aspekte des Unternehmertums bezieht; Innovation als ganzheitlicher Ansatz.

> **»Dr. Lamy musste der Versuchung widerstehen, in das operative Geschäft einzugreifen, und für mich galt und gilt es, Standpunkte und Interessen der Unternehmerfamilie zu wahren.«**

3. Der Beirat

Mit dem endgültigen Übergang der Geschäftsführung auf mich nahm der Beirat seine Tätigkeit auf. Er ist auf der Eigentümerseite besetzt mit Dr. Lamy als Vorsitzendem und seinen beiden Kindern. Als Externe wurden ein Jurist aus dem Bereich Gesellschaftsrecht sowie später ein Unternehmer aus einem ebenfalls sehr designorientierten, mittelständischen Familienunternehmen in den Beirat berufen.

Die Rolle des Beirats ist zwar im Beiratsstatut über den Katalog der zustimmungspflichtigen Geschäfte als entscheidungskompetent definiert, tatsächlich versteht sich der Beirat aber aufgrund der Geschäftsentwicklung und der Wertschätzung für die Leistung des anderen eher als beratender Beirat. Entscheidungen fallen in der Regel nicht durch formelle Abstimmungen, sondern durch Übereinstimmung in der Sache.

Auch wenn der Umgangston im Beirat eher kollegial-leger ist, darf nicht der Eindruck entstehen, dass unser Beirat eine Art „Family and Friends"-Zusammenkunft wäre. Nein, in diesem Gremium wird zum Beispiel ausführlich und fundiert über strategische Fragen diskutiert. Bei solchen Themen zahlt es sich dann aus, dass in unserem Beirat zwei externe Persönlichkeiten mitarbeiten, die manchmal eine durchaus andere Sichtweise einbringen und damit die Diskussion befruchten und voranbringen.

4. Die externen Mitglieder des Beirats

Der Jurist im Beirat ist auch der Experte für familienstrategische Fragen. Er berät Dr. Lamy, wie er sich auf die Zeit nach seiner Beiratstätigkeit vorbereiten kann. Dieser Zeitpunkt des Abschieds aus dem Beirat ist bereits so präzise vorgezeichnet wie seinerzeit der Abschied aus der Geschäftsführung.

»Diese vertrauensvolle Zusammenarbeit ist ihm genauso wichtig wie mir. Und sie ist letztlich auch ein Baustein des Erfolgs unserer Zusammenarbeit und damit auch des Unternehmens.«

Das zweite externe Mitglied des Beirats bringt umfassende Expertise als Familienunternehmer in unseren Beirat ein. Das Know-how des designorientierten Armaturenfabrikanten nutzen auch andere Familienunternehmen, die ihn in ihren Beirat berufen haben. Er ist daher der ideale Sparringspartner bei der Frage, wie man ein erfolgreiches Familienunternehmen wie Lamy weiterentwickeln kann.

5. Die Kommunikation mit dem Beiratsvorsitzenden

Mit Dr. Lamy ist vereinbart, dass wir uns jede Woche einmal unter vier Augen treffen, sofern ich nicht auf Reisen bin, was sehr häufig der Fall ist. Dafür planen wir beide ein Zeitfenster von bis zu zwei Stunden ein. Die Agenda dieser Treffen ist offen. Ich habe eine Mappe, in der ich Unterlagen sammele, die beim nächsten Treffen angesprochen werden sollen – nicht als Dokument, sondern eher als Gedächtnisstütze für mich – und Herr Dr. Lamy hat eine ähnliche Mappe. Wir verständigen uns dann gemeinsam auf die Themen, die wir besprechen wollen. Und natürlich reden wir auch oft und viel über Dinge, die mit dem Geschäft überhaupt nichts zu tun haben.

Bei den unternehmensbezogenen Themen schonen wir uns nicht. Wenn ein Thema problematisch ist oder zu werden droht, sprechen wir darüber. Durchaus in dem Sinn, dass ich Herrn Dr. Lamy um seine Meinung frage, vor allem aber mit der Zielsetzung, ihm vollständige Informationen zu bieten. Mit dieser offenen und ehrlichen Kommunikation hat Herr Dr. Lamy die Gewissheit, dass ich mit nichts hinter dem Berg halte und er jederzeit gut über unser Unternehmen informiert ist. Diese vertrauensvolle Zusammenarbeit ist ihm genauso wichtig wie mir. Und sie ist letztlich auch ein Baustein des Erfolgs unserer Zusammenarbeit und damit auch des Unternehmens.

6. Mein Standpunkt zum Thema Beirat

Ich bin selbst seit etwa zehn Jahren bei verschiedenen Familienunternehmen als Beirat tätig. Aufgrund der Erfahrungen, die ich dort gesammelt habe, kann ich die Arbeit des Beirats in unserem Unternehmen recht gut beurteilen. In den Beiräten von Familienunternehmen kommt es darauf an, die Familie zu einem möglichst gemeinsamen, geschlossenen Votum zu bringen. Nur im Notfall sollte es dazu kommen, dass der Beirat mit wechselnden Mehrheiten und den Stimmen der Externen eine Entscheidung fällt. Solche Abstimmungen, bei denen einzelne Gesellschafter oder Stämme als Verlierer dastehen, führen unweigerlich zum Streit und zum Zerwürfnis zwischen den Gesellschaftern. Das ist gefährlich für das Unternehmen und schon manches Familienunternehmen ist daran zugrunde gegangen. Und selbst wenn im Beirat keine Familienmitglieder Sitz und Stimme haben, so sollte dieser rein extern besetzte Beirat doch immer wieder versuchen, den Willen der Gesellschafter zu erforschen und bei Entscheidungen zu berücksichtigen. Beiratsarbeit in Familienunternehmen ist vor allem Vertrauensarbeit auf der Basis persönlicher Integrität, Glaubwürdigkeit und Überzeugungskraft.

> **»Die Erfahrungen mit meinen externen Beiratsmandaten auf der anderen Seite helfen mir zu verstehen, unter welchem Druck ein Beirat stehen kann.«**

Bei meiner Tätigkeit als Beirat bin ich freilich gelegentlich auch an Grenzen gestoßen. So hatte ich einmal den Fall, dass ein Unternehmer zwar einen sehr kompetenten, ausschließlich extern besetzten Beirat berufen hatte, seine Empfehlungen und Beschlüsse jedoch konsequent ignorierte. Ich habe mir das einige Sitzungen angesehen und ihm dann erklärt, dass er beratungsresistent sei. Anschließend habe ich mein Mandat niedergelegt. Jahre später wurde das Unternehmen nicht zuletzt wegen der zwischenzeitlich vollzogenen missglückten Unternehmernachfolge insolvent. In einem anderen Fall weigerte sich die Geschäftsführung, dem Wunsch des Beirats nach einem schriftlich fixierten Strategiekonzept nachzukommen. Einige Gesellschafter haben die Geschäftsführung dabei offen unterstützt. Wir externen Beiräte haben diese Weigerung im Protokoll der Sitzung festgehalten und erklärt, dass wir uns ab sofort für dieses Thema nicht mehr verantwortlich fühlen. Im Grunde eine Perversion der Beiratsidee. Auch dies wäre eigentlich ein Grund für die Niederlegung des Beiratsmandats gewesen. Da aber ohnehin eine personelle Veränderung in der Geschäftsführung abzusehen war, konnte dieses Thema kurzfristig gelöst werden, da die neue Geschäftsführung eine schriftlich fixierte Strategieplanung als selbstverständlichen Teil ihrer Arbeit betrachtete.

Seit über 25 Jahren kenne ich die Arbeit mit Beirats- und Aufsichtsratsgremien als Geschäftsführer. Die Erfahrungen mit meinen externen Beiratsmandaten auf der anderen Seite helfen mir zu verstehen, unter welchem Druck ein Beirat stehen kann. Denn gerade bei Familienunternehmen besteht seine vornehmste Aufgabe darin, neben der Kontrolle der Geschäftsführung den Zusammenhalt des Unternehmens sicherzustellen. Das geht jedoch nur, wenn sich Beiräte engagieren. Es reicht dann eben nicht, viermal im Jahr zusammenzukommen und anschließend wieder zu entschwinden. Dies gilt umso mehr für die Arbeit des Vorsitzenden. Er ist (fast) immer „on duty".

Bernhard M. Rösner, Jahrgang 1957, hat nach seinem Abitur im Jesuiten-Internat Kolleg St. Blasien Wirtschaftswissenschaften in Freiburg studiert. Seit 1990 ist er als Geschäftsführer tätig. So war er Alleingeschäftsführer der Margarete Steiff GmbH und Vorsitzender der Geschäftsführung der Mercedes-Benz Accessories GmbH. 2006 wurde er geschäftsführender Gesellschafter der C. Josef Lamy GmbH sowie Mitglied bzw. Vorsitzender in Beiratsgremien mittelständischer Familienunternehmen. Er ist verheiratet und hat drei Kinder.

C. Josef Lamy GmbH auf einen Blick

Die Marke LAMY steht weltweit für hochwertige Design-Schreibgeräte von zeitlos moderner Ästhetik und perfekter Funktionalität. Ihre Erfolgsgeschichte begann vor 50 Jahren mit dem LAMY 2000: Das Modell begründete 1966 die klare, unverwechselbare Formensprache, die bis heute stilprägend für alle Produkte der Marke ist – das Lamy-Design. Als unabhängiges Familienunternehmen bekennt sich Lamy seit der Gründung 1930 konsequent zum Standort Heidelberg und garantiert so beständig höchste Qualität „Made in Germany". Mit einer Jahresproduktion von über sieben Millionen Schreibgeräten, einem Umsatz von deutlich über 100 Millionen Euro, einem Netz von über 130 Lamy-Boutiquen und annähernd 400 Shop in Shops weltweit, ist Lamy heute nicht nur Marktführer in Deutschland, sondern hat sich zu einer international begehrten Marke entwickelt. Dabei setzt das Unternehmen – nicht zuletzt durch jährliche Special Editions – immer wieder Trends und inspiriert Schreibbegeisterte rund um die Welt mit innovativen Produkten, Farben und Oberflächen. Auf diese Weise erfindet sich Lamy kontinuierlich neu und beweist, dass ein Schreibgerät mehr ist als ein Gebrauchsgegenstand: ein echtes Lifestyle-Accessoire, das der Freude am Schreiben von Hand Ausdruck verleiht und die Individualität seines Besitzers unterstreicht.

Wenn das Familienoberhaupt, zugleich der visionäre Macher an der Spitze des Familienunternehmens, durch Krankheit oder plötzlichen Tod ausfällt, ist die Familie oft hilflos. Es fehlt den Ehegatten und Kindern häufig an der notwendigen Detailkenntnis des Unternehmens und am unternehmerischen Know-how. Eine eingespielte Geschäftsführung kann zwar operative Probleme lösen, eine besondere Hilfestellung in dieser Situation bietet jedoch insbesondere ein Beirat – zusammengesetzt aus unternehmerisch erfahrenen Persönlichkeiten mit hoher wirtschaftlicher Kompetenz und dem Vertrauen der Familie ausgestattet. Als Sparringspartner für die Geschäftsführung und unabhängiger Berater für die Gesellschafter kann der Beirat in schwierigen Zeiten eine große Stütze sein. Kristina Salamon berichtet, wie der Beirat ihre Familie nach dem plötzlichen Tod ihres Vaters Jürgen Salamon, Inhaber der Dr. Peters Gruppe, unterstützt hat.

Kristina Salamon

Der Beirat – ein unentbehrlicher Helfer in familiären Notsituationen

1. Die Zukunft kommt früh genug

Die Annahme, dass das eigene Leben stets so weitergeht wie bisher und Schicksalsschläge eher die anderen treffen als einen selbst, ist ein oft hilfreicher Schutzmechanismus des Menschen. Erfolgreiche Unternehmer zeichnet aus, diesen Schutzmechanismus bei der Betrachtung ihres Unternehmens außer Kraft zu setzen und die Unternehmensentwicklung auf Basis verschiedenster Einflussfaktoren zu planen, Risiken abzuwägen und Strategien für die Zukunft zu entwickeln, die das Unternehmen auf alle Eventualitäten vorbereitet. Auf der persönlichen Ebene aber antizipieren erfolgreiche und visionäre Unternehmer genau wie die Mehrheit ihrer Mitmenschen, dass Schicksalsschläge an ihnen vorbeiziehen und sie die Zukunftsplanung ihres Unternehmens selbst steuern können. Die Nachfolgeplanung ihrer eigenen Funktion schieben viele Unternehmer emotional auf die lange Bank und gehen damit ungewollt und auch unbewusst nicht abzuschätzende unternehmerische Risiken ein. Auch bei meinem Vater war das so. Bis er am 13. November 2012 mit nur 65 Jahren einem Herzinfarkt erlag.

2. Vom kleinen Fondsinitiator zum innovativen Branchenvorreiter

Mein Vater, Jürgen Salamon, war Visionär und Unternehmer mit Leib und Seele. Als er in der Position eines jungen Wirtschaftsprüfungsassistenten der Westdeutschen Treuhand Union auf die Dr. Peters GmbH traf, packten ihn das Potenzial und das Geschäftskonzept dieses kleinen Fondsinitiators. 1979 entschloss er sich, das Geschäft gemeinsam mit dem Unternehmenseigner Volker Peters weiter auszubauen. Durch strategische Partnerschaften mit expandierenden Hotelketten und Projektentwicklern in Deutschland sicherten sie sich einen Zugang zu renditestarken Immobilienobjekten. Später machten steuerliche Verlustzuweisungen eine Investition in Schiffsfonds attraktiv. Im Zuge der Neuausrichtung der Dr. Peters GmbH & Co. KG auf den Schiffsmarkt zog sich Volker Peters aus dem operativen Geschäft zurück und mein Vater setzte, nur wenige Jahre nach seinem Einstieg, nunmehr als Gesellschafter die Expansion des Unternehmens durch erfolgreiche Investments in Handelsschiffe fort. Er ebnete den Weg in die Finanzierung der Tankerschifffahrt, die zu diesem Zeitpunkt in Deutschland so gut wie keine Rolle spielte. Die große Nachfrage der Anleger nach Steuerersparnissen und attraktiven Renditen veranlasste meinen Vater, in den Bau eigener Schiffe durch asiatische Werften zu investieren und mit unternehmerischem Risiko für kontinuierliches Wachstum der Firma zu sorgen. „Stillstand ist Rückschritt" war eines seiner Lieblingszitate – entsprechend suchte er ständig nach neuen Möglichkeiten, um das bestehende Geschäftsmodell weiterzuentwickeln. Da er seit dem Teenageralter leidenschaftlicher Pilot war und sich durch seine Passion ein breites Wissen über Flugzeuge und die Luftfahrtindustrie angeeignet hatte, lag es nahe, das bei Schiffen so erfolgreiche Fondsmodell auf die Luftfahrt zu übertragen.

»So übernahmen wir als Familie nach dem Tod meines Vaters ein Unternehmen, das seinen innersten Kern und Motor verloren hatte.«

35 Jahre nach dem Einstieg meines Vaters in das Emissionshaus umfasste die Dr. Peters Gruppe durch die Vielzahl der aufgelegten Fonds in unterschiedlichen Assetklassen nicht nur die eigene Produktentwicklung, sondern auch das Management der Immobilien, Schiffe und Flugzeuge. Mit der Nachfrage nach renditestarken Anlageobjekten wuchs auch die Anzahl der Mitarbeiter. Mein Vater steuerte die Dr. Peters Gruppe jedoch auch mit zunehmender Größe weiterhin nahezu zentral. Ein straffes Berichts- und Kontrollsystem seiner Mitarbeiter und Geschäftsführer ermöglichte es ihm, jederzeit über Fortschritte und Risiken des Unternehmens informiert zu sein. Von der Entwicklung und dem Einkauf neuer Produkte bis hin zur Anbindung der größten Vertriebspartner war mein Vater das zentrale Organ und die treibende Kraft des Unternehmens. Einen Ersatz für sich in dieser umfangreichen Position suchte er lange Zeit vergebens.

So übernahmen wir als Familie nach dem Tod meines Vaters ein Unternehmen, das seinen innersten Kern und Motor verloren hatte. Und dies in einer Zeit, in der unsere Anleger durch die Finanz- und Weltwirtschaftskrise insbesondere in der Schifffahrtssparte Investments verloren. In Kombination mit der Regulierung des Kapitalmarkts wurden eine vollkommene Reorganisation unseres Unternehmens sowie eine dringende Anpassung des bisherigen Geschäftsmodells notwendig.

3. Die Familie als Unternehmensnachfolger
Unsere Familie bestand zum Zeitpunkt des Todes meines Vaters aus meinen beiden Schwestern, Helena, 28 Jahre alt, studierte Juristin, Katharina, 21 Jahre alt, die

gerade mit ihrem Bachelorstudium der Betriebswirtschaft begonnen hatte, und mir, damals 25 Jahre alt, im fortgeschrittenen Masterstudium der Betriebswirtschaft an der Universität Hamburg. Unsere Mutter Kati hatte meinem Vater stets den Rücken frei gehalten. So wusste sie zwar am meisten über die Entwicklung und aktuellen Geschehnisse innerhalb der Dr. Peters Gruppe, war für das Unternehmen jedoch nicht operativ tätig.

Wir hatten bereits früh die Philosophie unseres Vaters verinnerlicht, das Unternehmen und alle Mitarbeiter, die sich tagtäglich für die Leistungsfähigkeit des Unternehmens einsetzten, als einen Teil unseres Lebens und unserer Familie anzusehen. Unser Unternehmen war ein Familienunternehmen durch und durch, das, solange ich mich daran erinnern kann, in den Alltag unserer Familie eingebunden war. Jede von uns war mit den aktuellen Entwicklungen der Dr. Peters Gruppe vertraut und durch Besuche vor Ort den Mitarbeitern persönlich verbunden. So setzten wir uns in den darauffolgenden Monaten mit all unserer Kraft dafür ein, das Unternehmen am Leben zu erhalten. Zeit, um den Schock über den Tod unseres Vaters zu verarbeiten und zu trauern, blieb uns kaum.

Auf das, was kommen sollte, waren wir in keiner Weise vorbereitet. Nicht nur, dass niemand aus der Familie über qualifizierte Kenntnisse oder Berufserfahrung verfügte, um ein solches Unternehmen selbst führen zu können. Uns fehlten schlichtweg viele Informationen, die wesentlich für das Unternehmen und uns Gesellschafter waren, sowie unabhängige Personen, die über die wichtigsten Themen im Unternehmen informiert waren und denen wir vertrauen konnten.

4. Unternehmenserhalt um jeden Preis

Wir nahmen unser Ziel, das Unternehmen zu erhalten und unseren Mitarbeitern Stabilität und eine Zukunftsperspektive zu bieten, zweigleisig in Angriff – zum einen durch die Einführung eines beratenden Beirats, zum anderen durch die konsequente und sofortige Einarbeitung unserer Familie in das Unternehmen.

Um das Geschäft in kürzester Zeit zu verstehen, sammelten meine Schwester Helena und ich so viele Informationen über das Unternehmen, seine Mitarbeiter, Strukturen und Prozesse wie möglich. Gemeinsam nahmen wir an jeglichen Sitzungen und Meetings teil, in denen die Geschäftsführer über die Entwicklung ihrer Bereiche berichteten. Mit vielen Mitarbeitern unterhielten wir uns über ihre Tätigkeitsfelder und ihre routinemäßigen Aufgaben. Unser Wunsch, das Unternehmen und seine Mitarbeiter kennenzulernen, führte jedoch trotz unserer Absicht, Sicherheit und Unterstützung zu signalisieren, schnell zu ersten Problemen.

Neu in einem Unternehmen zu sein, erfordert grundsätzlich taktvolles Feingefühl in der Auseinandersetzung mit den Anforderungen und Aufgaben an eine Position. Mitarbeiter sind oft unsicher und Wissen sprudelt nicht automatisch aus ihnen heraus. Fragen geschickt zu formulieren, um eine geeignete Antwort zu erhalten, war eine Fertigkeit, die wir uns selbst aneignen mussten. Zum anderen mussten Barrieren reduziert werden, die verhinderten, dass wir vollständige Informationen aus dem Unternehmen erhielten. Nicht alle Mitarbeiter verstanden unseren Ehrgeiz, das Unternehmen schnellstmöglich kennenzulernen. Manche sahen dies vielmehr als Kontrolle der persönlichen Leistung und des eigenen Verantwortungsbereichs an.

Zu Beginn war uns nicht bewusst, welche Wirkung ein Gesellschafter im eigenen Unternehmen hat und welchen Einfluss wir unbewusst ausübten. Darüber hinaus eröffnete unsere eigene Unsicherheit Personen innerhalb und außerhalb des Unternehmens die Gelegenheit, sich politisch geschickt und in Bezug auf die eigene Person bestmöglich zu positionieren, um durch Einflussnahme auf unsere Familie eigene Ziele zu verfolgen.

Zusätzlich kam es gerade in den ersten Monaten nach dem Tod unseres Vaters zwischen uns Familienmitgliedern häufig – wahrscheinlich unvermeidlich – zu unterschiedlichen Einschätzungen, die zu immer größer werdenden Diskussionen innerhalb unserer Familie führten. Schwieriger noch war unser nicht einheitliches Auftreten als Gesellschafterfamilie gegenüber Mitarbeitern und Geschäftsführung. Bei allen Familienmitgliedern stand das Wohlergehen des Unternehmens im Vordergrund, es stellte sich nur die Frage, wie dieses Ziel verwirklicht werden könnte. Der Entschluss, ein unabhängiges Organ zu installieren, dem man vertrauen kann, das im Sinne des Unternehmens denkt und gleichzeitig die Interessen der Familie als Gesellschafter im Blick hat, war nach einigen schwierigen Situationen schnell gefasst. Wir entschieden uns, zum Wohl des Unternehmens und der Familie als Gesellschafter einen beratenden Beirat ins Leben zu rufen.

5. Gesucht, gefunden – die Beiratsarbeit beginnt

Zentraler Punkt bei der Suche nach geeigneten Beiratsmitgliedern war ein Werteverständnis, das unseren Familien- und Unternehmenswerten gleicht. Wir waren und sind der Überzeugung, dass nur die gleiche Auffassung und Verinnerlichung von Werten wie Ehrlichkeit, Bodenständigkeit, Verlässlichkeit, Respekt und Loyalität das Fundament einer vertrauensvollen Zusammenarbeit bilden können. Hinzukommen musste ein Mix aus persönlicher, insbesondere finanzieller Unabhängigkeit, Netzwerkstärke, wirtschaftlicher Erfahrung, fachlicher Kompetenz und der Fähigkeit, komplexe Sachverhalte in verständlicher Weise zu erklären. Das war das Profil unserer idealen Beiratskandidaten.

Vor Einführung des Beirats in unserem Unternehmen hatten wir Gesellschafter uns häufig, jedoch unregelmäßig, mit der Geschäftsführung und externen Beratern getroffen, um unternehmensrelevante Themen zu diskutieren. Ganz im Stil eines Familienunternehmens wurden Sitzungen am Esszimmertisch im elterlichen

Familienwohnsitz abgehalten und kurzfristig Entscheidungen getroffen, die nicht immer durch vollständige Informationen abgesichert waren. Die Aufbereitung von relevanten Informationen, die Gesellschafter benötigen, um unternehmerische Entscheidungen zu treffen, wurde erst nach und nach durch Geschäftsführung und Gesellschafter optimiert.

Unser Unternehmen, das in mehrerer Hinsicht im Umbruch war, stand vor einer ganzen Reihe von Herausforderungen. Zu viele, als dass wir Gesellschafter uns mit allen Themen im Detail befassen konnten. Wir konzentrierten uns auf wesentliche und dringende Entscheidungen zu investiertem Kapital unserer Anleger und der durch die Unternehmensgruppe aufgelegten Assets, fokussierten uns dabei jedoch weniger auf die stetige Kontrolle der betriebswirtschaftlichen Kennzahlen. Vom Beirat erwarteten wir uns daher neben der Optimierung unserer Prozesse auch eine Professionalisierung unserer Rolle als Gesellschafter als Führungs- und Kontroll-organ der Unternehmensspitze.

> **»Vom Beirat erwarteten wir uns neben der Optimierung unserer Prozesse auch eine Professionalisierung unserer Rolle als Gesellschafter als Führungs- und Kontrollorgan der Unternehmensspitze.«**

Nach einigen Wochen intensiver Suche hatten wir unsere Beiratsmitglieder ge-funden. Sie bildeten einen Kreis aus Experten unterschiedlicher Fachgebiete und Stärken, deren Werteverständnis dem unsrigen glich. Die Familie wählte die künf-tigen Beiratsmitglieder einstimmig. Neben der Branchenkenntnis deckten unsere drei Beiratsmitglieder eine Vielzahl an Kompetenzen ab. Unser Beirat bestand aus dem CFO eines SDAX-Unternehmens, einem Familienunternehmer und Experten für Beteiligungsmanagement sowie einem Unternehmer mit besonderer Vertriebs-erfahrung. Das Gremium sollte rein beratend tätig sein.

Die Beiratsordnung sah vor, dass der Beirat sechsmal pro Jahr zusammenkommt. Fokus der Arbeit sollte die langfristige Unternehmenssicherung sein, die Wahrung der Qualität der Geschäftsführung sowie die Sicherstellung der erfolgreichen Um-setzung der Unternehmensstrategien und -ziele. Von Anfang an nahmen meine Schwester Helena und ich als Gäste an den Beiratssitzungen teil, um möglichst viel aus den Gesprächen zwischen Beirat und Geschäftsführung zu lernen, und um das Unternehmen aus den verschiedensten Perspektiven zu reflektieren. Während wir zu Beginn der Beiratsarbeit lediglich Zuhörer waren, nahmen wir im Laufe der Zeit und mit zunehmendem Wissen verstärkt am Informationsaustausch und an Diskussionen teil.

6. Ein Gewinn an Professionalität

Durch den Tod des zentralen Entscheidungsträgers und die Regulierung des Kapitalmarktes befand sich das Unternehmen in einer Umbruchphase. Der Beirat war in dieser Zeit ein wichtiges Gremium und eine große Stütze bei zukunftsträchtigen Entscheidungen. Notleidende Assets forderten von unserem Management ein äußerst sensibles Vorgehen im Markt, um den Reputationsschaden, den die gesamte Finanzbranche in der Öffentlichkeit erlitten hatte, nicht noch weiter zu verstärken und das Vertrauen unserer Anleger in die Managementkompetenz der Dr. Peters Gruppe weiter zur stärken. In den ersten drei Jahren nach dem Tod meines Vaters trafen wir uns regelmäßig in kurzen Abständen. Wir Gesellschafter fanden Unterstützung bei der Auswahl notwendiger Investitionen, um das Unternehmen gemeinsam mit der Geschäftsführung wieder auf einen soliden Kurs zu bringen. Der Input und der Erfahrungsschatz der Beiräte halfen der Geschäftsführung und uns gleichermaßen, die richtigen operativen Entscheidungen zu treffen und gleichzeitig unsere Zusammenarbeit zu professionalisieren.

»Der Beirat war in dieser Zeit ein wichtiges Gremium und eine große Stütze bei zukunftsträchtigen Entscheidungen.«

So entwickelten wir mithilfe des Beirats ein zunehmend besseres Verständnis für wichtige und richtige Vorgehensweisen im Unternehmen und die Bedeutung von strukturierten Prozessen für einen effizienten Arbeitsablauf. Zu Beiratssitzungen wurde formell eingeladen, die Sitzungen wurden anhand einer Tagesordnung strukturiert und Protokolle garantierten, dass alle Informationen vollständig übermittelt und verstanden wurden. Informationen zu anstehenden Entscheidungen wurden detailliert aufbereitet und im Vorfeld der Entscheidung vorgelegt. Alle Beiratstreffen fanden in den Räumlichkeiten der Unternehmensgruppe statt.

Der Beirat vermittelte nicht nur zwischen Gesellschaftern und Geschäftsführern, er trug auch wesentlich zur notwendigen Trennung von Geschäftlichem und Privatem seitens der Familie bei. Das große Vertrauen der Familie gegenüber dem Beirat sorgte dafür, dass die Gesellschafter in der Regel den Empfehlungen des Beirats folgten. Diskussionen wurden im Rahmen der Gesellschafterversammlungen und somit gemeinsam mit dem Beirat geführt, anstatt dass sie im Familienkreis eskalierten. Gerade in der Umbruchphase des Unternehmens sorgte der Beirat durch seine Moderation für eine kontinuierliche Dialogfähigkeit zwischen Gesellschaftern und Geschäftsführung.

Gegenüber unserer Familie erfüllte der Beirat insbesondere in der Anfangszeit die wichtige Aufgabe, uns die Motive der Geschäftsführung hinsichtlich strategischer Entscheidungen und operativer Handlungen zu erläutern. Dies half uns, das große Ganze zu verstehen. Darüber hinaus waren die einzelnen Beiratsmitglieder maßgeblich an der Klärung unserer Rolle als Gesellschafter beteiligt und schärften nicht nur unser Verständnis für den tragenden Charakter der Gesellschafterfunktion, sondern sorgten auch durch offene Kommunikation dafür, dass wir als Familie und Gesellschafter keine Fauxpas begingen und beispielsweise mit unbedachten Aussagen die Autorität der Geschäftsführung untergruben.

7. Lessons learned: Die Arbeit des Beirats heute

Nach über drei Jahren Beiratstätigkeit für die Dr. Peters Gruppe hat sich in unserem Unternehmen und in der Zusammenarbeit zwischen Geschäftsführung, Beirat und Gesellschaftern viel getan. Als Gesellschafter dürfen wir nach wie vor von einem hohen Lerneffekt profitieren, den wir durch die Beobachtung der Zusammenarbeit des Gremiums mit der Geschäftsführung und im individuellen Austausch mit den einzelnen Mitgliedern erleben. Durch die unterschiedlichen Eigenschaften, Kompetenzen, Ansichten und Erfahrungen der einzelnen Beiratsmitglieder lassen sich eigene Ideen, Entscheidungen oder Schwierigkeiten aus verschiedensten Blickwinkeln reflektieren.

Unserem Wunsch nach Professionalisierung sind wir durch den Beirat ein großes Stück nähergekommen. Um die Informationsweitergabe an den Kreis der Gesellschafter effizient zu gestalten, haben wir den Informationsfluss zunehmend strukturiert. Als Vertreterin der Gesellschafter nehme nur noch ich an wichtigen Sitzungen im Unternehmen sowie an allen Beiratssitzungen teil. Der Beiratsvorsitzende ist laut Beiratsordnung verpflichtet, die Gesellschafter in einer nachträglichen Versammlung über die abgehaltene Sitzung zu informieren. Daher findet im Anschluss an die Beiratssitzung die Gesellschafterversammlung statt, in der der Beiratsvorsitzende und ich die aktuelle Entwicklung des Unternehmens und anstehende Entscheidungen vorstellen und mit den Anwesenden erörtern. Die weiteren Beiratsmitglieder dürfen an der Gesellschafterversammlung teilnehmen und tun dies in aller Regel auch. Diese Regelung stellt sicher, dass alle Gesellschafter Informationen aus erster Hand und ohne zeitliche Verzögerung erhalten. Die Gesellschafter diskutieren und treffen die anstehenden Entscheidungen in der Gesellschafterversammlung und kommunizieren sie unverzüglich der Geschäftsführung. Neben einer strukturierten und konsequenten Vorgehensweise schafft dies auch Klarheit bei unseren Geschäftsführern und zeitliche Planungssicherheit bei wichtigen und zeitkritischen Entscheidungen. Außerhalb der formellen Sitzungen läuft die Beiratsarbeit eher informell ab. Ich führe regelmäßig Telefonate mit allen Beiratsmitgliedern, um mir ihren Rat, ihre Argumente und ihre Sichtweise auf anstehende Entscheidungen einzuholen und den Beirat auch außerhalb der Sitzungen immer auf dem neuesten Informationsstand zu halten.

Insbesondere im familiären Kontext spielt der Beirat als Mediator nach wie vor eine große Rolle. Die sachliche Einschätzung eines Außenstehenden wird in der Regel nüchterner betrachtet als die emotionale Aussage eines Familienmitglieds, das die eigenen Interessen durchsetzen möchte. Meinungsverschiedenheiten innerhalb des Gesellschafterkreises der Dr. Peters Gruppe führen mittlerweile nicht mehr zu Streitigkeiten innerhalb der Familie, sondern bleiben auf der Ebene der Gesellschafter. Der Beirat sensibilisiert uns für unsere Kommunikation und moderiert unsere unternehmensbezogenen Diskussionen mit dem Fokus auf gemeinsame Ziele, sodass stets ein Konsens gefunden wird.

»Zusammenfassend lässt sich sagen, dass die Arbeit des Beirats in der Dr. Peters Gruppe einen wertvollen Beitrag zur erfolgreichen Unternehmensnachfolge und zum Familienfrieden geleistet hat.«

Für uns Gesellschafter ist der Beirat eine nicht mehr wegzudenkende Unterstützung. Neben den wirtschaftlichen und unternehmerischen Ratschlägen ist allein die Tatsache, ein unabhängiges, kompetentes Gremium zur Seite zu haben, das die Interessen des Unternehmens im Blick hat, eine unglaubliche Erleichterung.

Zusammenfassend lässt sich sagen, dass die Arbeit des Beirats in der Dr. Peters Gruppe einen wertvollen Beitrag zur erfolgreichen Unternehmensnachfolge und zum Familienfrieden geleistet hat und zu einer echten Stärke des Unternehmens geworden ist. Nicht nur, dass wir innerhalb der Unternehmensgruppe professioneller aufgestellt sind. Unser Beirat leistet besonders in dem hart umkämpften Markt der Finanzdienstleistungen einen großen Beitrag und ist im Austausch über langfristige Entscheidungen und strategische Perspektiven wichtiger Sparringspartner der Geschäftsführung. So stellen wir sicher, dass die Dr. Peters Gruppe durch die Bündelung unterschiedlicher Kompetenzen und Erfahrungen auch in Zukunft für ihre Anleger und Investoren erfolgreich tätig sein wird.

8. Fazit – Wenn wir die Zeit zurückdrehen könnten

Wenn wir die Zeit zurückdrehen könnten, was würden wir anders machen? Wir würden die Beiratsarbeit sehr viel früher starten, Notfallregelungen schaffen und die Unternehmensnachfolge vorbereiten. Lieber viel zu früh als auch nur eine Minute zu spät. Kurz gesagt: Wir würden vorsorgen. Daher werden wir als nachfolgende Generation alles dafür tun, um zum Wohl des Unternehmens und der Familie vorausschauend die Weichen für die Zukunft zu stellen.

Kristina Salamon, Jahrgang 1987, studierte Betriebswirtschaftslehre an der Universität Hamburg mit den Schwerpunkten Marketing und Unternehmensführung. Nach kurzer Unterbrechung des Studiums bedingt durch den Tod ihres Vaters und der Konzentration auf das Familienunternehmen schloss sie das Studium Ende 2013 mit dem Master of Science ab. Heute lebt Kristina Salamon gemeinsam mit ihrem Ehemann und dem neuesten Familienzuwachs, der kleinen Dackelhündin Lotta, in Düsseldorf. Sie unterstützt als Vertreterin der Gesellschafter aktiv die Geschäftsführung der Dr. Peters Gruppe in Dortmund sowie die Geschäftsleitung der eigenen Automobilgruppe am Familienstammsitz Dorsten. Darüber hinaus baut sie erfolgreich ihr eigenes Unternehmen als Online- und stationären Einzelhandel in Düsseldorf auf. Gemeinsam mit ihrer Mutter und den beiden Schwestern gründete Kristina die gemeinnützige Jürgen-Salamon-Stiftung und unterstützt seitdem in ihrer Freizeit soziale Projekte.

Dr. Peters Gruppe auf einen Blick

Die Dr. Peters Gruppe bietet seit über 40 Jahren geschlossene Beteiligungsmodelle an. 1960 als Handelshaus für Konsumgüter gegründet, richtete sich der Fokus ab 1975 auf den Ankauf verschiedener Sachwerte und die Strukturierung von Kapitalanlagen. Bei den aufgelegten Fonds handelt es sich schwerpunktmäßig um Flugzeug-, Schiffs- und Immobilienfonds, wobei jedes Beteiligungsmodell die Expertise der Unternehmensgruppe in den Bereichen Akquise, Produktentwicklung und Assetmanagement der Sachwerte vereint. Bis heute wurden insgesamt etwa 7,41 Milliarden Euro in Sachwerte investiert, bei einem Portfolio von 143 Fonds und etwa 60.000 Anlegern, die sich bisher für eine Beteiligung an einem Dr. Peters-Fonds entschieden haben.

Kennzahlen (2015)

Umsatz: rund 60 Millionen Euro
Mitarbeiter: 167

Die Schmidt + Clemens Gruppe mit Sitz im rheinischen Lindlar ist international im Bereich Edel-
stahlherstellung und -verarbeitung tätig. Das Unternehmen hat in den letzten Jahren einen gra-
vierenden Wandel vollzogen, der maßgeblich von Jan Schmidt-Krayer betrieben wurde, begleitet
von einem Beirat, der bereits Ende der 60er-Jahre installiert wurde. Jan Schmidt-Krayer ist ge-
schäftsführender Gesellschafter der Schmidt + Clemens GmbH + Co. KG und Vorsitzender der
Geschäftsführung. Im folgenden Beitrag berichtet er, wie die Neuerungen umgesetzt wurden.

Jan Schmidt-Krayer

Unser Beirat ist ein Machtzentrum

1. Die Vorgeschichte
1.1 Die 60er-Jahre

Bis in die 1960er-Jahre prägten die Söhne unseres Firmengründers Ludwig
Schmidt, Carl und Alfred, als persönlich haftende Gesellschafter (PhG) die Entwicklung von Schmidt + Clemens (S+C). Beide hielten je 50 Prozent des Kapitals.
Alfred hieß übrigens bis in die 50er-Jahre Schmidt, dann wurde wegen Verwechs-
lungsgefahr der Name seiner Frau, die mit Nachnamen Krayer hieß, angefügt. Der
damalige Gesellschaftsvertrag sah vor, dass aus jedem Stamm seiner Familie ein
Nachfolger in die Leitung des Unternehmens eintreten sollte. Beim Tod von Carl
im Jahre 1960 war kein Nachfolger in Sicht, denn sein Sohn Richard war nicht aus
dem Krieg heimgekehrt.

Alfred leitete die Firma zunächst alleine, wurde aber unterstützt von seinen engsten Mitarbeitern. Ab 1962 arbeitete sein damals 26-jähriger Sohn Christoph in der
Geschäftsleitung mit. Christoph, mein Vater, wurde 1966 weiterer PhG. Zu dieser
Zeit vertrat ein „Beauftragter" den allmählich wachsenden Kreis der Kommanditisten gegenüber den Gesellschaftern. Dies war unser langjähriger, mit der Firma
vertrauter Wirtschaftsprüfer.

Nach dem Tod Alfreds am 1. Januar 1969 wurde eine neue Struktur umgesetzt,
die er bereits Jahre zuvor angedacht hatte: die Umwandlung der Gesellschaft in
eine GmbH + Co. KG mit einem fünfköpfigen Beirat aus familienfremden, erfahrenen Persönlichkeiten aus der Wirtschaft. Dieser Beirat übernahm weitreichende
Verantwortung: Mitsprache bei Investitionsvorhaben und Geschäftsstrategien,
Feststellung der Bilanz, Gewinnverwendung, Sonderausschüttungen sowie die
Bestellung und Entlassung der Geschäftsführer. Dabei war der Beirat Berater und
Vorgesetzter der Geschäftsführung. Dies funktionierte konfliktfrei, man arbeitete
professionell zusammen. Den Gesellschaftern verblieben die Wahl des Abschluss-
prüfers, der Beiratsmitglieder und natürlich Änderungen des Gesellschaftsvertra-
ges. Bezüglich der Ausschüttungen war festgelegt, dass die Gesellschafter jährlich
nur zwei Prozent der Kapitalkonten und 40 Prozent der Zinsen der Verrechnungs-

konten entnehmen durften, außerdem gelegentliche Sonderentnahmen, deren
Höhe der Beirat festlegte.

Die Macht war also auf den Beirat konzentriert, der für fünf Jahre gewählt wurde. Wahlvorschläge kamen meist vom geschäftsführenden Gesellschafter. Bei der Auswahl der Kandidaten legte man Wert darauf, dass sie stets die Gesamtheit aller Gesellschafter und nicht nur einzelne Gruppierungen vertreten sollten. Die beiden wesentlichen Kriterien waren eine umfassende Berufserfahrung und eine positive Grundeinstellung zu Familienunternehmen. Unter den Beiräten waren beispielsweise Banker, der technische Vorstand eines unserer großen Kunden, Wirtschaftsprüfer, Produktionsgeschäftsführer und ein früherer Werksleiter der Siemens AG.

1.2 Die 70er-Jahre

Mit der Umwandlung der KG in eine GmbH + Co. KG im Jahre 1970 trat Christoph als PhG zurück und wurde vom Beirat zum geschäftsführenden Gesellschafter bestellt. Er bekam einen Fünfjahresvertrag mit fixiertem, niedrigem Tantieme-Prozentsatz. Später kamen zwei weitere externe Geschäftsführer hinzu. Als mein Vater 1998 in den Ruhestand ging, stand zunächst kein familieninterner Nachfolger zur Verfügung – ich hatte gerade erst mein Studium beendet. Ein weiterer externer Geschäftsführer komplettierte daher die Geschäftsführung. Christoph übernahm den Beiratsvorsitz.

Zugleich wurde ein Gesellschafterausschuss (GA) geschaffen, dessen Vorsitz ebenfalls mein Vater übernahm. Dieses Gremium hatte die Aufgabe, die familienfremden Geschäftsführer auf informelle Weise zu begleiten, um so für Schmidt + Clemens den Charakter eines Familienunternehmens zu wahren – trotz Fehlens eines geschäftsführenden Gesellschafters. Formaljuristisch hatte der GA keinerlei Befugnisse. Er bildete vielmehr das Bindeglied zwischen Fremdgeschäftsführung und Gesellschaftern, damit erfüllte er also lediglich eine kommunikative Funktion. Er sah sich zum Beispiel Beiratskandidaten an oder wurde bei besonderen Themen, meist im Vorfeld von Gesellschafterentscheidungen, prüfend, vermittelnd oder empfehlend hinzugezogen. Auf diese Weise sollte einer Entfremdung zwischen dem Unternehmen und seinen Gesellschaftern vorgebeugt werden. Interessierte Gesellschafter bekamen zugleich die Chance, durch die Mitwirkung im Gesellschafterausschuss enger an unser Familienunternehmen heranzurücken.

2. Mein Einstieg in unser Familienunternehmen

Nach meinem Abitur 1989 sowie längeren Auslandsaufenthalten und verschiedenen Praktika entschloss ich mich, Maschinenbau zu studieren. Nach dem Vordiplom an der TU Clausthal absolvierte ich mein Hauptstudium an der RWTH Aachen. Parallel arbeitete ich an der Uni als wissenschaftliche Hilfskraft. Meine Diplomarbeit schrieb ich in den USA. 1997 begann ich meine berufliche Laufbahn bei einem Tochterunternehmen der Mannesmann AG in München.

2001 trat der damalige externe Beiratsvorsitzende an mich heran (bewusst nicht mein Vater!) und fragte mich, ob ich mir vorstellen könnte, eines Tages für S+C zu arbeiten. Falls ja, müsse man so etwas schließlich längerfristig planen. Nach kurzer Bedenkzeit entschloss ich mich dazu und die nächsten Schritte wurden vorbereitet. Da ich reiner Techniker war, absolvierte ich zunächst ein wirtschaftliches Aufbaustudium an der Fernuni Hagen. Des Weiteren traf ich mich regelmäßig mit dem Beiratsvorsitzenden und später auch dem Vorsitzenden der Geschäftsführung. Zu dritt entwickelten wir einen Plan, wie ich mich in den nächsten Jahren am besten auf die zukünftige Aufgabe vorbereiten könnte.

> **»Zum Abschluss des Generationenwechsels legte mein Vater in Absprache mit mir Ende 2006 sein Beiratsmandat nieder.«**

2003 trat ich dann ins Unternehmen ein. Nach einem kurzen Aufenthalt in der Zentrale in Deutschland wurde ich für neun Monate nach Spanien geschickt. Das spanische Werk galt als Best Practice innerhalb der Gruppe. Anfang 2004 ging ich nach Malaysia, um dort einen neuen Produktionsstandort aufzubauen. Hierbei galt es nicht nur, Maschinen und Anlagen zu beschaffen, sondern vor allem geeignetes lokales Personal einzustellen, zu schulen und langfristig an unser Unternehmen zu binden. Nach erfolgreichem Produktionsstart übernahm ich anschließend die Leitung des Vertriebs Südostasien.

Mitte 2006 kehrte ich nach Deutschland zurück und wurde am 1. September zum geschäftsführenden Gesellschafter berufen. Nach acht Jahren externer Führung war S+C nun wieder inhabergeführt. Kurze Zeit später schied einer der beiden externen Geschäftsführer aus, sodass ich in den folgenden Jahren das Unternehmen zusammen mit dem kaufmännischen Geschäftsführer leitete.

Zum Abschluss des Generationenwechsels legte mein Vater in Absprache mit mir Ende 2006 sein Beiratsmandat nieder. Stattdessen nahm meine Schwester seinen Platz ein. Damit waren in den leitenden Organen der Gesellschaft – Geschäftsführung und Beirat – nur noch Angehörige der jüngeren Generation vertreten.

3. Die kleine Revolution bei Schmidt + Clemens

Der Gründer Ludwig Schmidt hatte sechs Enkel, die jeweils einen Stamm der Familie begründeten. 2007 kündigte einer der sechs Stämme mit insgesamt rund 17 Prozent Unternehmensanteil seine Beteiligung und ließ sich ausbezahlen. Dies ging zum Glück friedlich vonstatten, das Unternehmen konnte den Mittelabfluss gut wegstecken. Es blieb aber bei mir ein ungutes Gefühl, wie es weitergehen sollte. Denn sechs der verbliebenen 14 Gesellschafter lebten im Ausland, einige besaßen nur kleine Anteile und hatten zum Teil schon mehrere Kinder, wodurch der Anteilsbesitz noch mehr zu zersplittern drohte. Die Kernfrage war nun für mich, wie zum einen der Fortbestand des

Familienunternehmens und zum anderen die emotionale Bindung aller Gesellschafter, auch der im Ausland lebenden, gesichert werden konnte.

3.1 Die Familienverfassung

2008 beschloss ich, alles infrage zu stellen und sozusagen auf einer grünen Wiese mit allen Beteiligten eine Familienverfassung zu erstellen. Ähnliche Anläufe in der Vergangenheit waren gescheitert, wahrscheinlich weil nicht alle Gesellschafter gleichermaßen eingebunden oder zu viele Vorgaben gemacht worden waren. So entstand über einen Zeitraum von eineinhalb Jahren unter aktiver Mitarbeit aller verbliebenen fünf Stämme eine 20-seitige Familienverfassung. Entscheidend für den Erfolg dieses Projekts war vor allem, dass die Diskussionen durch einen externen Profi moderiert wurden.

Am Ende wurde die neue Familienverfassung feierlich von allen Gesellschaftern und deren Partnern unterschrieben. Sie enthält die Werte und Ziele der Inhaberfamilien und fixiert die Grundsätze unserer Corporate und unserer Family Governance. Der Beirat behielt seine wesentliche Funktion als Beratungs- und Beschlussgremium. Die Aufgabenverteilung zwischen der gesellschaftsrechtlich vorgeschriebenen Gesellschafterversammlung und dem gesellschaftsvertraglich vorgesehenen Beiratsgremium sowie die Voraussetzungen für eine Tätigkeit als Beirat wurden an die aktuellen Anforderungen einer erfolgreichen Unternehmensführung angepasst. Ebenso wurden die Entscheidungs- und Mitwirkungsbefugnisse von Beirat und Geschäftsführung neu austariert.

3.2 Der Gesellschaftsvertrag

Der bis dahin geltende Gesellschaftsvertrag war in weiten Teilen patriarchalisch geprägt, wie es für viele Familienunternehmen mit langer Tradition typisch war. In der Annahme, die finanzielle Substanz des Unternehmens sichern zu müssen, war es dem Beirat vorbehalten, Sonderentnahmen zu gestatten, die über die geringen Entnahmerechte nach dem Gesellschaftsvertrag hinausgingen.

Der neue Gesellschaftsvertrag betont demgegenüber die Professional Ownership, das heißt die unternehmerische Eigenverantwortung der Gesellschafter. Sie legen nun selbst – durch Gesellschaftsvertrag und gegebenenfalls abweichende Gesellschafterbeschlüsse – die Höhe ihrer Entnahmen fest. Sie orientieren sich an der Höhe des Jahresergebnisses, dem Finanzbedarf der Gesellschaft und dem Wunsch nach einer angemessenen Verzinsung des bereitgestellten Eigenkapitals. Dies sind bemerkenswerterweise die gleichen Kriterien, die zuvor auch schon der Beirat bei seinen Entscheidungen zugrunde gelegt hatte.

4. Der Beirat und seine Kompetenzen

Konnten nun die Gesellschafter in größerem Umfang ihre Eigentumsrechte wahrnehmen, wurden dem Beirat vermehrt Kompetenzen übertragen, die seine wirtschaftliche Expertise erforderten. Nach dem Gesellschaftsrecht steht den Kommanditisten ein Auskunftsrecht gegenüber der Gesellschaft zu. Um den großen Aufwand zu vermeiden, dass jeder Gesellschafter individuell Einsicht in die Geschäftsunterlagen des Unternehmens nimmt, wurde diese Funktion unabhängig von einer gesetzlichen Prüfungspflicht an eine Wirtschaftsprüfungsgesellschaft übertragen. Unter dem Aspekt, dass die Auswahl eines geeigneten Wirtschaftsprüfers für die international tätige Unternehmensgruppe S+C eine fachliche Entscheidung ist, wurde seine Wahl nach dem neuen Gesellschaftsvertrag in die Hand des Beirats gelegt.

Bewusst beibehalten wurde im neuen Gesellschaftsvertrag die Regelung, nach der der Beirat den Jahresabschluss der Gesellschaft feststellt und den Konzernjahresabschluss billigt. Hier ist in erster Linie die fachliche Kompetenz des Beirats im Hinblick auf die operative Tätigkeit der Unternehmensgruppe und die damit verbundene Entlastung der Geschäftsführung gefordert. Darüber hinaus sollen aber auch etwaige Differenzen in der Gesellschaftersphäre nicht die Blockade von Beschlüssen ermöglichen, als deren Folge der Geschäftsführung zeitweise die Entlastung verweigert wird.

Aktualisiert wurde der Aufgabenkatalog des Beirats, insbesondere hinsichtlich der Aktivitäten der Geschäftsführung, die eine Genehmigung durch den Beirat erfordern. Hier geht es um wesentliche unternehmerische Maßnahmen: Marktstrategie, Investitionsplanung, Finanzierungsplanung, den Erwerb neuer Beteiligungen und Ähnliches. Der Beirat ist auch für die Bestellung und Abberufung der Geschäftsführer zuständig.

Fortan wurden zwei der fünf Beiräte aus dem Gesellschafterkreis in den Beirat gewählt. Allerdings sind diese vom Vorsitz des Gremiums ausgeschlossen, solange ein Familienmitglied die Geschäftsführung leitet. Die Bestellung und Abberufung von Geschäftsführern aus dem Gesellschafterkreis bleibt ebenfalls ausschließlich den externen Beiratsmitgliedern vorbehalten, um Interessenkonflikte im Gesellschafterkreis zu vermeiden.

Für die Berufung zum Beiratsmitglied wurde – wie schon im alten Gesellschaftsvertrag – die fachliche Eignung vorausgesetzt. Zugleich wurde eine Altersgrenze von 70 Jahren eingeführt, um eine klare zeitliche Perspektive für das Ende der Tätigkeit zu entwickeln. Die Amtsdauer des Beirats wurde von fünf auf drei Jahre verkürzt, um je nach Unternehmensentwicklung zeitnah eine fachliche Umbesetzung zu ermöglichen. Neu ist das Ausschlusskriterium, dass keine dem Unternehmen nahestehenden Personen in den Beirat gewählt werden können. So ist zum Beispiel die in früheren Jahren durchaus begrüßte Mitwirkung des Wirtschaftsprüfers im Beirat nicht mehr zulässig – wiederum zur Vermeidung von Interessenkonflikten.

Der Beirat wird entweder auf der jährlich stattfindenden ordentlichen Gesellschafterversammlung oder in einem schriftlichen Verfahren gewählt. Für eine Berufung oder Abberufung ist eine Mehrheit von 75 Prozent der Stimmen erforderlich. Die Kandidaten werden, wie schon erwähnt, von dem oder den geschäftsführenden Gesellschaftern vorgeschlagen. Aber auch Empfehlungen von anderen Gesellschaftern oder bereits tätigen Beiratsmitgliedern sind möglich.

Der Beirat leistet einen bedeutenden Beitrag zur Entwicklung von S+C als Familienunternehmen. Dieser besteht zunächst in der gesellschaftsvertraglich festgelegten Funktion, die Geschäftsführung zu beraten und die Geschäftstätigkeit zu überwachen. Nicht alle Gesellschafter wollen oder können schließlich in der Gesellschaft tätig sein. Der Beirat trägt dazu bei, den subjektiven Blick der Gesellschafter auf das Unternehmen („Wird dort alles richtig gemacht?") zu objektivieren. Er vermittelt den Gesellschaftern durch seine fachliche Expertise und die Transparenz seiner Arbeit einen Einblick, was im Unternehmen gut läuft und wo es Probleme gibt. Dieser Einblick verstärkt die Identifizierung der Gesellschafter mit ihrem Unternehmen und stabilisiert damit dessen Kapitalbasis und Planungssicherheit.

»Der Beirat trägt dazu bei, den subjektiven Blick der Gesellschafter auf das Unternehmen („Wird dort alles richtig gemacht?") zu objektivieren.«

Die fachliche Expertise unterstützt zugleich die Geschäftsführung und verschafft ihr größeren Handlungsspielraum und höhere Handlungssicherheit. Die externe Bestätigung geplanter Maßnahmen oder das Aufzeigen alternativer Handlungsoptionen erhöhen die Chancen einer wirtschaftlich erfolgreichen Entwicklung. Diese kommt wieder den Gesellschaftern zugute. Insofern fördert der Beirat als Schnittstelle zwischen den Interessen der Gesellschafter auf der einen und der Gesellschaft auf der anderen Seite den Erfolg aller am Unternehmen Beteiligten. Dies dient nicht zuletzt dem Ziel des Erhalts von S+C als Familienunternehmen. Somit wird klar: Unser Beirat ist ein Machtzentrum!

5. Die Akzeptanz der Familienverfassung

Die Grundlagen für den neuen Gesellschaftsvertrag wurden mit der Familienverfassung gelegt. Mit der Familienverfassung gelang es erstmals, auch die Querdenker und Kritiker ins Boot zu holen. Zudem wurde ein neues Amt geschaffen: der Familienmanager. Erster Amtsinhaber wurde einer der früheren Querulanten (er bezeichnet sich selbst so). Gemeinsame Treffen und Reisen unserer S+C-Familie sind nun auch außerhalb der Gesellschafterversammlungen der Regelfall. Das Interesse am Unternehmen ist wieder gestiegen, der Zusammenhalt gewachsen.

Der Beirat, insbesondere die externen Mitglieder, begrüßten die Familienverfassung außerordentlich. Sie macht die Verteilung von Aufgaben, Rechten und

Pflichten der Gesellschafter und ihrer Familienangehörigen, des Beirats und der Geschäftsführung transparent. Damit bietet sie einen gewissen Schutz vor Streitigkeiten, die eine der großen Bedrohungen (wenn nicht die größte) für Familienunternehmen darstellen. Auch bei weiteren Stakeholdern wie Kunden, Lieferanten, Banken und Mitarbeitern rief die Familienverfassung ein positives Echo hervor.

Auf der in der Familienverfassung beschriebenen Aufteilung der Verantwortlichkeiten zwischen Geschäftsführung, Beirat, Familienmanager und den weiteren Gesellschaftern basiert auch die in den letzten drei Jahren erfolgreich gestaltete Umstrukturierung der S+C-Gruppe und ihre Neuausrichtung auf Kern- und Wachstumsmärkte.

6. Fazit

Schmidt + Clemens hat in den letzten Jahren im Hinblick auf die Etablierung zeitgemäßer Strukturen einen großen Sprung vorwärts gemacht. Das Ausarbeiten von Familienverfassung, Corporate und Family Governance und das Implementieren in die tägliche Praxis war eine schwierige, aber lohnende Aufgabe. Daran haben alle Gesellschafter mit bemerkenswertem Engagement mitgewirkt. Dass dies alles wohlwollend von unserem Beirat begleitet wurde, war ein Glücksfall für unser Familienunternehmen.

Jan Schmidt-Krayer, Jahrgang 1969, studierte Maschinenbau in Clausthal, Aachen und an der Ohio State University in den USA. Anschließend arbeitete er über sechs Jahre bei KraussMaffei Kunststofftechnik in München, zuletzt in leitender Position. Nach einem berufsbegleitendem BWL-Studium entschied er sich 2003 für den Einstieg ins 1879 gegründete Familienunternehmen Schmidt + Clemens GmbH + Co. KG. Nach längerer Tätigkeit in dem ausländischen Tochterunternehmen in Spanien und dem Aufbau des Werkes in Malaysia übernahm er 2006 die Leitung der Gruppe. Er lebt mit seiner Frau und vier Töchtern in Gummersbach bei Köln. Jan Schmidt-Krayer ist Vorstandsvorsitzender des Werksarztzentrums e.V. Gummersbach und Beiratsmitglied des Handballvereins VfL Gummersbach. Seine Leidenschaft gilt dem Sport. Neben zahlreichen Triathlons bewältigte er unter anderem die Marathons in Köln, Frankfurt und Berlin.

Schmidt + Clemens GmbH + Co. KG auf einen Blick

Die Schmidt + Clemens Gruppe ist ein führender Produzent von Edelstahlkomponenten und Anbieter von Dienstleistungen für Anlagenbetreiber und Maschinenbauer. Hauptabsatzgebiete der Unternehmensgruppe sind die Petrochemie, Energietechnik, Industrieofenbau und die Pumpenindustrie. Werkzeuge und Anlagen für Rohr- und Drahthersteller runden das

Programm ab. Im Bereich Rohrsysteme für die Petrochemie ist S+C Welt-marktführer. Weltweit beschäftigt die Schmidt + Clemens Gruppe über 1.000 Mitarbeiterinnen und Mitarbeiter, davon etwa 600 am Stammsitz in Deutschland. Das Unternehmen produziert in Deutschland, Spanien, Großbritannien, Tschechien, Malaysia und Saudi-Arabien.

Kennzahlen (2015)
Umsatz: rund 300 Millionen Euro
Mitarbeiter: 1.000, davon 600 in Deutschland

Im 105. Jahr seines Bestehens hat das Familienunternehmen Harold Scholz & Co. GmbH, ein Spezialist für Farbpigmente, erstmals einen Beirat installiert. Den Vorsitz des nunmehr neun Jahre bestehenden Beirats führt Altgesellschafter Rudolf Scholz. Die geschäftsführenden Gesellschafter sind seine beiden Söhne, die das Kölner Unternehmen in vierter Generation leiten. Die Familie hat mit dem Beirat beste Erfahrungen gemacht und Rudolf Scholz fragt sich, warum man nicht schon früher auf die Idee gekommen ist, strategische Unterstützung durch ein solches Gremium ins Unternehmen zu holen. Die Antwort versucht er im folgenden Beitrag zu geben.

Rudolf Scholz

„Et hät noch immer jot jejange": 114 Jahre Familienunternehmen – 105 davon ohne Beirat

1. Lange Unternehmenstradition ohne Beirat

Als mich die Herausgeber dieses Buchs letztes Jahr fragten, ob ich nicht einmal einen persönlichen Erfahrungsbericht im Zusammenhang mit meiner Beiratstätigkeit verfassen könnte, habe ich spontan zugesagt. Nach eingehender Beschäftigung mit dem Thema war mir schnell klar, dass dieser Bericht auch viel über das Unternehmen in Zeiten ohne Beirat erzählen wird. Immerhin handelt es sich dabei um 105 Jahre der 114-jährigen Firmengeschichte. Was waren die Gründe dafür, dass wir uns nicht schon früher mit der Installation eines Beirats beschäftigt haben?

Erste Generation: 1902 bis 1929 (Gründungsunternehmer)

Ich glaube, zur damaligen Zeit gab es die Institution des Beirats noch gar nicht. Der typische Pionierunternehmer war so stark im Tagesgeschäft engagiert und um neue Kundenaufträge und Märkte bemüht, dass er sich bei Problemen, wenn überhaupt, mit der Familie, Freunden oder Beratern austauschte.

Zweite Generation: 1929 bis 1975 (Söhne des Gründers)

Nach dem frühen Tod des Gründers mit 56 Jahren übernahm die zweite Generation die Führung der Geschäfte. Zum Wohl der Firma verstanden sich die beiden aktiv tätigen Brüder sehr gut. Anstehende Probleme konnten so weitestgehend partnerschaftlich gelöst werden. Neben den beiden Brüdern gab es noch zwei weitere Gesellschafter, nämlich die Mutter und eine Schwester. Sie waren jedoch nicht im operativen Geschäft tätig. Soweit ich weiß, gab es damals weder Gesellschafterversammlungen noch Quartalsberichte über besondere Geschäftsvorfälle, Umsatz- oder Absatzzahlen. Am Ende des Jahres wurde den nichttätigen Gesellschaftern der Gewinnanteil, der Gott sei Dank immer vorhanden war, mitgeteilt. Das waren sozusagen die einzigen Informationen über die Firma, die an die Gesellschafter gingen. Für die damaligen Geschäftsführer war somit vieles einfacher.

2. Steiniger Weg bis zum Übergang auf die dritte Generation

Ausgerechnet die Wirtschaftskrise 1975 bot den Anlass, sich über die weitere Zukunft der Firma Gedanken zu machen. Die beiden aktiven Gesellschafter waren mittlerweile 71 und 67 Jahre alt. Zwei Hauptabsatzmärkte, USA und England (mit 50 Prozent Umsatzanteil), waren verloren gegangen. Über neue Produkte, Absatzwege oder Märkte hatte man sich keine Gedanken gemacht. Hinzu kam, dass die Unternehmensnachfolge nicht geregelt war.

»Die ältere Generation handelte getreu dem kölschen Motto „Et hät noch immer jot jejange".«

Zu diesem Zeitpunkt befanden wir uns – abgesehen von den beiden Weltkriegen – in der größten Krise des Unternehmens, leider einer hausgemachten Krise. Mein zwölf Jahre älterer Bruder war zwar bereits zehn Jahre in der Firma tätig, vornehmlich im Vertrieb. Allein konnte er sich jedoch gegen die ältere Generation nicht durchsetzen. Ich selbst hatte gerade mein Examen an der Universität Köln in Wirtschafts- und Sozialwissenschaften gemacht und keinerlei Berufserfahrung, abgesehen von meinem regen Moped- und Autohandel zur Finanzierung des Studentenlebens. Die ältere Generation handelte getreu dem kölschen Motto „Et hät noch immer jot jejange" (Für Nicht-Kölner: „Es ist noch immer gut gegangen").

Angesichts dieser Krise wurde nun nach neuen Wegen gesucht. Zielsetzung war die Fortführung der Firma in Familienhand, eine möglichst kleine Anzahl von Gesellschaftern und somit Konzentration auf einen der drei Familienstämme. Es dauerte ein Jahr, bis die recht schwierigen Verhandlungen mit den anderen Familiengesellschaftern, die natürlich jeweils ihre eigenen Rechtsberater zur Seite hatten, zu einem für unsere Familie erfolgreichen Ende kamen. Die Nachkommen der Geschwister unseres Vaters hatten kein Interesse an einer aktiven Mitarbeit in der Firma. So konnte unser Vater seine Geschwister ausbezahlen und die Anteile auf meinen Bruder und mich übertragen.

Hätte es zum damaligen Zeitpunkt einen kompetenten Beirat oder zumindest verbindliche Regeln für das Ausscheiden von Gesellschaftern in den Gesellschaftsverträgen gegeben, wäre vielleicht einiges anders gelaufen. Jedenfalls hätte man es nicht soweit kommen lassen dürfen, dass die Nachfolge völlig ungeklärt war. Aber et hät ja nochmal jot jejange.

3. Mehr Effizienz durch die 50/50-Regelung
Dritte Generation: 1975 bis 2005 (zwei Brüder gemeinsam)

Was hatten wir aus diesem Chaos gelernt? Zuerst einmal waren wir froh, dass wir es geschafft hatten, den Gesellschafterkreis von vier Personen mit unterschiedlichen Anteilen auf zwei Personen mit jeweils 50 Prozent zu reduzieren. Das sorgte für klare Verhältnisse, und die 50/50-Regelung zwang uns Brüder, auch bei unterschiedlicher Auffassung letztendlich immer eine gemeinsame Entscheidung im Sinne der Firma zu finden – sozusagen ein Zwang zur familiären Harmonie.

> **»Die 50/50-Regelung zwang uns Brüder, auch bei unterschiedlicher Auffassung letztendlich immer eine gemeinsame Entscheidung im Sinne der Firma zu finden.«**

Unsere erste Aufgabe war es, klare Verantwortlichkeiten zu definieren. Diese waren bei der vorherigen Generation nicht geregelt. Jeder machte alles. Unser kurzfristiges Ziel war es, das 75-jährige Jubiläum zu erreichen (zwei Jahre später), aber das ganz große Ziel war eindeutig: im Jahre 2002 das 100-jährige Bestehen feiern zu können. Das war unsere Vision. Der geräuschlose Wechsel der Unternehmensführung demonstrierte bei unseren Kunden und Lieferanten ein hohes Maß an Kontinuität. Durch spürbare Authentizität schufen wir Vertrauen bei unseren Mitarbeitern und Kunden, Entscheidungen fielen beherzt und auf kurzem Wege. Führung bedeutete für uns auch aktive Mitarbeit im Verkauf, das heißt: Chefs an die Front.

In der Folge der oben beschriebenen Übernahmeschlacht wechselten wir den Steuerberater der Senioren aus. In seinem Nachfolger fanden wir einen sehr kompetenten, menschlich angenehmen Wirtschaftsprüfer und gleichzeitig einen Berater, der nicht nur die nackten Zahlen, sondern das Unternehmen als Ganzes betrachtete. Mit unserer Maxime

- Authentizität,
- schnelle Entscheidungen,
- Chefs an die Front,
- den gesunden Menschenverstand gebrauchen und
- die vier Grundrechenarten beherrschen

gelang es uns in den folgenden Jahrzehnten, unseren Marktanteil stetig auszubauen. Strategisches Wachstum, auch durch Zukäufe von Firmen unserer Branche, hatten wir uns auf die Fahne geschrieben, ohne dabei die Rendite und die ständige Liquiditätsreserve aus den Augen zu verlieren. Liquidität und Rendite vor Umsatz oder Größe – das war unsere Devise. An kurzlebigen Geschäften waren wir nicht interessiert, die Geschäftsbeziehungen sollten nachhaltig sein.

Gab es in all den Jahren keinen Anlass, einmal über die Einrichtung eines Beirats nachzudenken? Aus heutiger Sicht hätten wir ganz bestimmt genügend Anlässe gehabt. Da gab es Unstimmigkeiten unter uns Brüdern über den Erwerb von Firmen, über die Führung in den einzelnen Firmen (mittlerweile neun an der Zahl), über Personalangelegenheiten und diverse andere Themen. Ein Beirat hätte uns sicher geholfen, manchen Streit abzukürzen und schnell eine praktikable Lösung zu finden. Warum also kein Beirat? Nun, wir wurden immer von dem Grundsatz geleitet, im Sinne des Unternehmens zu einer vernünftigen Einigung zu kommen. Die Notwendigkeit aufeinander zuzugehen, war also gegeben. Wir suchten die Kompromisse auf anderen Wegen. Jeder von uns holte sich Rat bei befreundeten Unternehmern, Steuerberatern oder Wirtschaftsprüfern. Auf einen neutralen, kompetenten Dritten als Sparringspartner und Mediator konnten wir uns nicht mehr einigen – die Zeit hierfür war aufgrund unserer Unstimmigkeiten abgelaufen. Und in einem Punkt waren wir uns, was externe Beratung betraf, dann doch wieder einig: Niemand kennt das Unternehmen besser als wir, die wir unser Geschäft von der Pike auf gelernt haben. Das war unsere Vorstellung. Außerdem kostet die Beratung viel Geld und Zeit. Vielleicht klang uns auch noch in den Ohren, was unser Onkel in den 70er-Jahren nach einer Beratung durch ein großes Beratungsunternehmen abschätzig gesagt hatte: Auf die Frage „Was ist denn nun das Ergebnis?" antwortete er: „Nichts, was ich nicht schon vorher wusste."

»Ein Beirat hätte uns sicher geholfen, manchen Streit abzukürzen und schnell eine praktikable Lösung zu finden.«

4. „Beirat light"

Trotz unseres Wunsches nach einer harmonischen Zusammenarbeit zwischen uns Brüdern kam es im Laufe der Zeit immer öfter zum Streit. Dies lag sicherlich auch am Altersunterschied von zwölf Jahren. Es stand sogar der Verkauf des Unternehmens zur Diskussion. Gott sei Dank ist es nicht dazu gekommen. Nach zähen, langwierigen Verhandlungen konnten wir uns einigen: Mein Bruder verkaufte mir sukzessive seine Anteile an den Firmen, mit Ausnahme der Hauptfirma. Aus dieser schied er 1998 als Geschäftsführer aus, blieb aber mit einem Anteil von 49 Prozent Gesellschafter.

Dies war der Einstieg für den „Beirat light" – die Ein-Mann-Variante des klassischen Beirats. Mein Bruder bestimmte hierfür einen erfahrenen, in seinen Äußerungen knallharten Wirtschaftsfachmann, der sich auch nicht scheute, gegen seinen eigenen Mandanten zu argumentieren, wenn er von der Sache überzeugt war. Wir hatten zum ersten Mal einen externen „Kontrolleur", dem gesellschaftsrechtlich weder Rechte noch Pflichten oblagen. Als alleiniger Geschäftsführer hatte ich nun die hundertprozentige Verantwortung für das Unternehmen und war froh, in dem neuen „Aufpasser", der eigentlich die Interessen meines Bruders wahrnehmen sollte, einen kompetenten Sparringspartner gefunden zu haben.

100 Jahre Harold Scholz & Co. GmbH – und immer noch kein Beirat im engeren Sinne. 2002 konnten wir glücklicherweise im großen Stil unser 100-jähriges Jubiläum feiern. Hierzu luden wir rund 500 Gäste – Kunden, Lieferanten und Dienstleister – in die Kölner Flora ein. Es war für alle ein unvergessliches Fest.

Das Jubiläum bot aber auch Gelegenheit zu einer Rückschau: Was waren die wesentlichen Faktoren dafür, dass unsere Firma ohne Beirat über 100 Jahre erfolgreich sein konnte? Ich fand vier Antworten:

1. Geringe Anzahl von Entscheidungsträgern (Gesellschaftern), dadurch ist das Konfliktpotenzial deutlich geringer als bei einer großen Anzahl von Familiengesellschaftern,
2. nur Inhabergeschäftsführer, daher übereinstimmende Interessen der Familie und des Managements,
3. Weitblick, die langfristige Unternehmenssicherung hat Vorrang vor dem schnellen, vergänglichen Erfolg,
4. Ausdauer.

Und wo standen wir nach über 100 Jahren? Geschäftlich ruhten wir auf einem sehr soliden Fundament. Im Markt waren wir als sehr kompetenter und zuverlässiger Partner etabliert. Wir konnten positiv in die Zukunft schauen. In Deutschland hatten wir drei und im Ausland vier Gesellschaften, alle wirtschaftlich sehr eng miteinander verwoben. Die Verteilung der Gesellschafteranteile zwischen meinem Bruder und mir war in jedem Unternehmen unterschiedlich. Vor Ort hatte jedes Unternehmen einen lokalen Verantwortlichen. Allerdings gab es auch Geschäftsentscheidungen, die alle Unternehmen betrafen, deren Auswirkung und Bedeutung aber nur durch mich eingeschätzt werden konnten. Somit waren wir zwar unternehmerisch, aber nicht strukturell für die Zukunft gerüstet.

5. Ein Beirat als Sparringspartner
Dritte Generation: 2005 bis 2015 (Rudolf Scholz)

2005 verkaufte mein Bruder Harold seine Gesellschaftsanteile an mich, damit war ich alleiniger Inhaber. Mit der Klärung der Gesellschafterstruktur galt es zunächst, einige Grundsatzfragen zu beantworten und wesentliche Entscheidungen zu treffen. Durch die rechtliche und räumliche Zusammenführung von Firmen und Standorten war eine transparente und zukunftsorientierte Unternehmensstruktur zu schaffen. Aus drei Unternehmen wurde ein Unternehmen mit Firmenhauptsitz in Recklinghausen. Die Leitung lag beim geschäftsführenden Gesellschafter sowie zwei familienexternen Geschäftsführern. Einer davon ist noch heute im Unternehmen tätig, der andere ist seit fünf Jahren pensioniert.

Die Zeit war reif für einen externen Sparringspartner mit der Zielsetzung, in Zukunft einen beratenden Beirat einzusetzen. Aus den eigenen Erfahrungen gelernt, wollte ich die anstehende Unternehmensnachfolge frühzeitig regeln. Als nunmehr Alleingesellschafter fehlte mir die kritische Opposition. Ich wünschte mir einen neutralen, erfahrenen Gesprächspartner. Der Fokus lag auf einer gestandenen Persönlichkeit aus der Wirtschaft, keinesfalls ein Freund oder Bekannter der Familie, ebenfalls kein Geschäftspartner oder Steuerberater. Neutralität sollte gewahrt, Interessenkonflikte vermieden werden. Der Kandidat sollte Erfahrungen mit Familienunternehmen haben und deren Besonderheiten kennen.

»Als nunmehr Alleingesellschafter fehlte mir die kritische Opposition. Ich wünschte mir einen neutralen, erfahrenen Gesprächspartner.«

Über ein Beratungsunternehmen für Familienunternehmer kamen wir mit einem sehr erfahrenen Manager und Berater von mittelständischen Unternehmen aus Köln in Kontakt. Die Chemie stimmte von Anfang an. Wir erstellten ein Arbeitspapier mit den folgenden vordringlichen Aufgaben:

1. Kennenlernen des zu betreuenden Unternehmens, insbesondere der verschiedenen Standorte, Geschäftsmodell, Historie, Zahlenwerk und Unternehmenskultur.
2. Nachfolgeregelung – Wer soll die Firma in Zukunft weiterführen? Mit diesem Thema kann man nicht früh genug beginnen. Meine Zielsetzung war eindeutig: Rücktritt mit 65 Jahren, somit hatten wir gut fünf Jahre Vorlaufzeit.
3. Prüfung der Kennzahlen des Unternehmens: Sind die Zahlen aussagefähig und ausreichend, um eine mögliche Schieflage frühzeitig zu erkennen und eventuelle Verbesserungspotenziale zu entwickeln?
4. Aufdecken möglicher Schwachstellen durch systematische Durchforstung aller Unternehmensbereiche.
5. Worst-Case-Szenarien und Risikomanagement: Was passiert, wenn der größte Kunde oder Lieferant ausfällt? Was passiert, wenn ich plötzlich versterbe?

6. „Fit for four"
Nicht nur die Person des externen Beraters, sondern auch der Zeitpunkt sollte sich als Glücksfall für das Unternehmen herausstellen. Gleich im ersten Jahr war er vor dem Hintergrund der Finanzkrise 2009 als Mediator und Schlichter zwischen den Geschäftsführern bei mehreren tiefgreifenden operativen Fragestellungen gefordert.

Intern haben wir den Mitarbeitern unser Vorgehen mit der Strategie „Fit for four" vermittelt. Die klare Aussage: Das Unternehmen soll in allen Bereichen fit für die vierte Generation gemacht werden, ein deutliches Bekenntnis zum Unternehmen und mein Wunsch, das Unternehmen auf meine Söhne zu übertragen.

Das Unternehmen fit für meine Söhne zu machen – hier lag der Schwerpunkt der Beiratsarbeit seit 2010. Die Nachfolgeplanung erfolgte in enger Abstimmung zwischen unserem Berater, meinen Söhnen, unserem Fremdgeschäftsführer und mir. Ein 100-Punkte-Plan wurde ausgearbeitet. Dieser beinhaltete nicht nur rechtliche Themen (Geschäftsordnung, Gesellschaftsverträge, Eheverträge, Testament, Entnahmeregelung, Familienkodex, Beiratsstatut), sondern vor allem auch die schrittweise Heranführung meiner Söhne an die zukünftige Verantwortung. Fragestellungen waren beispielsweise: Welche Fähigkeiten bringt die nächste Generation ein? Was ist praktisch zu erlernen, was ist extern zu schulen? Wo haben wir unternehmerische Altlasten aufzuarbeiten? Welche Führungsstruktur ist zukünftig angemessen? Wie müssen wir unser Familienunternehmen zum Generationenwechsel Mitte 2015 gestalten, damit sich die vierte Generation ganz auf die Zukunft konzentrieren kann? Welche zusätzlichen Know-how-Träger werden als Mitarbeiter oder weitere Beiräte benötigt, um langfristig erfolgreich zu sein?

> »Das Unternehmen fit für meine Söhne zu machen – hier lag der Schwerpunkt der Beiratsarbeit seit 2010.«

Die turnusmäßigen Beiratssitzungen fanden zwei- bis dreimal im Jahr statt und wurden professionell vor- und nachbereitet. Schnell bewährte sich die folgende Tagesordnung: kurze, nachvollziehbare Darstellung der Geschäftszahlen, kritische Analyse der Kennziffern und Planzahlen und immer wieder die Frage: Wo stehen wir mit unserem 100-Punkte-Plan? An welchen Stellen muss er angepasst oder ergänzt werden?

Parallel zur sukzessiven Übertragung der operativen Verantwortung erhielten meine Söhne zunächst 15, dann 30 Prozent der Geschäftsanteile und konnten sich so auch mit der Rolle des Gesellschafters vertraut machen.

Schließlich konnte ein weiterer externer Beirat für das Unternehmen gewonnen werden. Er fungiert insbesondere als Sparringspartner für chemisch-technische Fragestellungen. Ein Fachbereich, der seitens der Geschäftsführung nur eingeschränkt beurteilt werden kann, da alle Mitglieder reine Kaufleute sind.

7. Vorsitzender des Beirats – ich?
Vierte Generation: seit dem 30.06.2015 (Gregor und Dennis Scholz)

Es gehört schon eine gehörige Portion Lebensglück dazu, wenn man in den letzten Monaten seines aktiven Berufslebens beruhigt in die Zukunft des Familienunternehmens blicken kann. Anfang 2015 begann ich, mit Muße meinen Schreibtisch zu räumen. Meinen Söhnen war ich weitestgehend nur noch Gesprächspartner.

Bewusst hielt ich mich schon, soweit irgend möglich, aus den operativen Entscheidungen heraus. Einen harten Schnitt sollte es für das Unternehmen am 30.06.2015 nicht geben. Die offizielle Stabübergabe haben wir dennoch mit Kunden, Lieferanten und Geschäftspartnern gebührend gefeiert. Die Führung des Unternehmens obliegt nun meinen beiden Söhnen und dem langjährigen Fremdgeschäftsführer.

Formal greift die Beiratsordnung. Aber ich gebe zu, seit der Erstellung vor einigen Jahren habe ich nie mehr reingeschaut. So wurde bei unserer ersten Beiratssitzung nach dem Generationenwechsel mit Schmunzeln die Frage gestellt, wer denn der Beiratsvorsitzende sei. Daraufhin wurde mir erklärt, dass ich das sei. Bewusst haben wir uns für einen nur beratenden Beirat ohne Entscheidungsbefugnisse entschieden. Die Größe der Firma und die geringe Anzahl der Gesellschafter und Geschäftsführer haben uns bewogen, der Geschäftsführung die größtmögliche Freiheit in ihren Entscheidungen zu gewähren, um weiter auf kurzem Wege auf veränderte Marktbedingungen reagieren zu können.

Aber das sind alles nur Formalitäten. Entscheidend für mich ist der Inhalt. Als nicht mehr operativ tätiger Altgesellschafter ist es eine große Beruhigung, den Beirat in allen Themen einbinden zu können und eine objektive Meinung zu erhalten. Es ist gut zu wissen, dass die Geschäftsführung den Rat des Beirats auch außerhalb der Sitzungen einholt.

Moderne Instrumente für die Zukunft sind von der vierten Generation schon lange vor meinem Ausscheiden aus der Geschäftsführung angegangen worden: Innovationsmanagement, innerbetriebliches Vorschlagswesen, Social Media, Networking etc. Sollen sie mal machen... Und wenn sie meinen Rat brauchen, sei es als Vater oder als Beirat, dann können sie sich ja melden. Meine Telefonnummer haben sie.

8. Fazit: Man kann immer etwas dazulernen
Auch wenn das Unternehmen über 100 Jahre ohne Beirat erfolgreich war – es ist müßig darüber nachzudenken, wie die Unternehmensentwicklung gewesen wäre, hätten wir 20 Jahre früher einen Beirat installiert. Heute sind die Beiratssitzungen für alle Beteiligten und insbesondere für das Unternehmen sehr wertvoll. Die kritischen Fragen der Externen ergeben neue interessante Denkanstöße und bei kritischen Entscheidungen führt das Einbinden des Beirats zu einer objektiveren Meinungsbildung. Positiver, nicht zu unterschätzender Nebeneffekt: Die Installation des Beirats stärkt auch das Vertrauen in die Zukunft des Unternehmens bei Kreditinstituten und Hauptlieferanten. Wesentlich erscheint mir, den Beirat in Zeiten der Harmonie zu installieren und gemeinsam externe Persönlichkeiten für den Beirat auszuwählen.

Rudolf Scholz wurde 1950 in Köln geboren. Nach dem Studium der Betriebswirtschaftslehre trat er 1974 in die väterliche Firma ein. Ein Jahr später übernahm er die Firma zusammen mit seinem zwölf Jahre älteren Bruder Harold, ab 2005 leitete er das Unternehmen als Alleingesellschafter. Nach 41-jährigerer Tätigkeit übergab er die Firma am 30.06.2015 an seine Söhne Gregor und Dennis. Seitdem findet er Zeit, sich seinen Hobbies Familie, Reisen, Tennis, Golf, Jagd und Kultur zu widmen.

Harold Scholz & Co. GmbH auf einen Blick

Gegründet 1902 von Karl Anton Rudolf Scholz in Köln beschäftigt sich die Harold Scholz & Co. GmbH bis heute mit dem Handel und der Veredelung von Farbpigmenten. Diese werden vornehmlich in den Industrien Bau, Farbe und Lack, Kunststoff und Papier, aber auch in vielen anderen Industrien eingesetzt. Kurzum, überall dort, wo Produkte industriell farbig gestaltet werden.

Nach dem Tod des Gründers, 1929, übernahmen seine beiden Söhne die Geschäfte. 1975 folgten wiederum zwei Söhne eines Gesellschafters, der übrige Stamm wurde ausbezahlt. 2005 übernahm der jüngere der beiden Brüder die Anteile und wurde somit alleiniger Gesellschafter. Zehn Jahre später wurde die Mehrheit der Anteile auf seine beiden Söhne übertragen. Sie führen nunmehr das Familienunternehmen in der vierten Generation.

Das Kernunternehmen der kleinen Firmengruppe betreibt zwei Produktionsstandorte in Deutschland, die in 80 Länder exportieren. Es wird unterstützt durch Schwestergesellschaften für den Vertrieb in Benelux, Schweiz, Italien und Marokko.

Kennzahlen (2015)

Umsatz: 100 Millionen Euro

Mitarbeiter: 200

Die Besetzung eines Beirats im Familienunternehmen ist nicht nur, aber gerade auch bei einer größeren Zahl an Gesellschaftern eine anspruchsvolle Aufgabe. Die unterschiedlichen Interessenlagen, Kenntnisstände und Erfahrungen der einzelnen Inhaber führen zwangsläufig zu erhöhter Komplexität bei wichtigen Entscheidungen. Christian Schwarz, Gesellschafter und Beiratsmitglied der Zschimmer & Schwarz Gruppe, erläutert in diesem Beitrag, warum ein professioneller Auswahlprozess und insbesondere eine transparente Kommunikation mit allen Gesellschaftern und der Geschäftsführung unabdingbar für eine erfolgreiche Besetzung des Beirats sind.

Christian Schwarz

Erfolgsfaktoren bei der Auswahl von Beiräten in Familienunternehmen

1. Einleitung

Immer mehr Familienunternehmen gehen dazu über, in ihrem Unternehmen einen Beirat einzurichten, wie eine Vielzahl von Studien zeigt. Gerade bei größeren Familienunternehmen setzt sich dieser Trend fort. Unter dem Stichwort „Professionalisierung im Familienunternehmen" finden sich zu diesem Thema zunehmend Veröffentlichungen, die sich mit der Einrichtung von Beiräten, den Aufgaben und der juristischen Verankerung auseinandersetzen. Ist die Entscheidung, einen Beirat einzurichten, getroffen, sind die Aufgaben definiert und die Struktur juristisch vorbereitet, stellt sich den Gesellschaftern regelmäßig eine Reihe von Fragen:

- Was müssen wir beachten?
- Wie gehen wir vor?
- Wie finden wir die bestmöglichen Persönlichkeiten?

Der nachfolgende Beitrag möchte eine praktische Hilfestellung bei der Beantwortung dieser Fragen geben, um am Schluss die bestmögliche Auswahl von Beiräten treffen zu können. Hierzu sei angemerkt, dass die Einzigartigkeit jedes Familienunternehmens noch eine Reihe von zusätzlichen Fragen ergeben kann, die den Auswahlprozess begleiten. Die aufgeworfenen Fragen dienen insoweit als Leitfaden.

2. Was müssen wir beachten?

Je nach Größe des Unternehmens und des zu besetzenden Beirats gibt es eine Reihe unterschiedlicher Faktoren, die zu beachten sind. Meine Erfahrung sowie zahlreiche Praxisberichte haben für die Besetzung von Beiräten in Unternehmen unterschiedlicher Größe mit jeweils kleineren bzw. größeren Gesellschaftergruppen drei grundlegende Kriterien offenbart:

1. eine implementierte Corporate Governance sowie idealerweise eine Family Governance,
2. eine klare, transparente Regelung, welche Rolle die Gesellschafter im Unternehmen bzw. der Beirat innehaben und
3. ein klare Kommunikationskultur zwischen den involvierten Gremien.

2.1 Corporate Governance

Die Implementierung eines Ordnungsrahmens für die Leitung und Kontrolle von Unternehmen (Corporate Governance) dient zuerst dazu, die Werte des Unternehmens zu definieren sowie Entscheidungskompetenzen und Zustimmungserfordernisse festzulegen. Insbesondere die Entscheidungskompetenzen der Geschäftsführung sowie ggf. erforderliche Zustimmungen werden hier geregelt. Dies kann sowohl im Gesellschaftsvertrag selbst als auch in einer separaten Regelung erfolgen. Dabei spielt die jeweilige Rechtsform des Unternehmens eine Rolle. Wird beispielsweise festgelegt, dass der Erwerb eines Unternehmens der Zustimmung durch die Gesellschafter bedarf, so ist dies in den Zustimmungskatalog aufzunehmen. Beabsichtigt die Geschäftsführung in diesem Fall, ein Unternehmen zu erwerben, so muss sie vorher die Zustimmung der Gesellschafter in Form eines Gesellschafterbeschlusses einholen. Mehrheitserfordernisse sind vom jeweiligen Einzelfall abhängig. Im Rahmen der Corporate Governance wird festgelegt, wer diese Zustimmung zu erteilen hat. Gerade bei größeren, komplexen Familienunternehmen hat sich gezeigt, dass die Regelung, wer Zustimmungen zu erteilen bzw. Kontrollen auszuführen hat, im Falle der Implementierung eines Beirats von Bedeutung ist. Werden diese ausschließlich durch die Gesellschafterversammlung vorgenommen, stellt sich für den Beirat die Frage, welche Kompetenzen er innehat, d.h. er wird in diesem Fall als lediglich beratendes Gremium wahrgenommen. Werden dem Beirat jedoch Zustimmungskompetenzen übertragen, so hat er neben der Beratungs- auch eine Entscheidungsfunktion. Auf die Gestaltung dieser Kompetenzen sollte ein wesentliches Augenmerk gerichtet werden. Dabei kann nicht grundsätzlich gesagt werden, dass ein Beirat immer Entscheidungskompetenzen haben sollte, da es wie so oft auf den Einzelfall sowie die Situation des Unternehmens und die Gesellschafterstruktur ankommt. Generell zeigt die Erfahrung, dass hochkarätige Persönlichkeiten im Regelfall die Mitarbeit in einem Beirat mit Entscheidungskompetenz favorisieren. Wenn also keine zwingenden Gründe dagegen sprechen, ist ein solches Gremium zu bevorzugen.

»Auf die Gestaltung der Kompetenzen des Beirats sollte ein wesentliches Augenmerk gerichtet werden.«

2.2 Klare, transparente Regeln

Des Weiteren sollten im Vorfeld klare, transparente Regelungen festgeschrieben werden. Diese beinhalten neben einer Corporate Governance auch eine Family Governance. In Letzterer sind die Werte und Ziele der Gesellschafter, ihre Rollen sowie die übergeordneten Werte und Ziele des Familienunternehmens geregelt, um nur einige mögliche Inhalte zu nennen. Klare und transparente Regeln geben den potenziellen Beiratskandidaten einen umfassenden Überblick über die Ausrichtung des Unternehmens und die Vorstellung der Familien. Zudem vermitteln diese Leitlinien allen Beteiligten Sicherheit und Orientierung durch ein gemeinsames Verständnis. Beiratsmitglieder schätzen klare Strukturen und werden durch eine vorhandene Family Governance die Professionalität des Familienunternehmens und der involvierten Gesellschafter positiv beurteilen, da ein klarer und transparenter Einblick gewährt wird. Letztlich ist klar geregelt, welche Rollen die Gesellschafter, die Geschäftsführung und der Beirat innehaben. Für eine professionelle Zusammenarbeit sollte dieser Umstand nicht unterschätzt werden.

2.3 Klare Kommunikation

Ferner sollte festgelegt werden, wie zwischen den Beteiligten kommuniziert wird. Hier sollten folgende Punkte berücksichtigt werden:

- Was wird berichtet?
- Wer berichtet?
- Wann wird berichtet?
- Wie wird berichtet?

Meist informiert die Geschäftsführung die Gesellschafter über das operative Geschäft, während der Beirat den Bericht über seine Tätigkeit ebenfalls an die Gesellschafter übermittelt. Häufig erfolgen beide Berichte schriftlich. Hierbei ist zu berücksichtigen, dass bei einem schriftlichen Bericht die eine oder andere Frage der Gesellschafter nicht beantwortet wird. Daher hat es sich als vorteilhaft erwiesen, dass die Information der Gesellschafter mündlich im Rahmen der Gesellschafterversammlungen sowie durch Telefonkonferenzen erfolgt. Auf diese Weise können Fragen gestellt und beantwortet werden und die Gesellschafter bekommen zeitgleich ein einheitliches Bild (es wird keiner bevorzugt oder benachteiligt). Die Berichterstattung sollte durch die Geschäftsführung und den Beiratsvorsitzenden erfolgen.

3. Wie gehen wir vor?

Gerade in großen Familienunternehmen mit einem umfangreichen Gesellschafterkreis ist die Komplexität der Kommunikationswege bzw. -art nicht zu unterschätzen. Der unterschiedliche Kenntnisstand bzw. Erfahrungsschatz der Gesellschafter ist ebenso von Bedeutung wie vorhandene Partikularinteressen einzelner Gesellschafter oder die Frage „Wie sichere ich meinen Einfluss?"

Dementsprechend ist es wichtig, dass alle Gesellschafter in den Auswahlprozess für die Beiräte einbezogen werden. Es empfiehlt sich, zunächst mit allen Gesellschaftern den grundsätzlichen Ablauf des Auswahlprozesses auf Basis eines

Grundlagenbeschlusses zu fixieren. Im Rahmen dieses Grundlagenbeschlusses wird das weitere Vorgehen festgelegt, d.h. wie der Auswahlprozess im Einzelnen ablaufen soll. Dabei sollten folgende Fragen beantwortet werden:

- Wie viele (bzw. welche) Gesellschafter nehmen an dem Auswahlprozess teil?
- Wie sieht der zeitliche Rahmen für die Suche und die Entscheidung aus?
- Wie wird das fachliche und persönliche Suchprofil der zu besetzenden Beiräte entwickelt?
- Ziehen wir einen Berater hinzu?
- Wie kommunizieren wir?

3.1 Wie viele (bzw. welche) Gesellschafter nehmen an dem Auswahl-prozess teil?

Die Suche nach geeigneten Beiratspersönlichkeiten bringt einen nicht unerheblichen Zeitaufwand mit sich. Ist eine Vorauswahl getroffen, sind Gespräche mit den Kandidaten zu führen. Gesprächstermine müssen abgestimmt werden und dies nicht nur mit einer Person, sondern mit mehreren. Es hat sich daher gezeigt, dass das Auswahlgremium fünf bis sechs Personen nicht übersteigen sollte. Mit dieser Anzahl ist die Koordinierung von Gesprächen noch möglich.

Hinsichtlich der teilnehmenden Personen ist es vorteilhaft, wenn neben einer guten Kenntnis des Unternehmens auch Erfahrungen im wirtschaftlichen Umfeld vorhanden sind. Darüber hinaus sollte das Auswahlgremium ein breites Altersspektrum der Gesellschaftergruppe abbilden. Soweit Stammesregelungen bestehen, ist dieser Umstand ebenfalls mit einzubeziehen.

3.2 Wie sieht der zeitliche Rahmen für die Suche und die Entscheidung aus?

Um ausreichend Zeit für die Auswahl zu haben, ist ein Zeitraum von mindestens sechs Monaten einzuplanen. Bei größeren, komplexeren Unternehmen sind neun bis zwölf Monate ein realistischer Erfahrungswert. Im Wesentlichen wird es darauf ankommen, wie viele Beiräte gesucht werden und welche Qualifikationen bzw. Erfahrungen diese mitbringen sollten. In kleineren Gesellschaften mit einem einzelnen Geschäftsfeld und wenigen Beiräten ist der Zeitraum von sechs Monaten im Regelfall ausreichend.

3.3 Wie wird das fachliche und persönliche Suchprofil der Beiräte entwickelt?

Eine genaue Auseinandersetzung mit den fachlichen und persönlichen Qualifikationen und Erfahrungen der zu besetzenden Beiräte ist die entscheidende Grundlage für eine erfolgreiche Besetzung. Folgende Vorgehensweise ist empfehlenswert:

In einem ersten Schritt erarbeitet das Auswahlgremium, welche fachlichen Kompetenzen der Beirat mitbringen sollte. Hierbei ist zunächst von entscheidender Bedeutung, in welcher Phase sich das Unternehmen befindet. Handelt es sich um einen Restrukturierungsfall, sind die Kompetenzen anders gelagert als bei einem Unternehmen auf Wachstumskurs. Sind alle fachlichen Kompetenzen aufgelistet, können diese priorisiert oder bewertet werden. Eine Skala von 1 (= weniger wichtig) bis 4 (= besonders wichtig) ist ausreichend. Sind die fachlichen Kompetenzen ermittelt, wird gleiches bei den persönlichen Kompetenzen vorgenommen. Auch hier sollte eine Priorisierung bzw. Gewichtung erfolgen.

> »Eine genaue Auseinandersetzung mit den fachlichen und persönlichen Qualifikationen und Erfahrungen der zu besetzenden Beiräte ist die entscheidende Grundlage für eine erfolgreiche Besetzung.«

Liegen alle Kriterien vor, lassen sich diese in einer Übersicht darstellen, die einstimmig vom Auswahlgremium verabschiedet und dann der gesamten Gesellschaftergruppe zur Zustimmung vorgelegt wird. Diese Einbeziehung trägt nicht nur einem transparenten Prozess Rechnung, sondern dient der Einbindung aller Gesellschafter. Zudem können ergänzende Blickwinkel und Gesichtspunkte aufgenommen werden. Eine Verabschiedung des Persönlichkeitsprofils durch alle Gesellschafter dient dann als weitere Grundlage für den Auswahlprozess.

Das nachfolgende Persönlichkeitsprofil wurde im Rahmen eines konkreten Auswahlprozesses entwickelt und möge als Anregung und Beispiel dienen:

Anforderungen an das Persönlichkeitsprofil eines Beiratsmitglieds mit kaufmännischem Schwerpunkt

1. Allgemeine Anforderungen
    - integre, glaubwürdige Persönlichkeit,
    - Unabhängigkeit (kein beruflicher Interessenkonflikt, finanziell unabhängig),
    - Neutralität, Objektivität (kein Funktionär oder Verbandsvertreter),
    - Einsatzbereitschaft und Verfügbarkeit.

2. Fachliche Anforderungen
    - Branchenerfahrung wünschenswert,
    - Finanzen, Controlling, Rechnungswesen,
    - Personalentwicklungserfahrung vorteilhaft,
    - Unternehmensstrategie,
    - Internationalität, Auslandserfahrung, Kenntnis ausländischer Märkte.

3. Persönliche Anforderungen
   - unternehmerische Fähigkeiten und Erfahrung,
   - Verantwortungsbewusstsein,
   - strategische Kompetenz,
   - Vertrauenswürdigkeit,
   - Kritik und Konfliktfähigkeit (in beide Richtungen),
   - kommunikative Fähigkeiten.

4. Ergänzende Anforderungen
   - ergänzend zur Altersstruktur der übrigen Mitglieder, Ziel ist eine Mischung verschiedener Lebensalter,
   - aktive Tätigkeit, am Markt dran,
   - gutes Netzwerk,
   - Erfahrung als Vorsitzender in vergleichbaren Gremien wünschenswert.

3.4 Ziehen wir einen Berater hinzu?

Auch diese Frage hängt entscheidend von der Situation des Unternehmens bzw. der Gesellschafter ab. Wurde eine Besetzung des Beirats schon häufiger vorgenommen, d.h. liegen Erfahrungen vor, dann ist die Einschaltung eines Beraters nicht unbedingt nötig. Allerdings sollte man bei einer eigenen Suche immer darauf achten, professionell und objektiv vorzugehen. Demgegenüber ist bei einer erstmaligen Besetzung die Hinzuziehung eines Beraters sinnvoll und anzuraten. Zum einen profitieren die Gesellschafter von der Expertise und dem Netzwerk, zum anderen kann der Berater in schwierigen Fällen als Moderator ein ausgleichender Faktor sein. Ein entscheidender Vorteil ist in jedem Fall die Ansprache von Beiratskandidaten durch den Berater sowie die Vorauswahl von möglichen Kandidaten. Letztlich kann er als Sparringspartner bei der Erstellung des Aufgabenprofils wertvolle Hinweise geben.

3.5 Wie kommunizieren wir?

Die Kommunikation ist ein, wenn nicht das entscheidende Kriterium einer erfolgreichen Beiratsauswahl. Zum einen geht es darum, regelmäßig den nicht in den Auswahlprozess involvierten Gesellschaftern Rückmeldung zu geben. Zum anderen ist die Fremdgeschäftsführung – sofern eine besteht – einzubinden. Für die Kommunikation mit den Gesellschaftern empfiehlt es sich, diese nach den erfolgten Teilschritten auszurichten. Ist das Anforderungsprofil erstellt und im Auswahlgremium verabschiedet, sollte wie oben erwähnt eine erste Rückmeldung erfolgen, damit alle Gesellschafter ausreichend Zeit haben, Fragen zu stellen und Anmerkungen zu geben. Ist die operative Geschäftsführung nicht in Familienhand, so sollte zudem vor der Erstellung des Anforderungsprofils ein Gespräch mit der Geschäftsführung erfolgen, um deren Blickwinkel mit einzubeziehen. Da die Beiräte die Geschäftsführung beraten bzw. als Sparringspartner zur Verfügung stehen sollen, hat die Einbeziehung der Geschäftsführung einen wesentlichen Anteil an einer erfolgreichen Beiratsauswahl. Die Gesprächsführung sollte in diesem Fall der einbezogene neutrale Berater übernehmen. Hat man sich gegen eine Beratung entschieden, empfiehlt es sich, die Gesprächsführung durch einen erfahrenen Gesellschafter vornehmen zu lassen.

Letztlich hat die Erfahrung gezeigt, dass bei der Kommunikation mit Gesellschaftern und Geschäftsführung das persönliche Gespräch nach wie vor am erfolgreichsten ist. Insofern empfiehlt es sich, nach dem Grundsatzbeschluss für die Beiratsauswahl erneut eine Gesellschafterversammlung einzuberufen, um die vom Auswahlgremium nominierten Beiräte allen Gesellschaftern persönlich vorzustellen. Diese zunächst aufwändig erscheinende Vorgehensweise hat den Vorteil, dass alle Gesellschafter die zukünftigen Beiräte persönlich kennenlernen können und die Möglichkeit haben, Fragen zu stellen. Auf diese Weise wird vor einer offiziellen Beschlussfassung die Möglichkeit gegeben, ein einheitliches Meinungsbild einzuholen.

4. Wie finden wir die bestmöglichen Persönlichkeiten?

Die bestmöglichen Persönlichkeiten zu finden, ist sicherlich die größte Herausforderung. So sollen die zukünftigen Beiräte dem erstellten Persönlichkeitsprofil möglichst vollständig entsprechen, ferner von allen Gesellschaftern akzeptiert und gewählt werden. Gerade bei einem größeren Gesellschafterkreis empfiehlt sich ein zweistufiges Verfahren.

> »Die bestmöglichen Persönlichkeiten zu finden, ist sicherlich die größte Herausforderung. So sollen die zukünftigen Beiräte dem erstellten Persönlichkeitsprofil möglichst vollständig entsprechen, ferner von allen Gesellschaftern akzeptiert und gewählt werden.«

Zunächst sollte im Gesellschafterkreis abgefragt werden, ob es Vorschläge für potenzielle Beiratskandidaten gibt. Hierbei versteht sich von selbst, dass die vorgeschlagenen Persönlichkeiten sich möglichst vollständig mit dem erstellten Persönlichkeitsprofil decken sollten. Liegen entsprechende Vorschläge vor, sollten in einem zweiten Schritt weitere potenzielle Kandidaten ermittelt und angesprochen werden. Spätestens an dieser Stelle ist die Einschaltung eines unabhängigen Experten sinnvoll. Dieser hat die Möglichkeit, auf ein bereits bestehendes Netzwerk zuzugreifen, und so weitere potenzielle Kandidaten zu ermitteln. Des Weiteren kann er auf Basis des erstellten Persönlichkeitsprofils auch eine gezielte Ansprache von möglichen Kandidaten außerhalb seines Netzwerks vornehmen. Die so ermittelten Persönlichkeiten kann er dann dem Auswahlgremium vorstellen und basierend auf einer gemeinsamen Diskussion eine Shortlist erstellen, die als Grundlage für die ersten Interviews dient.

Vorteil dieser Vorgehensweise ist zum einen, dass Kandidaten, die nicht weiter in Betracht gezogen werden, durch den Experten informiert werden können. Gesellschafter geraten somit nicht in die möglicherweise unangenehme Situation, „ihrem" Kandidaten absagen zu müssen. Ferner zeigt ein derart professionell aufgesetzter Prozess den Beiratskandidaten, dass die Gesellschafter strukturiert an die Auswahl herangehen, was in der Regel positiv bewertet wird.

Ist die Shortlist aus extern gesuchten und vorgeschlagenen Beiratskandidaten erstellt, empfiehlt es sich, mindestens ein persönliches Interview mit jedem der Kandidaten zu führen. Teilnehmer an den Gesprächen sind das gesamte Auswahlgremium sowie der den Prozess begleitende Experte. Auf diese Weise können die verschiedenen Eindrücke im Anschluss gemeinsam diskutiert und auf dieser breiten Basis eine Entscheidung getroffen werden.

Ziel sollte dabei sein, eine einstimmige Entscheidung des Auswahlgremiums zu erreichen. Dies ist gerade bei größeren Familienunternehmen von Bedeutung, da der Vorschlag die Grundlage für die dann stattfindende Abstimmung im Gesellschafterkreis bildet. Besteht bereits im Auswahlgremium keine einheitliche Meinung, dann könnte eine Zustimmung aller Gesellschafter schwierig werden.

5. Zusammenfassung – Erkenntnisse und Ansätze
Die Besetzung eines Beirats im Familienunternehmen mit den bestmöglichen Persönlichkeiten stellt die Gesellschafter vor eine Reihe von Fragen, die im Rahmen des Auswahlprozesses zu beantworten sind. Die Auseinandersetzung damit ist nicht immer einfach. Umso wichtiger ist eine strukturierte Vorgehensweise, um zielführend die Auswahl treffen zu können.

Zusammenfassend kann festgehalten werden, dass die nachfolgenden Faktoren die erfolgreiche Auswahl von Persönlichkeiten für Beiräte im Familienunternehmen in der Regel gewährleisten:

1. Eine klare und transparente Family und Corporate Governance sowie ein abgestimmter Kommunikationsprozess sind die Grundlage für eine effektive und erfolgreiche Auswahl.
2. In größeren Familienunternehmen ist die Bildung eines Auswahlgremiums bestehend aus maximal sechs Personen zielführend.
3. Sofern nicht ausreichend Expertise im Auswahlgremium vorliegt, empfiehlt sich die Hinzuziehung eines Experten, der den Prozess begleitet.
4. Das Persönlichkeitsprofil bildet die Grundlage für die Suche nach Beiratskandidaten und sollte einvernehmlich von allen Gesellschaftern verabschiedet werden.

Christian Schwarz, Jahrgang 1968, ist Managing Partner der mdc investment – Family Office. Seine Expertise sind Corporate & Family Governance, Finanzierungen und M&A. Von 1998 bis 2013 war er für mehrere DAX- und MDAX-Unternehmen tätig. Christian Schwarz studierte Rechtswissenschaft mit wirtschaftswissenschaftlicher Zusatzausbildung an der Universität Bayreuth und schloss 2008 den Studiengang „Master of Merger & Acquisitions/Master of Laws" (LL.M.) an der Frankfurt School of Finance & Management ab. Zudem ist er als Beirat in verschiedenen Familienunternehmen tätig, Mitglied im Verband „Die Familienunternehmer" und im FBN (Family Business Network).

Zschimmer & Schwarz Gruppe auf einen Blick

Zschimmer & Schwarz ist ein mittelständisches Chemieunternehmen in Familienbesitz mit Hauptsitz in Lahnstein bei Koblenz/Deutschland. Es wurde 1894 in Chemnitz gegründet und ist ein internationaler Lieferant von Spezialitäten und Hilfsmitteln für eine Vielzahl von Industriezweigen.

28 Gesellschaften und Beteiligungen mit Produktionsstätten in 15 Ländern sowie eine Vielzahl von Vertretungen und Händlern bilden das weltweite, spezialisierte Vertriebs- und Service-Netzwerk. Die Aktivitäten erstrecken sich von der Forschung bis zur Herstellung einer großen Bandbreite von maßgeschneiderten chemischen Hilfsmitteln und Spezialitäten für die Keramik-, Chemiefaser-, Leder- und Pelz-, Textil-, Kosmetik- und Reinigungsmittelindustrie sowie Phosphonaten.

Kennzahlen

Umsatz: > 500 Millionen Euro
Mitarbeiter: 1.300

Die Noack Deutschland GmbH befindet sich mitten im Generationenwechsel. Für das Unternehmen aus dem westfälischen Warendorf kein Grund zur Aufregung: Alles läuft harmonisch ab. Daher sah Senior Klaus Stückenschneider auch keine Notwendigkeit, den Prozess durch externe Berater begleiten zu lassen. Die nachfolgende Generation des Unternehmens, das sich vollständig im Familienbesitz befindet, denkt darüber jedoch anders und hat bereits hin und wieder einen Ein-Mann-Beirat konsultiert. Inzwischen kann sich auch der Senior vorstellen, einen Beirat unter seinem Vorsitz einzurichten. Klaus Stückenschneider stellt seine Überlegungen dar.

Klaus Stückenschneider

Ad-hoc-Einzelbeirat mit Option auf Erweiterung zum Vierergremium

1. Kurz und knapp die Historie

Unser Unternehmen handelt mit Spezialrohstoffen und Zusätzen vor allem für die Jungtierfütterung. Im Bereich Non-GMO-Sojaproteinkonzentrat, d.h. einem gentechnisch nicht veränderten Rohstoff für Ferkelfutter sind wir Marktführer in Deutschland. Die 1986 mit einem Partner gegründete Noack Deutschland GmbH habe ich Mitte der 90er-Jahre vollständig übernommen. Wir sind europaweit tätig, mit einem klaren Schwerpunkt auf dem deutschen Markt. Etwa 2007 stellte ich erste Überlegungen an, was aus dem Unternehmen werden soll, wenn ich mich eines Tages zurückziehen möchte. Meine erste Option war der Verkauf der Firma, denn ein familieninterner Nachfolger war nicht in Sicht. So begann ich tatsächlich, nach einem möglichen Käufer Ausschau zu halten.

2. Unsere familiäre Situation

Meine Tochter Sandra ist Diplom-Betriebswirtin und war damals bei einem Pharmaunternehmen in Münster angestellt, das aufgrund der Übernahme durch einen anderen Konzern nach Berlin umziehen sollte. Sie ist verheiratet und sieht ihren Lebensmittelpunkt im Münsterland. Nach reiflicher Überlegung entschied sie, dass er dort auch bleiben sollte. Ein Umzug in die Hauptstadt kam für sie trotz der beruflichen Möglichkeiten nicht infrage.

Mein Sohn Michael lebte damals mit seiner Lebensgefährtin in Darmstadt. Er ist Diplom-Biologe und arbeitete bei einem Diagnostikunternehmen. Seine Lebensgefährtin fand dann einen neuen Job im Rheinland. Sie mussten sich mit einer Wochenendbeziehung arrangieren, obendrein in einer der stauträchtigsten Regionen Deutschlands.

Beide Kinder befanden sich also in einer Situation, mit der sie nicht rundum glücklich waren. Nun hatten sowohl meine Tochter Sandra als auch mein Sohn Michael eine Ausbildung und entsprechende Qualifikationen, die zu unserem Unternehmen passten. Hinzu kam, dass ich ja ernsthaft mit der Nachfolgethematik befasst war. So lag es eigentlich nahe, dass meine Kinder ins Unternehmen einsteigen. Wir würden so mit einem Schlag eine Reihe von Problemen lösen: Meine Tochter könnte im Münsterland bleiben und alle familiären und freundschaftlichen Verbindungen halten; mein Sohn wäre seiner Partnerin im Rheinland auch während der Woche näher; und ich selbst müsste das Unternehmen nicht verkaufen, sondern könnte es in Familienhand behalten. Daher schlug ich meinen Kindern im Herbst 2010 vor, ins Unternehmen einzusteigen.

»Die Idee, dass die Kinder meine Nachfolge übernehmen könnten, hatte ich schon viel früher gehabt.«

Die Idee, dass die Kinder meine Nachfolge übernehmen könnten, hatte ich schon viel früher gehabt. Aber zum damaligen Zeitpunkt hatten sie andere berufliche Pläne und zeigten wenig Interesse. Doch jetzt konnten sie sich aufgrund der veränderten Umstände sehr wohl vorstellen, die Noack Deutschland GmbH gemeinsam weiterzuführen. Sie baten um Bedenkzeit, um sich meinen Vorschlag in Ruhe durch den Kopf gehen zu lassen. Weihnachten 2010 teilten sie mir ihren Entschluss mit, mein Angebot anzunehmen. Ich war darüber natürlich sehr glücklich.

3. Der Einstieg der Kinder

Mitte 2011 stiegen beide Kinder ins Unternehmen ein. Meine Tochter Sandra ging in den kaufmännischen Bereich, mein Sohn Michael konzentrierte sich auf den Verkauf und die Weiterentwicklung der Produkte. Um meine Kinder für die Nachfolge fit zu machen, bemühte ich mich, den beiden in meiner Doppelrolle als Unternehmensgründer und Vater möglichst viel von meinem Know-how weiterzugeben. 2014 wurden Sandra und Michael zu Geschäftsführern bestellt, gleichzeitig trat ich als solcher sowie aus dem operativen Tagesgeschäft zurück.

Doch nach einiger Zeit stellten meine Junioren fest, dass sie neben dem Tagesgeschäft noch mehr Hintergrundwissen benötigten. Sie wollten sich möglichst schnell und fundiert für die Leitung unseres mit rund zehn Mitarbeitern recht überschaubaren Familienunternehmens qualifizieren. Außerdem kritisierten sie, ich würde immer noch zu viele Dinge selbst anstoßen und entscheiden – sie wollten stärker gefordert werden und bei größeren Entscheidungen Mitspracherechte bekommen – natürlich eine absolut berechtigte Forderung meiner beiden Geschäftsführer. Sie schlugen mir vor, einen externen Coach zu engagieren. Dieser sollte nach ihrer Meinung den Übergangsprozess moderieren und begleiten. Ich sah zwar keinen dringenden Bedarf für ein solches Coaching, stimmte dem Vorhaben aber dennoch zu.

4. Der Ad-hoc-Coach

Meine Kinder hatten bereits einen geeigneten externen Berater im Visier, den sie auf einer Fortbildungsveranstaltung kennengelernt hatten und für sehr kompetent hielten. Die Junioren nahmen Kontakt auf und bald darauf trafen wir uns zum ersten Mal.

Der Coach entwickelte in mehreren Treffen mit meinen Kindern und mir ein umfassendes Konzept für den Übergang. Dabei ging es beispielsweise um so fundamentale Themen wie „Werte unseres Familienunternehmens". Wir diskutierten, welche Grundsätze der Zusammenarbeit und Kommunikation wir uns selbst vorgeben wollten. Schließlich fixierten wir schriftlich, wer während bzw. nach erfolgreichem Übergangsprozess welche Aufgaben und Kompetenzen hat. Ziel des Ganzen war es, alle denkbaren Konflikte im Idealfall von vornherein auszuschalten bzw. Lösungsstrategien festzulegen, wenn sie doch einmal auftreten sollten.

Zentraler Punkt bei den Modalitäten des Übergangs war die Regelung der Beteiligungsverhältnisse. Mir war es wichtig, dass ich weiterhin bei wichtigen Themen mitentscheiden und vor allem bei Streitigkeiten zwischen den Kindern den Ausschlag geben konnte. Andererseits sollten die Kinder nach und nach immer mehr in die Gesellschafterrolle hineinwachsen. Unser Coach schlug uns ein Konzept vor, mit dem die Quadratur des Kreises gelingen sollte. Der Modus im Einzelnen: Beginnend 2016 erhalten beide Kinder jährlich Geschäftsanteile, bis sie im Jahr 2018 jeweils 33 Prozent, gemeinsam also 66 Prozent, halten. Ich selbst werde dann noch 34 Prozent besitzen. Im Gesellschaftsvertrag ist festgelegt, dass für wichtige Entscheidungen 67 Prozent der Stimmen erforderlich sind. Das bedeutet: Die Kinder können mich nicht überstimmen. Andererseits kann ich den Ausschlag geben, falls die Kinder sich einmal nicht einigen, denn zusammen mit dem Sohn oder der Tochter bringe ich 67 Prozent auf die Waage. Wir halten dies für eine sehr intelligente Lösung.

Eine weitere wichtige Maßnahme betrifft die Frage, wer das Sagen in der Firma hat, wenn ich – durch Tod oder schwere Krankheit – nicht mehr als Gesellschafter präsent bin. Für diesen Fall habe ich entschieden, dass meine Tochter 51 Prozent und mein Sohn 49 Prozent bekommen. Der Grund ist ganz einfach: Eine Pattsituation muss auf jeden Fall vermieden werden, damit das Unternehmen handlungsfähig bleibt. Das letzte Wort sollte im Zweifelsfall immer der Kaufmann (bzw. die Kauffrau) im Gesellschafter- oder Geschäftsführerkreis bekommen. Auch diese Entscheidung habe ich offen mit meinen Kindern besprochen und ich bin stolz darauf, wie professionell mein Sohn darauf reagiert hat. Ich bin überzeugt, dass meine Tochter das ihr zustehende „letzte Wort" bzw. ihre Stimmenmehrheit nur im äußersten Notfall einsetzen würde. Damit es dazu möglichst nie kommen wird, haben die beiden mit dem Coach zusammen einen sehr detaillierten Ablauf des gemeinsamen Kommunikations-, Kritik- und Konfliktmanagements festgelegt.

5. Der Beirat der Zukunft

Nicht zuletzt aufgrund der guten Erfahrungen mit unserem Ad-hoc-Coach habe ich mir bezüglich eines Beirats für unser Unternehmen noch einmal Gedanken gemacht. Ehrlich gesagt habe ich mit der Idee, einen beratenden Beirat zu installieren, schon früher gespielt. Nun rückt die Umsetzung näher und ich habe auch schon einige konkrete Kandidaten im Kopf. Einer von ihnen ist ein langjähriger Geschäftspartner aus Dänemark. Ein Vertriebsmann mit besten Verbindungen in unserer Branche, geschäftlich auf der ganzen Welt zu Hause. Der zweite ist ein Einkaufsprofi, der ebenfalls global agiert. Zugleich versteht er sehr viel von den technischen Themen rund um Futtermittel. Beide kann ich als echte Freunde bezeichnen, zu denen nicht nur ich großes Vertrauen habe, sondern auch meine Kinder. Sie könnten ein hochkompetentes, flexibles Beratungsgremium für meine Nachfolger bilden. Natürlich würde auch ich zu dem Gremium gehören. Wichtig wäre über die fachlichen Vertrauenspersonen hinaus natürlich noch ein kompetenter Partner für den ökonomischen Bereich, wie beispielsweise unser Ad-hoc-Coach. Meine Tochter brachte auch noch den Vater einer langjährigen Freundin ins Spiel. Er geht in diesem Sommer in den Ruhestand, nachdem er als Firmengründer ein Unternehmen mit über 500 Mitarbeitern und mehreren Standorten aufgebaut hat.

Mir ist klar, dass die Zusammensetzung dieses Beirats eigentlich nicht der „reinen Lehre" entspricht. Demnach dürften allzu enge Freunde nicht in einen Beirat berufen werden. Aber ich denke, für den Anfang sollte diese Struktur recht gut passen. Bei den beiden von mir genannten Personen besteht keine Gefahr eines Interessenkonflikts. Fachlich gesehen sind sie tolle Sparringspartner für meine beiden Kinder und unser Unternehmen. Sollte es trotz der aus unserer Sicht sehr gut aufgestellten Nachfolgekonzeption einmal Streit oder größere Konflikte geben, haben wir im Hintergrund immer noch unseren externen Berater als Moderator. Zur laufenden Optimierung bleibt immer genügend Spielraum.

6. Fazit

Wir haben gesehen, dass ein mittleres Familienunternehmen den Generationenübergang durchaus mit Bordmitteln managen kann. Harmonie zwischen den Beteiligten und gegenseitiger Respekt sind dabei selbstverständlich hilfreich und eigentlich unverzichtbar. Wir haben aber auch gesehen, dass die Unterstützung durch einen externen Coach, den man sich natürlich ebenso in der Form eines klassischen Beirats vorstellen kann, den Prozess ungemein professionalisieren kann. Und da es bei der Nachfolgeproblematik ja schließlich um die langfristige Existenz des Unternehmens geht, sollte man die Mühe nicht scheuen, die mit der Bestellung eines Coaches zwangsläufig verbunden ist. Der Aufwand lohnt sich.

Klaus Stückenschneider, Jahrgang 1949, startete seinen Werdegang in der Agrarbranche in den 70er-Jahren. In den ersten Jahren seines Vertriebslebens betreute er für einen niederländischen Futtermittelhersteller Kälbermast- und Kälberaufzuchtbetriebe sowie Landhändler im Emsland und Oldenburger Münsterland. In den frühen 80er-Jahren begann er für das gleiche Unternehmen mit dem Aufbau einer Handelsabteilung für Aminosäuren, Futtersäuren und Vitamine. Anfang 1987 machte sich Klaus Stückenschneider selbständig. Er ist verheiratet und hat zwei Kinder, die bereits im Familienunternehmen tätig sind.

Noack Deutschland GmbH auf einen Blick

Die Noack Deutschland GmbH wurde im Dezember 1986 gegründet und startete mit dem Handel von Futterzusätzen für die Jungtierernährung im westfälischen Münster. Heute steht Noack der deutschen und europäischen Futtermittelindustrie als Lieferant hochwertiger Spezialrohstoffe für die gezielte Nutztierernährung zur Seite. Der Fokus liegt darauf, die Gesundheit der Tiere von Anfang an durch hochwertige Rohstoffe und gesundheitsfördernde Ergänzungsfuttermittel sowie gezielte Prophylaxemaßnahmen zu fördern. Dabei ist es wichtig, dem Futtermittelmarkt neben langjährig bewährten Produkten auch neue, innovative Rohstoffe für die entsprechenden Lebensabschnitte der Tiere zur Verfügung zu stellen und die Kunden damit nachhaltig zu unterstützen. Das Unternehmen ist sich seiner Verantwortung bewusst und handelt ausschließlich Produkte zertifizierter Unternehmen. Sowohl Noack als auch ihre Vertriebspartner sind nach GMP+ oder einem von GMP+ anerkannten Standard zertifiziert.

Beiräte sind regelmäßig keine gesetzlich vorgeschriebenen Gremien. Sie sind in ihrer Zusammensetzung, ihrer Aufgabenstellung, ihrer Organisation und ihrer Stellung im Unternehmensgefüge vollkommen frei: Ihnen steht der größtmögliche Gestaltungsspielraum zur Verfügung. Ihre eigenen Rechte und Pflichten finden nur in den allgemeinen rechtlichen Rahmenvorschriften sowie den zwingenden gesellschaftsrechtlichen Normen für die gesetzlichen Organe und Vertreter der jeweils betroffenen Gesellschaft, für die ein Beirat tätig werden soll oder tätig ist, eine Begrenzung: Eine Chance und ein Risiko gleichermaßen, denn diesen Handlungsfreiraum gilt es zu gestalten. Dabei kann ein Blick über den Zaun zum (über)regulierten Nachbarn, dem obligatorischen Aufsichtsrat, von Nutzen sein. Wichtigste Voraussetzung: Man muss es mit seinem eigenen Beirat ernst meinen, sonst gründet man besser einen „Family & Friends-Fanclub". In diesem Beitrag beleuchtet der Münchner Professor Manuel René Theisen den Sinn und Unsinn der Übertragung aktueller Entwicklungen in deutschen Aufsichtsräten auf mittelständische Beiratsgremien.

Univ.-Prof. Dr. Dr. Manuel René Theisen

Vom großen Bruder lernen – oder es lieber sein lassen: Welche AG-Erfahrungen auch einem Beirat nützen können

1. Reformbemühungen und Veränderungen für den AG-Aufsichtsrat

Der Gesetzgeber national wie international hat uns längst damit konfrontiert, dass die „Aktienreform in Permanenz" offensichtlich das Gebot der Stunde ist. In einer Mischung aus überzogenem Paternalismus und dem sehr deutschen Wunsch nach gesetzesfesten und einklagbaren Regelungen für das Zusammenwirken von Unternehmensorganen hat es letztlich auch den Aufsichtsrat in seiner obligatorischen Variante sowie seinen Verwandten in anderen Rechtsformen und Branchen erwischt. Zu einem wird dabei nicht selten die angestrebte Professionalisierung bemüht, zum anderen auf die periodisch auftauchenden, vermeintlichen oder auch tatsächlichen Fälle von Organversagen und Überwachungsdefiziten verwiesen. Das Thema Corporate Governance hat jedenfalls einen festen und nachhaltigen Platz in der Diskussion um gute oder effiziente Unternehmensführung und -überwachung eingenommen. Die Ausläufer reichen bis weit in die nicht unmittelbar regulatorisch erfassten kleineren Unternehmen und Familiengesellschaften.

1.1 Gesetzesreformen

Die Reihe der aktienrechtlichen Reformen hat mit der Aktienrechtsreform 2015 ein (vorläufiges) Ende gefunden. Die dabei nicht mehr oder noch nicht berücksichtigten weiteren Regulierungswünsche sind ebenso auf neue Rechnung, sprich künftige Reformen, vorgetragen wie die nicht enden wollende Wunschliste der EU-

Kommission und weiterer Regulierer. Dabei kann zunehmend beobachtet werden, dass als Vorreiter in der Diskussion, aber auch der konkreten gesetzgeberischen Erfassung bestimmte Branchen, aktuell die Finanz- und Versicherungsbranche, eine herausragende Rolle übernehmen. Dessen ungeachtet wird meist zeitnah darauf verwiesen, dass damit nur eine Art Bewährungsprobe eingerichtet werde, deren erfolgreiches Durchlaufen eine gute Chance bringe, eine branchen- wie grenzüberschreitende Anwendung zu gewährleisten.

»Es ist in den letzten Jahren eine wachsende „Kodex-Müdigkeit", teilweise sogar ein regelrechter Widerstand zu beobachten.«

1.2 Kodexempfehlungen und -anregungen

Seit dem Jahr 2002 existiert – neben den teilweise bereits seinerzeit sehr umfangreichen aktien- und gesellschaftsrechtlichen Regelungen zu Vorstand und Aufsichtsrat als den wichtigsten Unternehmensorganen – der „Deutsche Corporate Governance Kodex" (DCGK). Dessen zwingende Empfehlungen und unverbindliche Anregungen haben all diejenigen Kapitalgesellschaften zu berücksichtigen, die sich durch eine jährlich abzugebende „Entsprechenserklärung" selbst dazu verpflichten. Darüber hinaus ist es allen vergleichbaren Gesellschaften mit entsprechenden Führungs- und Überwachungsorganen unbenommen, die DCGK-Vorgaben einzeln oder in ausgewähltem Maße zu befolgen. Tatsächlich kann mit einiger Sicherheit festgestellt werden, dass die gesetzlich in keiner Weise verbindlichen Vorgaben zunehmend Berücksichtigung in der Rechtsprechung und Kommentierung zu „Guter Unternehmensführung" finden. Damit wird der Kodex in einer Art Umkehrschluss zu einem faktischen Maßstab „aus der Praxis für die Praxis", der in den Augen vieler Beteiligter und Interessierter einen Rechtfertigungsdruck bei abweichendem Verhalten generiert und Reaktionen fordert, die tendenziell eher in gefährlicheren moralischen als rechtlichen Kategorien anzusiedeln sind. Gleichzeitig ist in den letzten Jahren eine wachsende „Kodex-Müdigkeit", teilweise sogar ein regelrechter Widerstand zu beobachten. Das kann dazu führen, dass der Kodex ein Eigenleben entwickelt und der ursprüngliche Gedanke ebenso in Vergessenheit gerät wie das historische Selbstverständnis als Hilfestellung für die Praxis und Reaktion auf einen überbordenden Regulierungsdrang des Gesetzgebers.

1.3 Internationale Trends und Entwicklungen

Vor dem Hintergrund der zitierten nationalen Entwicklungen der Corporate Governance darf nicht übersehen werden, dass auch in diesem Bereich die internationalen, namentlich die EU-weiten Einflüsse und konkreten Regulierungen stark zugenommen haben und weiter zunehmen werden. Dabei kann einerseits das, wenn auch aktuell gestörte, Zusammenwachsen der Wirtschaftsräume angeführt werden. Zum anderen aber ist seit Längerem ein Trend zu beobachten, der zu einer Angleichung oder gar Gleichschaltung der verschiedenen Corporate-Governance-

Systeme in der EU und darüber hinaus führen könnte. Insoweit ist es nicht mehr spekulativ, wenn von einer „Verboardisierung" des kontinental-europäischen Vorstands- und Aufsichtsratssystems, des Two-Tier-Systems, gesprochen wird. Eine Reihe von EU-Verordnungen, Richtlinien und Grünbüchern zur Corporate Governance einschließlich der Abschlussprüfung macht mehr als deutlich, dass in der EU das Board-Modell nicht nur präferiert, sondern als einziges für mehrheitsfähig betrachtet wird.

2. Pros und Cons für den Beirat

Die Corporate-Governance-Diskussion tangiert den (freiwillig eingerichteten) Beirat so gut wie gar nicht. Insoweit könnte die hier aufgeworfene Frage nach potenziellen nützlichen oder abzulehnenden Anregungen und Empfehlungen schnell verworfen werden. Diese Einschätzung greift jedoch mit Blick in die Zukunft zu kurz. Zudem lehrt die Erfahrung, dass eine entspannte und weiterführende Diskussion über potenzielle Änderungen und Anpassungen ausschließlich möglich ist, solange kein gesellschaftlich erwarteter oder gesetzlich bedingter Druck oder Zwang besteht. „Vom großen Bruder lernen" könnte daher eine wirklich zukunftsorientierte Perspektive sein, für alle, die es mit ihrem eigenen Beirat ernst meinen und ihn als Sparringspartner im Interesse ihres Unternehmens und ihres (gemeinsamen) Erfolgs nachhaltig nutzen wollen.

2.1 Cooling-off-Periode

Eine der höchst umstrittenen DCGK-Empfehlungen, die sehr schnell vom Gesetzgeber aufgegriffen wurde, war die „Cooling-off-Periode", eine gesetzlich zwingend vorgeschriebene zweijährige Abkühlphase: Nach international verbreitetem Vorbild wird damit auch in deutschen börsennotierten Kapitalgesellschaften mit einem obligatorischen Aufsichtsrat in der Regel ein unmittelbarer Wechsel von der Unternehmensführung (Vorstand) in den Aufsichtsrat ausgeschlossen (§ 100 Abs. 1 Nr. 4 AktG, Ziffer 5.4.4 DCGK). Der DCGK gibt zusätzlich die Empfehlung, dass nicht mehr als zwei ehemalige Vorstandsmitglieder gleichzeitig dem Aufsichtsrat des von ihnen vormals geführten Unternehmens angehören sollen (Ziffer 5.4.2 DCGK).

> **»Die Corporate-Governance-Diskussion tangiert den (freiwillig eingerichteten) Beirat so gut wie gar nicht.«**

Die sehr verschieden gelagerten Argumente für und gegen diese Regelung polarisieren sicherlich auch all diejenigen, die über eine Übernahme einer solchen Regelung für Beiräte nachdenken. Die Grundüberlegung aber erscheint es wert, zumindest überdacht zu werden: Durch die zweifelsohne gesetzgeberisch vereinfachte, nivellierende und pauschale Regelung soll es zum einen der neuen Führungsmannschaft ermöglicht werden, nicht vom Start weg in der Welt der Vorgänger denken und handeln zu müssen. Zum anderen soll die Abkühlphase dem oder den Wechslern eine Chance bieten, mit dem wichtigen und (meist) richtigen

Rollenwechsel inhaltlich, aber vor allem auch persönlich zurecht oder ins Reine zu kommen. Im Interesse einer effizienten und kontinuierlichen Unternehmensführung und -überwachung, also einer „Guten Corporate Governance", kein schlechter Ansatz, der im Einzelfall eine Diskussion über eine modifizierte Berücksichtigung wert erscheint.

2.2 Altersgrenze für Mandatsträger

Eine Altersgrenze, bei deren Erreichen ein Aufsichtsratsmitglied nicht mehr kandidieren und/oder weiter amtieren darf, ist seit Hermann Josef Abs (und dessen politischem Bruder im Geiste Konrad Adenauer) ein Dauerbrenner. Die biologische Entwicklung sowie die permanent weiter steigende Lebenserwartung sind dabei nicht die einzigen kontraindikatorischen Einflüsse. Ziffer 5.4.1 Abs. 2 Satz 2 DCGK enthält die zwingende Empfehlung, dass jeder Aufsichtsrat „eine festzulegende Altersgrenze für Aufsichtsratsmitglieder" selbst festlegen soll; der Gesetzgeber schweigt zu diesem Thema „in Permanenz". Für Beiräte sollte vor ihrer Einrichtung und periodisch vor umfangreicheren Neubesetzungen das Höchstalter thematisiert werden. Dieses Thema kann nur ohne konkreten Anlass oder gar persönlichen Bezug diskutiert und einvernehmlich angesprochen werden. Wie die Praxis in den kodexverpflichteten Unternehmen mehr als eindrucksvoll gezeigt hat (und weiter zeigen wird), schützen weder Rang noch Namen davor, die Überschreitung der Altersgrenze im Einzelfall als zwingend und persönlich geboten zu erleben. Diese menschliche Komponente kann also weder die DCGK-Empfehlung noch eine statutarische Vorgabe für freiwillige Beiräte verhindern, aber die Diskussion (und ein paar Vorbilder) wirken manchmal bereits Wunder.

»Für Beiräte sollte vor ihrer Einrichtung und periodisch vor umfangreicheren Neubesetzungen das Höchstalter thematisiert werden.«

2.3 Frauenquote

Glaubt man dem politischen Aufwand sowie der medialen Aufmerksamkeit, so hat kein Thema die Corporate-Governance-Diskussion der letzten Jahre so umfassend geprägt wie die Quote. Kaum überraschend wurde aus einem ursprünglich vom DCGK aufgegriffenen Ansatz fast über Nacht eine gesellschaftspolitische Grundsatzdebatte. Die Essenz dieser an allen Fronten gebetsmühlenartig abgelaufenen Auseinandersetzung findet sich seit 2015 im „Gesetz für die gleichberechtigte Teilhabe von Frauen und Männern an Führungspositionen". Im Ergebnis wurde damit einem mehrheitlich für erforderlich gehaltenen gesellschaftspolitischen Anliegen Rechnung getragen, das mit der ursprünglichen Professionalisierungsdiskussion sowie diversen Besetzungsempfehlungen von Überwachungsgremien herzlich wenig oder gar nichts mehr zu tun hat. Allen Beiratsbegründern und -mitgliedern kann insoweit nur gratuliert werden, dass ihre Suche nach den besten Männern und Frauen für ihre Beiräte diese gesellschaftspolitisch-verrenkte Vorgabe nicht beeinträchtigt. Vielmehr hat die Diskussion die Berechtigung und Notwendigkeit bestätigt, keine allein gendergetriebenen Personalentscheidungen – auf welcher Ebene auch immer – zu treffen.

2.4 Mandatsbeschränkung und Overboarding

Sowohl das AktG 1965 – gerade 50 Jahre jung geworden – als auch der DCGK greifen das Thema Mandatsbeschränkung auf (§ 100 Abs. 2 AktG, Ziffer 5.4.5 DCGK). Das Thema Overboarding, also ein persönliches „zu viel" an Mandaten, ist aktuell eines der kritischen Hauptversammlungsthemen. Im Kern bringen die damit verbundenen Überlegungen zwei konfliktäre Zielsetzungen auf den Punkt: Einerseits soll möglichst breitgefächerte fachliche Erfahrung in einem Überwachungsgremium wie einem Aufsichtsrat oder Beirat vereint sein. Andererseits bedingt jedes übernommene Mandat eine oftmals sehr unterschiedliche zeitliche Inanspruchnahme, die ihre natürliche Begrenzung in dem insgesamt zur Verfügung stehenden Zeitbudget findet. Kritisch bei dieser bereits sehr grundsätzlichen Problematik ist zudem das Faktum, dass kein Mandatsträger über die gleiche Verarbeitungskapazität verfügt, sodass jede Angabe eines Normmaßes oder einer Höchstzahl an Mandaten grundsätzlich ausscheidet: Denn nicht selten mag ein Amtsinhaber bereits mit einem einzigen Mandat an die Grenze seiner individuellen Leistungsfähigkeit oder Leistungsbereitschaft kommen. Auch bezüglich dieser Anforderung erscheint es also eher ein Gebot der Vernunft als der Mathematik, die Rahmenbedingungen für eine ordentliche Beiratsarbeit mit den individuellen Gegebenheiten in Einklang zu bringen. Der jüngere DCGK-Ansatz, demzufolge „jedes Aufsichtsratsmitglied (darauf) achtet, dass ihm für die Wahrnehmung seiner Mandate genügend Zeit zur Verfügung steht" (Ziffer 5.4.5 Satz 1 DCGK), ist mit dem Appell an die nominierenden Aufsichtsratsmitglieder gekoppelt, sich „bei dem jeweiligen Kandidaten (zu) vergewissern, dass er den zu erwartenden Zeitaufwand aufbringen kann" (Ziffer 5.4.1 Abs. 4 DCGK). Ein Appell, dessen Nachahmung durchaus empfehlenswert ist.

2.5 Unabhängigkeit

Eine der einleitend angesprochenen angelsächsischen Direktimporte in das kontinentaleuropäische Corporate-Governance-System ist die drängende Forderung nach Unabhängigkeit der Aufsichtsratsmitglieder: Obwohl es EU-weit bis heute nicht gelungen ist, eine konsensuale Definition für diese Eigenschaft zu erarbeiten, haben die DCGK-Kommission und der Gesetzgeber die Charakteristik aufgegriffen und festgeschrieben. So musste der „Financial Expert" nach bisherigem, Ende 2015 allerdings wieder zurückgenommenem Recht, ein „unabhängiges Mitglied des Aufsichtsrats" sein (§ 100 Abs. 5 AktG). Mehr als nur zeitgeistig hat aber auch die Empfehlung ihren Weg in den DCGK gefunden, der zufolge „dem Aufsichtsrat eine nach seiner Einschätzung angemessene Anzahl unabhängiger Mitglieder angehören" soll (Ziffer 5.4.2 Satz 1 DCGK). Die kodexspezifische Definition besagt, dass insbesondere dann keine Unabhängigkeit gegeben ist, wenn ein Aufsichtsratsmitglied „in einer persönlichen oder geschäftlichen Beziehung zu der Gesellschaft, deren Organen, einem kontrollierende Aktionär oder einem mit diesem verbundenen Unternehmen steht, die einen wesentlichen und nicht nur vorübergehenden Interessenkonflikt begründen kann" (Ziffer 5.4.2 Satz 2 DCGK). Auf die Spitze getrieben könnte man der Meinung sein, dass genau dieses, hier negativ abgegrenzte, weil abhängige Klientel die überwiegende Auswahltruppe für typische, zumindest familienbezogene Beiräte konstituiert. Damit könnte eine Arbeitsteilung dergestalt vorgenommen werden, dass die in diesem Sinne Unabhängigen in die DCGK-kontrollierten Aufsichtsräte und der Rest in die (freien) Beiräte gehen könnte. Das ist sicher eine Überzeichnung, macht aber im Kern deutlich, dass bezüglich des „Näheverhältnisses" bei der Besetzung von Beiräten regelmäßig andere Maßstäbe anzuwenden sein werden als in den DCGK-verpflichteten Kapitalgesellschaften mit obligatorischem Aufsichtsrat. Dennoch bleibt auch hier ein Empfehlungsüberhang: Nur abhängige Beiratsmitglieder zu ernennen, sollte nicht die Alternative sein.

»In jedem Überwachungs- und Kontrollgremium sollte wenigstens einer die Bilanz und G&V sowie die dazu erstellten Prüfungsberichte lesen (und nach Möglichkeit auch verstehen) können.«

2.6 Financial Expert

Ein weiterer „Verboardisierungseffekt" im oben genannten Sinne ist die Zwangswahlverpflichtung von mindestens einem – vormals unabhängigen – Mitglied des Aufsichtsrats, das über „Sachverstand auf den Gebieten Rechnungslegung oder Abschlussprüfung" verfügen muss (§ 100 Abs. 5 AktG). Im deutschen Sprachgebrauch spricht man angesichts dieses sehr spezifischen Anforderungsprofils vom „Financial Expert". Im DCGK wird gefordert, dass der Vorsitzende des vom DCGK seinerseits zwingend geforderten Prüfungsausschusses „über besondere Kenntnisse und Erfahrungen in der Anwendung von Rechnungslegungsgrundsätzen und internen Kontrollverfahren verfügen" soll (Ziffer 5.3.2 Satz 2 DCGK). Diese Formulierung vermeidet insbesondere jedes Qualifikationsprofil der einschlägigen Berufsträger und kann insoweit als Anforderung eigener Art bezeichnet werden. Im Kern aber kann die Botschaft dieser Regulierung noch als erkennbar bezeichnet werden: In jedem Überwachungs- und Kontrollgremium sollte wenigstens einer die Bilanz und G&V sowie die dazu erstellten Prüfungsberichte lesen (und nach Möglichkeit auch verstehen) können – eine für wirtschaftlich handelnde Unternehmen einsichtige Forderung, die auch ohne jede gesetzliche Vorgabe oder vergleichbare Kodex-Empfehlung bei der Besetzung effizienter Beiräte Berücksichtigung finden sollte.

2.7 Weiterbildungsverpflichtung

Mit großem zeitlichen Verzug und bisher auch nur als Kodex-Empfehlung formuliert, wird darauf aufmerksam gemacht, dass „die Mitglieder des Aufsichtsrats die für ihre Aufgaben erforderlichen Aus- und Fortbildungsmaßnahmen eigenverantwortlich wahr(nehmen)" (Ziffer 5.4.5 Abs. 2 DCGK). Als zwingende Empfehlung wird diesbezüglich festgestellt, dass die Aufsichtsratsmitglieder „dabei ... von der Gesellschaft angemessen unterstützt werden" sollen (Ziffer 5.4.5 Abs. 2 Satz 2 DCGK). In einer seit Jahrzehnten von der Forderung nach „lebenslangem Lernen" beeindruckten Leistungsgesellschaft mutet diese halbherzige und kaum wirklich verpflichtende Empfehlung wie ein echter Dinosaurier im Mediapark 4.0 an. Aus der Praxis kann berichtet werden, dass die Zurückhaltung (oder sollte man von selbstauferlegter Bescheidenheit sprechen?), diese Anforderung bei Überwachungsträgern umzusetzen, bisher kaum Ergebnisse gezeigt hat. Kaum eine DCGK-Forderung ist derart unisono in den einschlägigen AktG-Kommentaren „runterkommentiert" worden, wie die zuständigen Rechtswissenschaftler dies in anderem Zusammenhang selbst gerne nennen, wie diese regulierte Selbstverständlichkeit. Eine mögliche Begründung kann naturgemäß in dem Spannungsverhältnis (oder sollte man besser von Wettbewerb sprechen?) gesehen werden, das sich zwischen aufgeklärten Aufsichtsratsmitgliedern und gerne aufklärendem Beratergewerbe ergibt. Spekulation und Scherz beiseite: Weiterbildung ist eine der ersten Beiratspflichten, von einer Anlehnung an die schlechte abweichende AG-Praxis muss ausdrücklich abgeraten werden.

3. Fazit

Der „Große Bruder" des Beirats, der überwiegend obligatorische Aufsichtsrat, lebt in regulatorisch wie medial bewegten Zeiten. In dem einen oder anderen Punkt kann vermutet werden, dass etwas weniger breite Aufmerksamkeit und interessenträgergebundene Anteilnahme einer nachhaltig effizienten Aufsichtsratsarbeit förderlich sein könnte. Der Beirat aber steht weit weg von diesem fokussierenden Rampenlicht und kann gelassen und mit Abstand wie Verstand die bewährten und geeigneten Anforderungen prüfen, abwägen und im Einzelfall übernehmen. Diese Chance aber sollte er ganz eigennützig nutzen, in diesem Sinne wurden die vorstehenden Anmerkungen formuliert.

Dr. iur. Dr. rer. pol. habil. Dipl.-Kfm. Manuel René Theisen, Jahrgang 1953, ist seit 1987 Universitätsprofessor für Allgemeine Betriebswirtschaftslehre, Betriebswirtschaftliche Steuerlehre und Steuerrecht. Er lehrte bis 1991 an der Universität Oldenburg, von 1991 bis 1998 an der Universität Mannheim und von 1998 bis 2010 an der Ludwig-Maximilians-Universität München. Seit 2002 ist er „Visiting Faculty Professor" für Corporate Governance an der Wirtschaftsuniversität ESMT, Schloss Gracht/Berlin, von 2008 bis 2012 war er zusätzlich Professor für Corporate Governance und Corporate Law an der Privaten Universität Witten/Herdecke und Beiratsmitglied des dortigen Reinhard-Mohn-Instituts für Unternehmensführung und Corporate Governance (RMI). Professor Theisen beschäftigt sich seit über 30 Jahren mit Fragen zur Aufsichtsratsarbeit in nationalen und internationalen Unternehmen. Er ist Verfasser des Standardwerks „Die Überwachung der Unternehmungsführung" sowie der 2007 in 4. Auflage erschienenen Schrift „Information und Berichterstattung des Aufsichtsrats". Im Jahr 2003 veröffentlichte er die 6. Auflage des Standardwerks „Das Aufsichtsratsmitglied – Ein Handbuch der Aufgaben, Rechte und Pflichten", begründet von Potthoff/Trescher. Seit Januar 2004 ist er Begründer und geschäftsführender Herausgeber der ersten unabhängigen Fachinformation für Mandatsträger Der Aufsichtsrat. Er ist als Gutachter und Experte zu Fragen der Corporate Governance tätig und publiziert eine regelmäßige Kolumne im „Handelsblatt".

Die Deutsche Industrie Holding ist ein inhabergeführtes, von Banken und Industrie unabhängiges Beteiligungsunternehmen. Die Gesellschafter haben langjährige Erfahrungen in der operativen Führung von Unternehmen, in der Begleitung von Unternehmen bei ihrer erfolgreichen Entwicklung durch Aufsichtsrats- und Beiratsmandate und als Investoren. Je nachdem, wie sich eine Beteiligung entwickelt, nehmen die Gesellschafter intensiv Einfluss auf die Geschäftsführung oder lassen sie „an der langen Leine" arbeiten. Matthias Freiherr von Tettau ist geschäftsführender Gesellschafter und berichtet hier über verschiedene Beiratsmodelle, die in seinem Hause praktiziert werden.

Matthias Freiherr von Tettau

Je größer die Herausforderungen, desto gefragter der Beirat

1. Unser Konzept

Die Deutsche Industrie Holding wird 1991 auf Initiative der Deutschen Bank gegründet, um einen Beitrag zum Aufbau des industriellen Mittelstandes in Ostdeutschland zu leisten. Von der Treuhandanstalt werden in der Folgezeit 25 Unternehmen erworben, die im Marktsegment Infrastrukturaufbau tätig sind. Der geplante Erfolg der Investition bleibt jedoch aus, sodass die Deutsche Bank 1996 Peter Zühlsdorff und Diethard Freiherr von Tettau mit der Sanierung und Restrukturierung der Deutschen Industrie Holding beauftragte. Kurze Zeit später übernahmen beide die Holding vollständig und sanierten die Unternehmensgruppe mit einer Veränderung der Strategie. Im Fokus standen etablierte Handels- und Industrieunternehmen, oft solche in Umbruch- und Restrukturierungssituationen. So erwarben sie u.a. den Textilfilialisten SinnLeffers von KarstadtQuelle und sanierten ihn in der Folgezeit grundlegend und erfolgreich über das Insolvenzplanverfahren, für das SinnLeffers heute als gelungener Paradefall gilt.

Im Jahr 2009 stand die eigene Nachfolgeregelung an: Patrick Feller und ich traten als Geschäftsführer in die Deutsche Industrie Holding ein. Wir richteten sie neu aus und investieren heute in mittelständische Unternehmen mit etablierter Historie und gesundem Kern. Anlässe für unser Engagement sind beispielsweise kurzfristige Probleme in Liquidität oder Ertrag, ungelöste Nachfolgeregelungen oder auch Wachstumsfinanzierungen. Wir verwenden ausschließlich eigenes Kapital und gehen Mehrheits- und Minderheitsbeteiligungen ein. Im Jahr 2015 wurde ich alleiniger geschäftsführender Gesellschafter.

Seit 1999 hat die Deutsche Industrie Holding (DIH) über 20 Beteiligungen erworben. Wir unterstützen das Management bei der Gestaltung von Wachstumsperspektiven, bei Kosten- und Prozessoptimierungen und bei Fragen der Finanzierung und Liquidität. Die operative Verantwortung liegt immer bei der Geschäftsführung des jeweiligen Unternehmens.

Als „Unternehmer der Unternehmer" stehen bei der Deutschen Industrie Holding langfristige Engagements im Fokus. Die Dauer der Beteiligung mit dem persönlichen Kapital der Gesellschafter ist unbegrenzt. Ziel sind individuelle Lösungen, die wir gemeinsam mit dem Verkäufer und dem Management des Unternehmens erarbeiten.

2. Beiratsmodelle
2.1 Restrukturierung

Unsere Kompetenz ist vor allem bei Restrukturierungsfällen gefragt, also bei Unternehmen, die nicht mehr profitabel sind und/oder deutlich profitabler sein könnten. Nachdem die strategische Ausrichtung festgelegt ist, konzentrieren wir uns zunächst darauf, tiefgreifende Veränderungen im operativen Bereich im Hinblick auf Prozesse und Strukturen vorzunehmen. Parallel starten wir umfangreiche Analysen, um die Strategie so zu justieren, dass ein langfristiger Erfolg möglich wird.

Um die notwendigen Veränderungen in Angriff nehmen zu können, ist für uns wichtig und unabdingbar, dass wir die Mehrheit der Anteile besitzen. Ohne diese Majorität könnten wir nicht so durchgreifen, wie es für eine erfolgreiche Restrukturierung erforderlich ist.

»Der gesamte Katalog der Zuständigkeiten des Beirats bei einer Restrukturierung ist deutlich umfangreicher als bei einem gesunden Unternehmen.«

Da wir nicht unmittelbar in die Geschäftsführung eintreten wollen, steuern wir den Restrukturierungsprozess über einen Beirat. Dieses Gremium muss bei zahlreichen wichtigen Entscheidungen einbezogen werden und seine Zustimmung geben. Diese zustimmungspflichtigen Geschäfte und Maßnahmen der Geschäftsführung sind jeweils genau definiert. In aller Regel hat der Beirat die Kompetenz, Geschäftsführer zu berufen und auch abzuberufen, die Eckpfeiler der Strategie gemeinsam mit der Geschäftsführung festzulegen und zu genehmigen und natürlich auch wesentliche Investitionsentscheidungen zu prüfen und freizugeben.

Der gesamte Katalog der Zuständigkeiten des Beirats ist deutlich umfangreicher als bei einem gesunden Unternehmen. Auch liegen die Schwellenwerte der zustimmungspflichtigen Geschäfte (Investitionen, Eingehen von Verbindlichkeiten etc.) typischerweise niedriger als bei gesunden Unternehmen. Ein weiterer Unterschied zum Beirat eines Unternehmens mit befriedigender Profitabilität ist die Frequenz der Beiratssitzungen. Wenn es um Restrukturierung geht, muss der Beirat deutlich häufiger (mindestens sechsmal pro Jahr) zusammenkommen als im anderen Fall – hier reichen drei bis vier Sitzungen.

Die Zusammenarbeit zwischen der Geschäftsführung und dem Beirat beschränkt sich aber nicht auf Beiratstreffen allein. Vielmehr wird in sehr regelmäßigen Abständen (alle zwei Wochen) telefoniert. Einmal im Monat findet normalerweise ein persönliches Treffen statt. Nur so ist das Ziel zu erreichen, einen engen Austausch zu pflegen und die Beiratsmitglieder die Rolle aktiver Sparringspartner annehmen zu lassen. Grundsätzlich gilt aber: Je besser ein Unternehmen funktioniert, umso eher kann die Frequenz reduziert werden, in der die Kommunikation stattfindet.

Es liegt auf der Hand, dass der Beirat in einem Problemunternehmen nicht nur zeitlich stark beansprucht, sondern auch intellektuell gefordert wird. Insbesondere eine hohe soziale Kompetenz ist für diese Aufgabe nötig. Gerade bei Restrukturierungen geht es oft um Arbeitsplätze, das heißt um Menschen. Daher ist es eine wichtige Qualifikation des Beirats, dass er mit den Mitarbeitern respektvoll kommuniziert. Die Mitarbeiter sollen Vertrauen zu den (neuen) Eigentümern gewinnen. Das ist aus meiner Sicht eine der größten Herausforderungen im Rahmen einer Restrukturierung: den Menschen zu erklären, warum sich bestimmte Dinge ändern müssen, wenn das Unternehmen als Ganzes wieder auf die Beine kommen soll. Eine nicht immer leichte Aufgabe, der ich persönlich mit transparenter Kommunikation zu begegnen versuche: Ich verkünde auch unbequeme Entscheidungen klar und direkt – erkläre aber gleichzeitig, warum dieser Weg gegangen werden muss. Im Grundsatz heißt es für mich: Je größer die Herausforderungen, desto gefragter der Beirat.

2.2 Der Fall KMS

Die Beiratsbesonderheiten bei einer Restrukturierung möchte ich kurz am Beispiel der Firma KMS erläutern. Diesen führenden Großhandel für Friseurbedarf haben wir 2007 als Restrukturierungsfall übernommen. Wie bei dieser Konstellation üblich, haben wir einen Beirat eingesetzt. Wir haben den Vorsitz übernommen, um das Gremium steuern zu können und mit allen Beteiligten intensiv zu kommunizieren. Neben dem Vertreter von DIH holen wir üblicherweise weitere Personen in den Beirat: einen Kenner der Branche, einen Restrukturierungsfachmann und einen Mann, der die Hand unmittelbar am Puls des Marktes hat; in diesem Fall war es einer der führenden deutschen Friseursaloninhaber. Diese Insider sind für unsere Arbeit sehr wichtig. Sie kennen die Themen, die gerade diskutiert werden, und sie kennen Leute, die uns bei unserem Engagement hilfreich sein können.

Da bei solchen Restrukturierungen sehr viel Arbeit anfällt – für die Geschäftsführung wie für die Beiräte –, versuchen wir das Aufgabenpensum zu rationalisieren, indem wir aus dem Beirat heraus Arbeitsgruppen bilden, die sich mit Spezialthemen beschäftigen. Sie tagen etwa alle sechs Wochen und sind daher sehr nah am operativen Geschehen. Solche Arbeitsgruppen können sich beispielsweise mit Personalthemen – dieser Bereich steht bei Restrukturierungen naturgemäß mit im Zentrum – oder mit Fragen rund um den Einkauf befassen.

Inzwischen ist die Restrukturierung von KMS gut vorangekommen, das Unternehmen schreibt schwarze Zahlen. Und so wie sich seit der Übernahme die Schwerpunkte immer wieder mal verlagern, passen wir auch die Zusammensetzung des Beirats an. Alles in allem haben wir seit 2007 dreimal Positionen im Beirat neu besetzt. Man muss sich immer wieder zwingen, die Struktur des Beirats zu überprüfen, ob sie noch passt.

Aktuell befassen wir uns mit der Frage, ob es für KMS sinnvoll sein könnte, eine Produktfamilie mit Eigenmarken zu kreieren. Damit der Beirat dieses Thema fundiert behandeln kann, überlegen wir, einen Experten in unser Gremium zu berufen, der sich mit dieser Materie auskennt, aber möglicherweise aus einer ganz anderen Branche kommt. Wir versprechen uns davon eine fruchtbare Diskussion.

2.3 Der Fall SinnLeffers

Ganz kurz möchte ich noch auf eine andere Restrukturierungsmaßnahme eingehen, die wir erfolgreich abgeschlossen haben: die SinnLeffers AG. Das traditionsreiche Textilfilialunternehmen hatten wir 2005 vom Karstadt-Konzern übernommen. Hier hatten wir zunächst keinen Beirat, sondern aufgrund des Aktienrechts einen Aufsichtsrat. Erst im folgenden Jahr wurde die Aktiengesellschaft in eine GmbH umgewandelt und ein Beirat eingerichtet.

»Man muss sich immer wieder zwingen, die Struktur des Beirats zu überprüfen, ob sie noch passt.«

Die Restrukturierung wurde im Wege eines Insolvenzplanverfahrens gemanagt. Darauf möchte ich hier nicht weiter eingehen. Was mir am Fall SinnLeffers aber wichtig ist, sind die Erfahrungen aus der Zusammenarbeit mit den Arbeitnehmervertretern. Bei SinnLeffers wie auch bei den anderen Restrukturierungen, die wir abgewickelt haben, war uns immer die aufrichtige Kommunikation mit den Mitarbeitern ein Anliegen. Denn letztlich haben beide Seiten – Arbeitnehmer und Eigentümer – das Wohl des Unternehmens im Blick.

2.4 Der Fall Hess Natur

Beim Unternehmen Hess Natur, ein Versandhändler ökologischer Textilien, standen wir vor einer sehr reizvollen Herausforderung, kamen aber leider nicht zum Zuge. Dennoch möchte ich diesen Fall kurz schildern, weil Hess Natur zu einem Trendsetter hätte werden können. Das Unternehmen stand zum Verkauf, verschiedene Interessenten wollten es übernehmen. Um einen Verkauf an andere zu verhindern, gründeten Mitarbeiter 2011 eine Genossenschaft, die das Unternehmen kaufen wollte. Wir von DIH wurden eingeladen, uns an der Übernahme zu beteiligen. Wir fanden, dass dies eine sehr bedenkenswerte Idee war und bekundeten unsere Verhandlungsbereitschaft. Wir wären bereit gewesen, in die Minderheitsposition zu gehen und das Management aus einem Beirat heraus zu begleiten. Wir sahen in der anvisierten Neuordnung des Unternehmens in Arbeitnehmerhand ein spannendes Experiment. Doch der damalige Eigentümer, wie im Fall SinnLeffers der Karstadt-Konzern, verkaufte das Unternehmen schließlich an eine Beteiligungsgesellschaft. So blieb das Experiment eine Vision.

3. Beiratsfall bei einem Unternehmenserwerb

Abschließend möchte ich noch kurz ein Beispiel schildern, wie wir vorgehen, wenn wir in ein im Kern gesundes Unternehmen einsteigen. Das ist etwa dann der Fall, wenn die Eigentümer ihr Unternehmen abstoßen wollen, um sich zur Ruhe zu setzen.

Diese Konstellation hatten wir bei einem Unternehmen aus dem Bereich Laserschweißtechnologie. Die beiden Inhaber sahen durchaus die Chancen ihres Unternehmens aufgrund des vorhandenen technischen Know-hows. Sie wollten aber ihre Wachstumschancen nicht mehr ausreizen, sondern sich lieber geruhsam auf ihre Zeit als Privatiers vorbereiten. Daher suchten sie einen Käufer, der ihnen den gleitenden Übergang in die nächste Lebensphase ermöglichte.

Wir haben die Firma übernommen. Die beiden Alteigentümer blieben noch eine Zeitlang in der Geschäftsführung. Dann haben wir den künftigen Geschäftsführer gesucht und mithilfe der beiden Vorbesitzer eingearbeitet. Als die Einarbeitung abgeschlossen war, zogen sich die beiden zurück.

Nun planen wir die nächste Entwicklungsstufe. Wir untersuchen verschiedene strategische Alternativen. Sobald klar ist, wie sich das Unternehmen weiterentwickeln soll, werden wir einen Beirat einrichten. Dieser wird voraussichtlich mit zwei Experten aus den neuen Zielmärkten des Unternehmens, einem der Alteigentümer und einem Vertreter der DIH besetzt sein.

4. Fazit

Wir als „Unternehmer der Unternehmer" können eine Menge bewegen, wenn es darum geht, angeschlagene Unternehmen wieder auf die Erfolgsspur zu bringen oder gesunde Unternehmen in eine neue Entwicklungsphase zu führen. Dazu bringen wir das Know-how und das Kapital mit. Und wir bringen die richtigen Instrumente mit, um Erfolge zu generieren. Eines dieser bewährten Instrumente ist der Beirat. Denn dort werden Kompetenzen gebündelt, die die Holding nicht alle selbst abbilden kann.

Matthias Freiherr von Tettau, Jahrgang 1975, ist Diplom-Kaufmann und US-amerikanischer Wirtschaftsprüfer (CPA). Er ist verheiratet und hat drei Kinder. Nach abgeschlossenem Studium der Betriebswirtschaftslehre an der Johann Wolfgang Goethe-Universität Frankfurt am Main mit Aufenthalten in New York und London begann Matthias Freiherr von Tettau im Jahr 2000 seine berufliche Tätigkeit bei der Wirtschaftsprüfungsgesellschaft PricewaterhouseCoopers. Er war dort zunächst in den Bereichen Transaction Services und in der Prüfung internationaler Industrieunternehmen tätig. Nach Bestehen des Examens zum US-amerikanischen Wirtschaftsprüfer wurde er in den Thinktank von PwC Global nach Washington berufen und wirkte dort an der Entwicklung von Strategien, Produkten und Dienstleistungen mit.

Anfang 2004 wechselte er zur Merck KGaA in den Bereich strategische Geschäftsentwicklung, in dem Akquisitionsstrategien für die Chemiesparte entwickelt und umgesetzt werden. Nach zwei Jahren wurde er mit der Leitung der Abteilung Capital Markets betraut, wo er für die Steuerung von Kapitalmarktaktivitäten sowie die Betreuung verschiedener Beteiligungen zuständig war.

2007 erfolgte die Übernahme der Geschäftsführung und der damit verbundenen Aufbau der DIH Equity GmbH, einer Tochtergesellschaft der DIH. 2009 wurde er schließlich Geschäftsführer und Gesellschafter der DIH. Im Zusammenhang mit der Betreuung der Portfoliogesellschaften nimmt Matthias Freiherr von Tettau eine Reihe von Aufsichtsrats- und Beiratsmandaten wahr. Außerhalb der DIH-Gruppe ist er im Beirat von Dr. Peters, von Meyle+Müller, im Kuratorium von AIESEC e.V. und bei Ashoka aktiv.

Deutsche Industrie Holding auf einen Blick
Die Deutsche Industrie Holding ist eine von Banken und Industrie unabhängige private Beteiligungsgesellschaft mit Sitz in Frankfurt am Main. Zielunternehmen sind primär deutsche Mittelständler mit einem Umsatzvolumen zwischen 20 und 100 Millionen Euro. Aktuell ist die DIH an insgesamt 14 Unternehmen aus unterschiedlichen Branchen mehrheitlich oder maßgeblich beteiligt, wobei der Bereich Konsumgüter und Einzelhandel einen gewissen sektoralen Schwerpunkt bildet. Zum 31.12.2015 betrugen die Eigenmittel über 100 Millionen Euro.

Die Schuback GmbH wurde 1947 von Louis und Charlotte Wagner als Drogerie gegründet. Heute wird das Unternehmen in dritter Generation von Christian Wagner als geschäftsführendem Gesellschafter geleitet und zählt mit 46 Filialen und 68 angeschlossenen Kosmetikstudios zu den führenden Parfümerien Norddeutschlands. Die Übernahme des fast gleich großen Wettbewerbers, den Karsten-Wilde-Parfümerien, im Jahr 2013, und der gleichzeitig zu vollziehende Generationenübergang stellten Geschäftsführung und Unternehmen vor neue Herausforderungen. Das gute Gelingen beider Aufgaben ist zu einem erheblichen Teil der Unterstützung durch einen Beirat zu verdanken. Christian Wagner skizziert die Motive für die Gründung des Beiratsgremiums, dessen Zusammensetzung und Aufgaben sowie ungeahnte positive Nebeneffekte.

Christian Wagner

Der Beirat als Beistand in Zeiten großer Veränderungen

1. Die Vorgeschichte

Die Schuback GmbH wurde 1947 von meinem Großvater als Drogerie gegründet. 1978 erfolgte der Generationenübergang an meine Eltern. Das Unternehmen mit damals sieben Standorten war lokal in Lübeck vertreten. Das Warenangebot reichte von Drogeriewaren über Spirituosen bis zu Kinderspielzeug und einigen Parfümerieartikeln. Einige Standorte verfügten auch über Lottoannahmestellen. Auf den zunehmenden Konkurrenzdruck durch die aufkommenden Drogeriemärkte reagierten meine Eltern in den folgenden Jahren mit der Fokussierung auf Parfümeriesortimente. Von alten Sortimenten trennte man sich, neue Parfümeriemarken wurden aufgenommen. Die bestehenden Standorte wurden überprüft und in den folgenden Jahren, bis auf das Stammhaus, alle geschlossen. Im Gegenzug wurden neue exklusive Parfümerien eröffnet. Aus einem lokalen Unternehmen wurde ein regionales. 2002 überschritt die Schuback GmbH mit der Eröffnung der ersten Filiale in Hamburg (insgesamt die zwölfte Filiale) die Grenzen von Schleswig-Holstein.

2. Der Übergang auf die dritte Generation

Meine Schwester trat 2005, nach dem Studium der Betriebswirtschaftslehre, in unser Familienunternehmen ein, um sich zunächst im Marketing einzuarbeiten. Ich selbst wechselte 2007, ebenfalls nach einem Betriebswirtschaftsstudium und einigen Jahren praktischer Erfahrung in einer Großbank, in unser Unternehmen. Einen Übergabefahrplan hatte – wie leider wohl so oft in mittelständischen Familienunternehmen – keine Seite erarbeitet. Lediglich der Zeitpunkt der Übergabe des Unternehmens war mündlich vereinbart worden. Anfangs führte dies zu Abstimmungsschwierigkeiten und Kompetenzgerangel, aber dank großem Familienzusammenhalt und Toleranz auf allen Seiten konnte die neue Situation schlussendlich gut gemeistert werden.

Dennoch ist die Anfangsphase für mich der springende Punkt einer erfolgreichen Unternehmensübergabe. Es hätte allen Beteiligten, sowohl der Familie als auch den Mitarbeitern, mehr Sicherheit gegeben, wäre vor Beginn ein Fahrplan mit einer genauen Festlegung der schrittweisen Übergabe von Aufgaben und Verantwortlichkeiten entwickelt worden. Enttäuschungen durch eine Übergabe, die zu langsam oder in unerwarteter Reihenfolge erfolgt, hätten ebenso leichter vermieden werden können wie die Überforderung durch eine zu schnelle Übergabe. Leistungsgrenzen des Nachfolgers sind dank einer schrittweise geplanten Übergabe eher erkennbar und lassen eine schnellere Reaktion zu, beispielsweise durch den Aufbau oder die Einstellung eines fähigen Mitarbeiterstabs.

Im Rahmen meiner Einarbeitung durfte ich den Parfümerieunternehmer Karsten Wilde persönlich kennenlernen. Er hatte aus kleinen Anfängen eine der größten und erfolgreichsten inhabergeführten Parfümerien mit 20 Filialen und einem Zentrallager in Niedersachsen aufgebaut. Wiederholter Erfahrungsaustausch und die gemeinsame Gründung einer Weiterbildungsakademie für unsere Führungskräfte verbanden uns zunehmend, dennoch war ich sehr überrascht, als uns Karsten Wilde sein Unternehmen 2011 zum Kauf anbot. Noch überraschter war ich jedoch, als meine Schwester etwa zeitgleich der Familie ihre Entscheidung mitteilte, beruflich eigene Wege gehen zu wollen und folglich aus der Geschäftsführung unseres Unternehmens auszuscheiden.

3. Die Übernahme der Wilde-Parfümerien als zentrales Motiv für die Beiratsgründung

Meine Eltern und ich standen nun allein – ohne die Unterstützung durch meine Schwester – vor der Aufgabe, unser Unternehmen mitten im Generationenwechsel durch die Übernahme der Karsten-Wilde-Parfümerien fast zu verdoppeln. Bei allem Ehrgeiz: Für diese Herausforderung wünschten wir uns Unterstützung an unserer Seite. Insbesondere organisatorische Fragestellungen im Rahmen der Integration beschäftigten uns sehr. Durch das mit der Übernahme verbundene hohe finanzielle Engagement hatten wir gleichzeitig das Bedürfnis, uns noch stärker als bisher mit zukünftigen Entwicklungen im Einzelhandel und strategischen Fragestellungen zu beschäftigen. Aber auch Fragen, wie hoch unsere Zielrendite sein sollte oder wo wir mit welcher Umsatzerwartung neue Standorte eröffnen sollten, wünschten wir uns neu diskutiert. Es entstand die Idee, einen Beirat zu gründen. Zeitgleich festigte sich der Entschluss, die Wilde-Parfümerien zu kaufen.

Beide Vorhaben wurden zum 01.01.2013 vollzogen. Die erste offizielle Beiratssitzung fand vier Wochen später statt. Wichtigstes Thema war damals: „Integration der Wilde-Parfümerien".

3.1 Leitgedanken und Aufgaben des Beirats

Die Leitgedanken und Aufgaben des Beirats haben wir im Beiratsvertrag definiert. Die Präambel lautet:

Die Gesellschafter und Geschäftsführer der Schuback GmbH haben zur Unterstützung für eine weitere erfolgreiche Entwicklung der Gesellschaft einen Beirat gewählt. Als wesentliche Leitgedanken für diese Entscheidung sind nachfolgende Punkte aufzuführen:

- Die Gesellschaft soll durch unternehmerisch denkende und erfahrene Persönlichkeiten begleitet werden.
- Der Geschäftsführung soll ein kompetenter Ratgeber und Sparringspartner für Entscheidungen zur Seite stehen.
- Der Gesellschaft sollen für außerordentliche Notfälle (z.B. ein längerer Ausfall eines Gesellschafters oder der Geschäftsführung) erfahrene Ratgeber zur Verfügung stehen.
- Bei Klärungsbedürfnissen innerhalb des Gesellschafterkreises kann der Beirat Ausgleichsfunktionen wahrnehmen.

> **»Der Beirat hat die Aufgabe, die Geschäftsführung in allen wesentlichen, die Gesellschaft betreffenden Fragen zu beraten.«**

Die Aufgaben des Beirats haben wir wie folgt definiert:

1. Der Beirat hat die Aufgabe, die Geschäftsführung in allen wesentlichen, die Gesellschaft betreffenden Fragen zu beraten.
2. Die Geschäftsführung soll den Beirat insbesondere in folgenden Dingen zu Rate ziehen:
   a. bei der Festlegung des Jahresbudgets für die Erfolgsrechnung, die Investitionen und die Finanzdispositionen,
   b. bei Budgetabweichungen um jeweils mehr als zehn Prozent,
   c. bei der Errichtung und Aufgabe von Filialen,
   d. beim Erwerb und der Veräußerung von anderen Gesellschaften und Beteiligungen daran,
   e. bei der Aufnahme neuer und der Aufgabe bisheriger Geschäftszweige,
   f. beim Abschluss von Miet- und anderen langfristigen Verträgen mit einem Verpflichtungsvolumen von mehr als 100.000 Euro je Vertrag,
   g. bei der Übernahme von Bürgschaften und anderen Haftungsverpflichtungen für Dritte.

Im Hinblick auf unsere Leitgedanken und die dargestellten Aufgaben des Beirats entschieden wir in der Familie, unseren Beirat mit drei Personen und möglichst heterogen zu besetzen.

Wichtig war uns dabei, einen in vielen Branchen erfahrenen Finanzexperten in den Beirat zu bekommen. Nach 20 Jahren ohne Bankverbindlichkeiten – ausgenommen sporadischer Finanzierungen zum Kauf von Einzelhandelsimmobilien für unsere Parfümerien – betraten wir mit der Kreditaufnahme für den Kauf der Wilde-Parfümerien in gewisser Weise Neuland. Uns war klar, dass diese Person kein Vertreter der mit uns in Beziehung stehenden Banken sein durfte, um Interessenkonflikte insbesondere in schwierigen Phasen zu vermeiden.

»Allen drei Beiratsmitgliedern ist gemeinsam, dass sie aus deutlich größeren Unternehmensstrukturen kommen und uns somit auch Entwicklungspotenziale aufzeigen können.«

Weiterhin entschieden wir, dass wir uns zusätzlich Erfahrung in der Führung, Struktur und Expansion eines Filialunternehmens an die Seite holen wollten. Hierfür konnten wir den Vorstand eines Modeschmuckfilialisten für unseren Beirat gewinnen. Als drittes Mitglied komplettierte ein erfahrener Geschäftsführer und exzellenter Einzelhandels- und Marketingprofi das Beiratsgremium. Allen dreien ist gemeinsam, dass sie aus deutlich größeren Unternehmensstrukturen kommen und uns somit auch Entwicklungspotenziale aufzeigen können.

Unsere Beiratstagungen finden dreimal im Jahr statt, die erste am Jahresanfang zur Budgetvorstellung. Mitte des Jahres folgt eine Veranstaltung mit einem externen Gast. Ziel ist es, einen Blick über den Tellerrand zu werfen. So wird z.B. ein Lieferant eingeladen, mit dem wir Themen wie „Aufgaben des inhabergeführten Parfümerieeinzelhandels zur Sicherung der Zukunft" diskutieren. Eine weitere Tagung findet jeweils im Oktober/November statt. In jeder Sitzung werden anstehende Investitionen bzw. deren Abarbeitungsstand erläutert sowie die Unternehmensentwicklung im Vergleich zum Plan geprüft. Weitere Themen sind beispielsweise die Vorstellung des Marketingplans oder die Renditeentwicklung auf Filialebene.

3.2 Die Rolle des Beirats bei der Integration der Karsten-Wilde-Parfümerien

Wir hatten vorgesehen, den Markennamen „Karsten Wilde-Parfümerien" neben den in Schleswig-Holstein und Hamburg firmierenden Schuback-Parfümerien weiter zu führen, also eine Zweimarken-Strategie zu verfolgen, zumal in der Vergangenheit viel Geld in den Aufbau der Marke „Karsten-Wilde-Parfümerien" investiert worden war. Weiterhin wollten wir die Verwaltung (Lohn- und Finanzbuchhaltung und das Zentrallager mit angeschlossener Logistik) von Wilde in Niedersachsen belassen. Schließlich waren hier bewährte Arbeitsabläufe mit erfahrenen Mitarbeitern vorhanden. Die Einstellung eines zusätzlichen Unterbaus für die Geschäftsführung war aus Kostengründen nicht geplant. Die Führung der neuen Filialen wurde zunächst in der Familie aufgeteilt, um Mitarbeiter und Filialen schnell kennenzulernen.

Bereits in der ersten Beiratssitzung wurde unsere geplante Vorgehensweise zur Integration der 20 neuen Geschäfte kontrovers diskutiert. Einhellige Meinung im Beirat war, dass die von uns angedachte dezentrale Struktur für Verwaltung und Zentrallager aus organisatorischen und Kostengründen nicht die beste Lösung sein könne und wir mit der Zweimarken-Strategie große Chancen vergäben, Schuback als inhabergeführte Parfümeriemarke in Norddeutschland auszubauen. Gleichzeitig regte der Beirat an, die neue Größe des Unternehmens zu nutzen, um uns personell noch weiter zu professionalisieren, z.B. durch die Einstellung erfahrener Bereichsleiter für die Führung der Filialen und Experten für Handelsmarketing und Logistik.

Sensibilisiert durch diese Anregungen und durch bereits erste aufkommende Abstimmungs- und Schnittstellenproblematiken zwischen den beiden Verwaltungen wurde meinen Eltern und mir schnell klar, dass unsere ursprünglichen Vorstellungen tatsächlich zu unnötiger organisatorischer Komplexität führen würden. Gleichzeitig wurde deutlich, dass auch wir in der Geschäftsleitung uns neu sortieren mussten, um im stark wachsenden Tagesgeschäft noch genug Kapazitäten für die Weiterentwicklung des Unternehmens zur Verfügung zu haben.

Nun standen schwere Entscheidungen an:

- Den Mitarbeitern in der Verwaltung und dem Zentrallager in Niedersachsen mussten wir mitteilen, dass die Aufgaben in Lübeck zentralisiert würden, also in Niedersachsen wegfielen. Alternative Jobangebote wurden gemacht.
- In die Verwaltung und in das Zentrallager in Lübeck wurde ein deutlich siebenstelliger Betrag investiert, um die zusätzlich erforderlichen Kapazitäten aufnehmen zu können.
- Es wurden mehrere leitende Mitarbeiter eingestellt, alle mit großer Erfahrung in ihren Aufgabengebieten. Eine interne Weiterentwicklung bestehender Mitarbeiter war wegen der notwendigen Geschwindigkeit der Veränderungen nicht möglich. Leider verloren wir dadurch auch Mitarbeiter mit Potenzial, da uns die Zeit fehlte, diese Potenziale zu fördern und auszubauen.
- Auf Geschäftsführungsebene führten die Veränderungen dazu, dass wir Doppelfunktionen abschafften. Die Bereichsleitungen beispielsweise wurden bis dato von meiner Mutter und mir gemeinsam geführt. Mit dem Ziel, dass alle Beteiligten durch kürzere Entscheidungswege und einfachere Abstimmungsprozesse Zeit einsparen, haben wir die Verantwortung für die Bereichsleitungen unter uns aufgeteilt.

Sowohl bei den Entscheidungen selbst als auch bei Fragen zur Kommunikation der Entscheidungen stand uns der Beirat stets als wertvoller Sparringspartner zur Seite.

»Sowohl bei den Entscheidungen selbst als auch bei Fragen zur Kommunikation der Entscheidungen stand uns der Beirat stets als wertvoller Sparringspartner zur Seite.«

Es war auch der Beirat, der uns auf unsere gewachsene Verantwortung hinwies und uns sensibilisierte, einen Notfallplan zu erstellen, um das Unternehmen handlungsfähig zu erhalten und die Arbeitsplätze zu sichern, sollte den geschäftsführenden Gesellschaftern etwas zustoßen.

3.3 Die Rolle des Beirats in einer Notfallsituation

In den Leitgedanken zur Gründung des Beirats haben wir festgehalten, dass unserem Unternehmen in einer Notfallsituation, zum Beispiel bei einem längeren Ausfall oder bei Unfalltod der geschäftsführenden Gesellschafter, erfahrene Ratgeber mit profunden Kenntnissen über die Schuback GmbH zur Verfügung stehen sollen.

Im Nachhinein war uns dies jedoch nicht mehr genug. Ich habe deshalb in Abstimmung mit dem Beirat einer Person meines Vertrauens, die in die wirtschaftliche Situation unseres Unternehmens involviert ist, eine Generalvollmacht erteilt. Entscheidungen von größerer Tragweite stehen allerdings unter dem Vorbehalt der Zustimmung des Beirats. Das heißt, in einer Notfallsituation wechselt der Beirat von einer reinen Beratungsfunktion in eine Entscheidungsfunktion.

Gleichzeitig haben alle Familienmitglieder ihre Testamente aufgesetzt oder angepasst. Dabei stimmten wir uns in der Familie mit größter Offenheit eng ab, sodass bereits heute jedes Familienmitglied weiß, was es testamentarisch zu erwarten hat, und ob und wenn ja welche unternehmerischen Aufgaben damit verbunden sind.

Ich bin überzeugt, mit diesen Maßnahmen für eine Notsituation gerüstet zu sein. Wir haben die Voraussetzungen geschaffen, in einer emotional schwierigen Situation nicht noch zusätzlich Unklarheiten oder gar Enttäuschungen bewältigen zu müssen, sondern direkt aus der Situation heraus handeln zu können, unterstützt durch den Beirat und zum Wohl des Unternehmens.

4. Positive Nebeneffekte der Beiratsgründung

Zu meiner Überraschung stellte ich fest, dass uns der Beirat nicht nur als Sparringspartner zur Seite steht, sondern uns auch die eine oder andere „Challenge" abverlangt. Operative Schwächen werden in den Beiratssitzungen zu Tage gefördert, analysiert und Gegenmaßnahmen aufgezeigt. Dadurch hat sich unsere Reaktionsgeschwindigkeit deutlich beschleunigt, denn spätestens in der nächsten Sitzung fragt der Beirat nach dem Stand der Dinge.

Aber auch Meinungsverschiedenheiten in der Familie werden im Beirat automatisch viel sachlicher diskutiert, als das im Kreis der Familie möglich wäre. Um jegliches Missverständnis zu vermeiden: Wir nutzen den Beirat nicht als Schiedsrichter bei Familienstreitigkeiten, sondern um uns eine zusätzliche Meinung von außen einzuholen. Die Entscheidung selbst wird anschließend immer einstimmig in der Familie getroffen.

Ein ebenfalls ungeahnter Nebeneffekt ist, dass wir mit der Beiratsgründung eine noch professionellere Außenwirkung bei Geschäftspartnern und Kunden erzielen konnten. Jeder spürt, dass es bei Schuback nicht ausschließlich um die Abarbeitung des Tagesgeschäfts geht, sondern dass wir uns intensiv mit der Zukunft und deren Auswirkungen auf unser Unternehmen beschäftigen.

Ein mir bekannter Unternehmer verstärkt diesen Effekt, indem er sein Beiratsgremium, auch hier handelt es sich „nur" um ein beratendes Organ, auf seinem Geschäftsbriefpapier aufführt – auch eine Idee!

> »Ein ebenfalls ungeahnter Nebeneffekt ist, dass wir mit der Beiratsgründung eine noch professionellere Außenwirkung bei Geschäftspartnern und Kunden erzielen konnten.«

5. Fazit

In Zeiten großer Veränderungen, sei es bei einem Generationenwechsel, überdurchschnittlichem Unternehmenswachstum oder Umbrüchen in der eigenen Branche, ist es meiner Erfahrung nach sehr hilfreich, wenn nicht notwendig, sich mit einem Beirat zusätzliche Erfahrung und Kompetenz ins Unternehmen zu holen. Wichtig ist dabei, dass diese Persönlichkeiten ihre Erfahrungen in Unternehmen gesammelt haben, die größer und fortschrittlicher sind als das eigene, um größtmöglichen Nutzen aus der Beiratsarbeit zu ziehen.

In unserer Unternehmenskultur haben wir verankert, dass das Wohl des Unternehmens an erster Stelle steht. Dass dies nicht nur für Mitarbeiter gilt, sondern auch für die Unternehmensinhaber, ist unumgänglich – auch wenn es um Themen wie den eigenen Tod geht. Für mich gehört es daher zur Pflicht eines Unternehmers, sich auch diesem Thema zu stellen. Die Einbeziehung eines langjährig mit dem Unternehmen vertrauten Beirats ist dabei sicherlich sinnvoll und hilfreich.

Christian Wagner, Jahrgang 1975, war im Anschluss an sein Betriebswirt-schaftsstudium einige Jahre in einer Großbank tätig, bevor er 2007 als Geschäftsführer in das elterliche Unternehmen wechselte. Zwischenzeit-lich leitet er das fünftgrößte inhabergeführte Parfümerieunternehmen Deutschlands mit zwischenzeitlich 46 Filialen, 68 angeschlossenen Beauty Lounges und 350 Mitarbeitern. Christian Wagner ist verheiratet und Vater einer kleinen Tochter.

Schuback GmbH auf einen Blick

Das 1947 als Drogerie gegründete Unternehmen ist heute das fünftgrößte inhabergeführten Parfümerieunternehmen in Norddeutschland mit 46 Filialen in Schleswig-Holstein, Hamburg, Niedersachsen und Nordrhein-Westfalen. Zum Unternehmen gehören 68 den Parfümerien angeschlos-sene Kosmetiksalons für exklusive Gesichtspflegebehandlungen. Der Sitz der Gesellschaft ist Lübeck in Schleswig-Holstein. Das Unternehmen be-findet sich in Familienbesitz. Die Firma wird in der Rechtsform der GmbH geführt.

Kennzahlen (2015)
Umsatz: 28 Millionen Euro
Mitarbeiter: 350
Auszubildende: 20

Prof. Dr. Norbert Wieselhuber ist Gründer und Managing Partner der Dr. Wieselhuber & Partner GmbH. Er begleitet seit mehr als 30 Jahren Gesellschafter, Unternehmer und das Management von Familienunternehmen in allen Fragen der strategischen und operativen Unternehmensführung, sowohl als Berater wie auch als Mitglied in Aufsichtsräten und Beiräten. In diesem Beitrag analysiert er die Möglichkeiten des Beirats in der Begleitung der Strategiearbeit von Familienunternehmen. Denn als extern besetztes, unabhängiges Gremium dient der Beirat in Familienunternehmen heute längst nicht mehr nur noch als Aufsichts- und Kontrollinstanz, sondern oftmals auch als Sparringspartner, Moderator und Ideengeber in unternehmerischen Grundsatzfragen. Gerade in Fällen einer komplexeren Gesellschafterstruktur mit ggf. Fremdgeschäftsführern steigt der Bedarf nach einem die Geschäftsführung mehr als nur kontrollierenden Gremium. Der Fokus schiebt sich in Richtung eines offenen Dialogs zwischen der ersten Führungsebene und dem Beirat über das Geschäftsmodell und den strategischen Kurs des Unternehmens, über sich latent abzeichnende oder akute strategische Bedrohungen und des grundsätzlich kritischen Hinterfragens strategischer Vorhaben aller Art.

Prof. Dr. Norbert Wieselhuber

Der Beirat als Impulsgeber: Szenarien in Familienunternehmen

1. Rechtliche Rahmenbedingungen

Aus den Reihen der Aufsichtsräte kommt immer wieder die Kritik der zu späten Einbindung in strategisch relevante Diskurse und Entscheidungen. Für Beiräte in Familienunternehmen trifft diese Kritik aus meiner Sicht nur bedingt die Unternehmensrealität, steht das Organ doch auf anderen rechtlichen Füßen. Gesetzlich nicht vorgesehen und somit de jure ein auf freiwilliger Basis geschaffenes Gremium, kann der Beirat in Abhängigkeit von der Gesellschaftsform (zwei- oder dreigliedrig) der Unternehmensführung, der Gesellschafterversammlung und/oder dem Aufsichtsrat zur Seite gestellt werden. Sinngemäß gelten dementsprechend die Bestimmungen des Aktiengesetzes über den Aufsichtsrat. Soweit gesetzlich zulässig und im Gesellschaftsvertrag nicht ausdrücklich Gesellschafterbeschlüsse vorgesehen sind, werden die Befugnisse der Gesellschafterversammlung auf den Beirat übertragen und von diesem ausgeübt.

Entscheidend bei der Aufgabendefinition sind das Selbstverständnis und der Gestaltungswille des Beirats. Die Beteiligung der Beiräte am Unternehmensgeschehen hat in den vergangenen Jahren im Rahmen der Professionalisierung der Gremienarbeit deutlich zugenommen. Neuere gesetzliche Regelungen unterstreichen ebenso wie der Deutsche Corporate Governance Kodex – der Cromme´sche Index – die aktive Rolle, die der Aufsichtsrat nicht nur als Überwachungsorgan, sondern vor allem als strategischer Partner von Vorstand und Geschäftsführung zu spielen hat. In der Literatur zum Aufsichtsrat findet sich hierbei der Terminus der „strategischen Überwachung", der verstanden wird als „[…] permanenter, parallel zur Strategieformulierung und -implementation laufender Informations- und Entscheidungsprozess […], der die strategischen Pläne fortlaufend auf ihre Tragfähigkeit (Validität) hin überprüft, um Bedrohungen und dadurch notwendig werdende Veränderungen des strategischen Kurses rechtzeitig zu signalisieren" (Hasselberg 1989). Diese Definition kann 1:1 auf den Beirat in Familienunternehmen übertragen werden.

2. Strategische Impulse – Regulativ an der Schnittstelle von Familie und Unternehmen

An der Schnittstelle von Unternehmerfamilie, Geschäftsführung und externen Führungskräften ist der Beirat als unabhängiges Gremium gerade für die Strategiearbeit von großer Bedeutung, da er den richtigen Zweiklang zwischen Eigentümern und Management ergebnisorientiert sichern kann. Quasi als regulierender Mittler können Entscheidungen und Befugnisse von der Gesellschafterversammlung auf ein qualifiziertes Organ verlagert und die Risiken von Fehlentscheidungen vermindert werden. Gleichzeitig kommt der Koordination, teilweise sogar Mediation uneiniger Gesellschafter bzw. einer nicht entscheidungsfähigen Gesellschafterversammlung im Sinne eines Family Relations Management eine große Bedeutung zu durch Versachlichung der Zusammenarbeit mit den Geschäftsführern und Ent-Emotionalisierung.

Ein optimal aufgestellter Beirat – im Selbstverständnis und in der Zusammensetzung mehr ein Performance Coach als ein Kuschelclub – kann mit seinem fach- und branchenspezifischem Expertenwissen entscheidendes Regulativ für den komplexen Prozess der Strategiearbeit in Familienunternehmen sein. Konkret zu adressierende Themen sind dabei z.B. die folgenden:

- Strategische Planung im Sinne von Mehrjahresplanung, v.a. Plausibilisierung,
- Anpassung bzw. Neukonfiguration (von Teilen) des Geschäftsmodells hinsichtlich der Wertschöpfungsarchitektur und der Marktbearbeitung,
- Sicherstellung der Kapitalkraft und der Liquiditätsbasis,
- Personalkompetenz hinsichtlich der Geschäftsführung.

Wie sich ein Beirat in konkreten Strategiefragen einbringen kann, können folgende Unternehmensszenarien beispielhaft zeigen:

2.1 Szenario 1: Schleichende Vergiftung des Unternehmens

Nachlassende Wettbewerbsfähigkeit, zunehmende Ertragserosion und stetiger Renditeverfall – am Anfang keine akute, lebensbedrohliche Erkrankung, aber eine gefährliche, schleichende Vergiftung. Nur selten resultieren Marktveränderungen aus einem überraschend, kurzfristig auftretenden exogenen Schock. Kundenbedürfnisse und Wettbewerb verändern sich stetig und eher in überschaubaren, sich allerdings verstärkenden Schritten. Unternehmen, die diese schwachen Signale und Umfeldveränderungen nicht wahrnehmen, gar negieren und bagatellisieren, sich also durch eine hohe individuelle Rigidität der Führung auszeichnen, haben bereits den ersten Schritt in eine sich ständig verstärkende negative Unternehmensentwicklung getan. Das Unternehmerverhalten liefert hierzu den entscheidenden Beitrag in der Form, dass mit großem Einsatz an alten Konzepten und Rezepten festgehalten und nach dem Prinzip Hoffnung agiert wird: „Es wird schon wieder so werden, wie es immer war" oder „es wird nicht so schlimm kommen, wie es propagiert wird, und wir haben immer noch ausreichend Zeit zu reagieren". Tatsächlich hat der Unternehmer das Heft schon längst nicht mehr in der Hand: Er wird zum Reagieren gezwungen und der Wettbewerb bestimmt die Spielregeln. Gerade für Pionierunternehmer eine äußerst ungünstige Konstellation.

> »Gerade Pionierunternehmer müssen lernen und akzeptieren, dass sie nicht jede Unternehmensgröße, -komplexität und -situation beherrschen können.«

Der Beirat sollte in diesem Szenario wie folgt reagieren:

* systematische Definition und Beobachtung möglicher Veränderungstreiber und Entwicklung alternativer Zukunftsbilder,
* Bewertung der zukünftigen Entwicklungen hinsichtlich Eintrittswahrscheinlichkeit und Bedrohungs- und Chancenpotenzial für das Unternehmen,
* regelmäßige Diskussion mit der Geschäftsführung über die Zukunftsfähigkeit des Unternehmens.

2.2 Szenario 2: Erfolge der Vergangenheit sind keine Garantie für eine erfolgreiche Zukunft

Gerade Pionierunternehmer müssen lernen und akzeptieren, dass sie nicht jede Unternehmensgröße, -komplexität und -situation beherrschen können. Der beste Angreifer – und dies sind meistens die Pionierunternehmer – ist meistens kein guter Verteidiger bzw. Konsolidierer. Der kreative Unternehmer ist nicht unbedingt ein effektiver Umsetzer und Strategen sind nicht immer die besten Macher.

Rechtzeitig das Richtige tun, ist bei stark wettbewerbsintensiven Märkten ein Muss. Unternehmen und Unternehmer, die über einen längeren Zeitraum durch wachsende Märkte geprägt wurden und mit einem überschaubaren Wettbewerb konfrontiert wurden, haben große Schwierigkeiten, sich inhaltlich und mental auf eine Stagnationsphase bzw. einen globalen und aggressiven Verdrängungswettbewerb einzustellen. Perfektes operatives Management, Kostenbewusstsein, höhere Produktivität und Effizienz und mehr Professionalität in allen Unternehmensfunktionen stoßen auf eine Unternehmenskultur, die sich in den Erfolgen der

Vergangenheit sonnt, verblendet durch eine Arroganz nach dem Motto „Wir sind die Größten". Letzteres mag hinsichtlich Beschäftigtenzahl und Umsatz vielleicht noch stimmen, aber nicht in Bezug auf die Markt- und Wettbewerbsposition. Hier sind die anderen stärker und bald auch wirtschaftlich größer.

In dieser Situation werden Entscheider mit harten Erkenntnissen konfrontiert: „Geben ist schöner als Nehmen" und „Immer das Gleiche ist bequemer als das Neue". Die damit einhergehenden Willens- und Fähigkeitsbarrieren muss ein patriarchalischer Unternehmer erst bei sich selbst und dann bei anderen überwinden. Die Unterstützung durch ein professionelles Management ist in diesem Fall nicht nur sinnvoll, sondern notwendig. Die zum Unternehmen passende Aufstellung und Zusammensetzung der Führungsriege – „to build a winning team" – ist eine der wichtigsten Aufgaben eines verantwortungsvollen Unternehmers. Zum einen scheitert die Umsetzung häufig am uneingeschränkten Machtanspruch des Unternehmers: Nicht er stellt sich auf neue, kompetente Führungskräfte ein, sondern alle hören auch weiterhin wie gewohnt auf sein Kommando. Zum anderen muss nicht jeder gute Manager auch für ein Familienunternehmen geeignet sein.

»Die zum Unternehmen passende Aufstellung und Zusammensetzung der Führungsriege – „to build a winning team" – ist eine der wichtigsten Aufgaben eines verantwortungsvollen Unternehmers.«

Der Beirat sollte in diesem Szenario wie folgt reagieren:

- Definition der Erfolgsfaktoren des Unternehmens und deren Wirksamkeit für die Zukunft,
- Anpassung des bestehenden Geschäftsmodells und der Unternehmensstrategie an die Anforderungen der Zukunft,
- Einleitung von Sofortmaßnahmen, die die operative Effizienz sichern,
- Klärung, inwieweit Geschäftsführung und Führungskräfte für eine weitere erfolgreiche Unternehmensentwicklung geeignet sind,
- Dialog mit den Gesellschaftern über deren Beitrag zur Zukunftssicherung.

2.3 Szenario 3: Kapitalbesitz und hierarchische Macht

Die traditionell legitimierte Führungsautorität der Kapitaleigner und die hierarchische Stellung als geschäftsführender Gesellschafter reichen nicht aus, um mögliche Defizite in der Unternehmensführung zu kompensieren. Nachdem viele Unternehmer noch durch diese in der Vergangenheit akzeptierte Konstellation sozialisiert wurden, haben sie heute bei der neuen, jungen Führungsgeneration Schwierigkeiten, sich über diesen Status Akzeptanz und Respekt zu verschaffen. Dies trifft weniger auf die Pionierunternehmer, sondern mehr auf die nächste Generation zu.

Eine entscheidende Frage, die der Unternehmer vor dem Hintergrund seiner persönlichen Talente und seiner individuellen Eignung beantworten muss: Welche Rolle kann und will er heute und in Zukunft einnehmen? Das Rollenangebot ist vielfältig, z.B. Stratege, Initiator, Ideengeber, Machtpromotor, Umsetzer, Markenbotschafter, Repräsentant, Motivator, Vormacher etc. Häufig ist eine authentische Kombination von Rolleninhalten sinnvoll und möglich – aber dann muss die Rolle auch vorgelebt und nicht nur vorgegeben werden.

Nicht zuletzt haben auch die eigene Lebensplanung und die zur Verfügung stehende körperliche und mentale Kraft Einfluss auf die Unternehmerrolle. Ehrliche Reflexion über die eigene Person und die Kongruenz bzw. Disharmonie zwischen Unternehmensanforderungen und persönlichen Zielen ist eine der schwierigsten Aufgaben im Unternehmerleben. Viele Konflikte und Missempfindungen resultieren aus dieser nicht geklärten Frage. Ein Prozess, der nicht von heute auf morgen erfolgreich beschritten, aber entscheidend für das eigene Leben und die Führungsqualität des Unternehmens ist. Viele Unternehmenskrisen haben hier ihren tiefen Ursprung.

Kritikfähigkeit und aufmerksames Zuhören sind keine Schwächen, sondern die Voraussetzung für die individuelle Fortschrittsfähigkeit und für eine souveräne Unternehmerpersönlichkeit. Bei der hohen Geräuschkulisse in unserer Gesellschaft und in Unternehmen sollte man gelegentlich leise sprechen, um gehört zu werden.

Der Beirat sollte in diesem Szenario wie folgt reagieren:

- offene Klärung der künftigen Rolle des Unternehmers, insbesondere der persönlichen Zielsetzungen der geschäftsführenden Gesellschafter,
- Definition der Anforderungsprofile für die Nachfolger auf der Führungsebene,
- Erarbeitung eines Maßnahmenplanes zur Umsetzung der definierten Ziele und des definierten Weges.

2.4 Szenario 4: Weiche Faktoren als Nährboden für harte Zahlen

Nicht alles, was in der Bilanz und GuV steht, macht den Wert des Unternehmens und seine Attraktivität für Kunden und Mitarbeiter aus. Image- und Vertrauensverlust sind Vorboten von Marktanteilsverlusten und Umsatzeinbrüchen. Gesellschaftliche Veränderungen und Erwartungshaltungen der Kunden und Mitarbeiter müssen sich erkennbar in der Führung und Gestaltung des Unternehmens niederschlagen. Wer sich neuen Entwicklungen nicht konstruktiv öffnet und diese unternehmensspezifisch berücksichtigt, gehört nicht zu den attraktiven Arbeitgebern der Gegenwart und Zukunft. Bei akuten Krisen in Familienunternehmen ist leider häufig festzustellen, dass Fortschritt und Entwicklung verpönt werden und sich die ewig Gestrigen und Ja-Sager hinter einer Wagenburgmentalität verschanzen.

Die Guten haben das Unternehmen längst verlassen und mit der Restmannschaft lässt sich der Turnaround nicht schaffen. Die Konsequenz: Die komplette Führung inklusive des geschäftsführenden Gesellschafters muss ausgetauscht werden. Eine schmerzhafte, aber notwendige Maßnahme, die immer dann scheitert, wenn die Gesellschafter destruktiv reagieren. Die Folgen eines derartigen Handelns kann man dann in der Insolvenz sehen.

Der Beirat sollte in diesem Szenario wie folgt reagieren:

- rechtzeitig die Passung von Unternehmenskultur, Strategie und Führung klären,
- Risikoprofil des Geschäftes und Risikopotenzial des Unternehmens müssen übereinstimmen,
- nicht nur Symptome kurieren, sondern konsequent Ursachen beseitigen.

3. Fazit

Das Gestaltungsspektrum und die Wirkkraft des Beirats in Familienunternehmen zu strategischen Fragen hängt neben der Governance-Kultur des Unternehmens entscheidend vom individuellen Rollenverständnis des Gremienmitglieds ab. Wer als „Best Friend" des Inhabers oder „Mandatssammler" einen inhaltlichen Aufschlag versucht, wird vermutlich über kurz oder lang scheitern, mangels Unabhängigkeit, inhaltlicher Fundierung und Gestaltungswillen – und nicht zuletzt aufgrund der fehlenden Autorität als Vertrauenspartner der beteiligten Parteien. Sieht sich der Beirat in der spezifischen Gesellschafter-Führungskräfte-Konstellation jedoch als aktiv gestaltender Impulsgeber, kann und sollte er in der Strategiearbeit entscheidend dazu beitragen, die Robustheit, Tragfähigkeit und Zukunftsfähigkeit des Unternehmens nachhaltig mitzusichern.

Prof. Dr. Norbert Wieselhuber, Jahrgang 1949, ist Gründer und Managing Partner der Dr. Wieselhuber & Partner GmbH. Nach einer Lehre zum Industriekaufmann und einer Tätigkeit im Marketing eines internationalen Markenartikelkonzerns der Nahrungsmittelindustrie studierte er Betriebswirtschaftslehre an der FH München und LMU München mit den Abschlüssen Diplom-Betriebswirt (FH) und Diplom-Kaufmann, promovierte zum Dr. rer. pol. und wechselte in die Beratung. Er ist Mitglied in verschiedenen Aufsichtsräten und Beiräten, Referent bei Topmanagement-Veranstaltungen sowie Autor und Herausgeber zahlreicher Publikationen. Zudem ist er Gründungs- und Mitgesellschafter verschiedener Industrie- und Dienstleistungsunternehmen. Prof. Wieselhuber ist Honorarprofessor der Hochschule München und wurde für seine Verdienste um mittelständische Unternehmen bereits mehrfach ausgezeichnet, u.a. mit dem Bundesverdienstkreuz am Bande und dem B2B-Service-Award der Lünendonk GmbH in der Kategorie Lebenswerk.

Dr. Wieselhuber & Partner GmbH auf einen Blick

Die Dr. Wieselhuber & Partner GmbH wurde 1986 durch Prof. Dr. Norbert Wieselhuber als Topmanagement-Beratung für Familienunternehmen gegründet, spezialisiert auf die unternehmerischen Gestaltungsfelder Strategie, Innovation und New Business, Führung und Organisation, Marketing und Vertrieb, Digitalisierung, Operations sowie auf die nachhaltige Beseitigung von Unternehmenskrisen durch Restrukturierung und Finanzierung. Ausgehend von den drei Standorten München, Düsseldorf und Hamburg waren die Berater in den vergangenen Jahren für deutsche und österreichische Familienunternehmen in mehr als 50 Ländern auf fünf Kontinenten unterwegs mit dem Ziel, deren Wettbewerbsfähigkeit, Ertragskraft und Unternehmenswert nachhaltig sowie dauerhaft zu steigern.